D1729603

Grünwald/Hille
Mobbing im Betrieb

Mobbing im Betrieb

Abwehrstrategien und Handlungs-
möglichkeiten
- Ursachen
- Psychologie
- Betriebspraxis
- Recht
- Arbeitshilfen

von

Dipl.-Volkswirtin
Marietta Grünwald

und

Dr. Hans-Eduard Hille
Rechtsanwalt
Fachanwalt für Arbeitsrecht

mit
Illustrationen von
Sven Thomsen

Bearbeiterverzeichnis:
Frau Grünwald: Abschnitte 1–6, 14–15
Herr Dr. Hille: Abschnitte 7–13

Verlag C. H. Beck im Internet:
beck.de

ISBN 3-406-49796-9

© 2003 C. H. Beck Wirtschaftsverlag in:
Verlag C. H. Beck oHG,
Wilhelmstraße 9, 80801 München

Druck: Druckhaus „Thomas Müntzer" GmbH, Neustätter Str. 1–4,
99947 Bad Langensalza

Satz: Jung Crossmedia GmbH, Lahnau

Umschlaggestaltung: Bruno Schachtner Grafik-Werkstatt, Dachau

Gedruckt auf säurefreiem, alterungsbeständigem Papier
(hergestellt aus chlorfrei gebleichtem Zellstoff)

Vorwort

Mobbing – Mehr als ein Schlagwort

Das Thema „Mobbing" hat Konjunktur. Die Konjunkturflaute, eine hohe strukturelle Arbeitslosigkeit, der sich verschärfende Wettbewerb und permanente Umstrukturierungen haben das Klima in den Betrieben rauher werden lassen. Zunehmend beschweren sich Arbeitnehmerinnen und Arbeitnehmer über Mobbing. Die Bereitschaft wächst, sich auch gerichtlich dagegen zu wehren.

Die Anzahl der Veröffentlichungen zum Thema geht in die Hunderte. Im Internet ergibt die Suche mit dem Schlagwort „Mobbing" bei Google eine fünfstellige Trefferzahl allein auf deutschen Seiten, Tendenz rasant steigend. Dabei besteht die Gefahr, dass Konflikte und Stress am Arbeitsplatz allgemein mit Mobbing gleichgesetzt werden. Diese Gleichsetzung ist falsch.

Mobbing ist eine spezielle und sowohl für den einzelnen Betroffenen als auch für den Betrieb insgesamt besonders schädliche Form eines Konflikts am Arbeitsplatz. Für das Beziehungsdreieck Arbeitgeber, Mobbingopfer und Mobber hat Mobbing juristische Relevanz.

Der Flut von Veröffentlichungen zum Thema Mobbing stehen bisher zwar noch relativ wenig veröffentlichte Gerichtsentscheidungen gegenüber, die sich direkt mit Mobbing-Sachverhalten befassen. Auch hier ist aber mit steigenden Fallzahlen zu rechnen, nachdem die für das Arbeitsverhältnis wichtigsten Fragen im Zusammenhang mit Mobbing gerichtlich geklärt sind. Immerhin gaben bei einem Forschungsprojekt der Bundesanstalt für Arbeitschutz und Arbeitsmedizin 11,3 % der Befragten an, während ihres Arbeitslebens schon einmal „gemobbt" worden zu sein.

Wir haben bei unserer Trainings- und Schulungstätigkeit für Führungskräfte und Teams und in der anwaltlichen Beratung bei Teilnehmern und Mandanten eine hohe Sensibilität für das Thema Mobbing festgestellt. Es ist Aufgabe der Personalverantwortlichen, Mobbing zu verhindern und, dort wo es doch vorkommt, konsequent darauf zu reagieren, um die Persönlichkeit von Arbeitnehmerinnen und Arbeitnehmern zu schützen und gleichzeitig die Interessen des Unternehmens zu wahren.

Das Anliegen unseres Buches besteht darin, die kommunikative und die arbeitsrechtliche Dimension der Mobbingproblematik in einem Band zu verbinden und so Personalverantwortlichen, Vorgesetzten und Arbeitsrechtlern sowie auch Mobbingopfern ein Hilfsmittel für die Bewältigung von Mobbingsituationen zu bieten.

Begleiten Sie, liebe Leserinnen und Leser, den bisher engagierten und erfolgreichen Mitarbeiter Tom S. durch eine der ungewöhnlichsten Phasen seines bisherigen Arbeitslebens. Erleben Sie, wie innerhalb kurzer Zeit durch Mobbing ein Prozess in Gang gesetzt wird, der nicht nur den Beruf, sondern auch das Privatleben des Tom S. bedroht. Und erfahren Sie, wie er sich erfolgreich – auch mit Hilfe der Personalverantwortlichen – gegen diese Situation wehrt.

Als Vorlage für diese Geschichte diente der mit Michael Douglas und Demi Moore verfilmte Roman „Enthüllung" von Michael Crichton.

Konstruktive Anmerkungen und Erfahrungsberichte aus der Praxis der Leserinnen und Leser dieses Buches sind den Verfassern stets willkommen! E-Mail: info@skipseminare.de und koeln@mhb-anwalt.de

Köln, im April 2003,

Marietta Grünwald
Hans-Eduard Hille

Inhaltsverzeichnis

Abkürzungsverzeichnis

Abs.	Absatz
a. F.	alte Fassung
AP	Arbeitsrechtliche Praxis (Nachschlagewerk des BAG)
ArbG	Arbeitsgericht
ArbGG	Arbeitsgerichtsgesetz
Az.	Aktenzeichen
BAG	Bundesarbeitsgericht
BBiG	Berufsbildungsgesetz
BGB	Bürgerliches Gesetzbuch
BGH	Bundesgerichtshof
BU	Bildunterschrift
BRRG	Beamtenrechtsrahmengesetz
d. h.	das heißt
etc.	et cetera
GG	Grundgesetz
Gmbh	Gesellschaft mit beschränkter Haftung
KSchG	Kündigungsschutzgesetz
LAG	Landesarbeitsgericht
n. F.	neue Fassung
NZA	Neue Zeitschrift für Arbeitsrecht (mit Jahresangabe und Seitenzahl)
NZA-RR	Neue Zeitschrift für Arbeitsrecht Rechtsprechungsreport (mit Jahresangabe und Seitenzahl)
s.	siehe
StGB	Strafgesetzbuch

u. a.	unter anderem
usw.	und so weiter
vgl.	vergleiche
z. B.	zum Beispiel
ZIP	Zeitschrift für Wirtschaftsrecht (mit Jahresangabe und Seitenzahl)

Definition und Ursachen von Mobbing, Interventionsmöglichkeiten

Die Story des Tom S.

Ausgangssituation:

Montagmorgen, 7.07 Uhr. Tom S., Leiter der Produktion in einem Softwareunternehmen, macht sich zur Arbeit bereit. Er hat ein schönes Haus, eine Bilderbuch-Familie und einen guten Job. Heute ist Tom besonders gut gelaunt: Er erwartet, dass er heute endlich Karriere machen wird – denn seine Ernennung zum Top-Manager steht bevor.

Dass er einen Fleck auf seiner Krawatte hat – Zahnpasta – stört ihn dabei nicht. Hätte er dies als ein Warnzeichen ernst genommen, wäre er von den nachfolgenden Ereignissen nicht so überrascht worden.

Begleiten Sie Tom durch eine ausgesprochen ungewöhnliche Arbeitswoche. Erleben Sie, wie innerhalb nur weniger Stunden aus einem langjährigen zuverlässigen Mitarbeiter ein völlig verzweifelter Mensch wird, der Gefahr läuft, nicht nur seine Position im Unternehmen, sondern auch noch seine Familie zu verlieren. Und das alles wegen Mobbing. Und erleben Sie auch, was er dagegen unternimmt!

Erfahren Sie, welchen Anteil und welche Unterstützung die Personalverantwortlichen zu der Lösung beigetragen haben!

1 Konflikt oder Mobbing?

1.1 Definition des Begriffs „Mobbing" – Abgrenzung zu „Konflikt"

Düstere Vorahnung

Montagmorgen, 8.30 Uhr. Tom betritt das Unternehmensgebäude in guter Stimmung. Die Kollegin am Empfang grüßt ihn und fragt, was das für ein Fleck auf seiner Krawatte sei. Immer noch lächelnd geht er zu seinem Büro. Auf dem Weg dorthin begegnet er Kollege Phil, der ihn lä-

chelnd begrüßt und auf den Fleck auf seiner Krawatte hinweist. Phil erzählt, wie er doch nichts über Gerüchte gebe und dass es alles womöglich nichts zu bedeuten habe. Tom stutzt, hinterfragt, um welches Gerücht es sich handle und erfährt, dass es um seine eigene Beförderung geht. Die Beförderung, die noch vor 1,5 Stunden absolut sicher war, gerät jetzt schon ins Wanken. Schwach lächelnd verabschiedet er sich und geht weiter Richtung Büro. Seine Sekretärin grüßt ihn und schaut auf den Fleck. Er wischt ihren Blick mit einer ärgerlichen Handbewegung weg. Als sie ihm mitteilt, dass der Geschäftsführer um 7.45 Uhr schon in seinem Büro gewesen sei, ist er verunsichert. Der Geschäftsführer in seinem Büro? Das kommt doch sonst nie vor. Was hat das zu bedeuten?

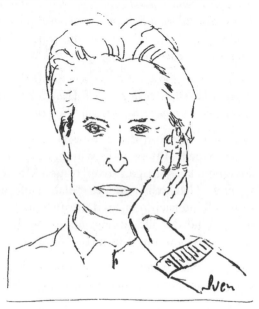

Tom ist ratlos

*Nach kurzer Überlegung beschließt er, den Geschäftsführer direkt anzusprechen und die Situation zu klären. Auf dem Weg zum Büro des Geschäftsführers meint er, einigen merkwürdigen Blicken zu begegnen. Vielleicht ist es aber auch nur der Zahnpastafleck auf seiner Krawatte. Er betritt das Büro des Geschäftsführers, hat aber keine Gelegenheit, zu Wort zu kommen. Denn sein Geschäftsführer ist nicht alleine. Der Geschäftsführer stellt Tom seine neue Chefin vor. Unglücklicherweise hatte Tom in der Vergangenheit mit dieser Dame eine kurze Affäre. Und ausgerechnet **sie** wird seine neue Chefin, **er** wird nicht befördert. Völlig niedergeschlagen verlässt er die Chefetage . . .*

Toms neue Chefin

Ist dies Mobbing?

Woher kommt das Phänomen Mobbing?

Zu Beginn der achtziger Jahre entstand in Schweden ein Forschungsprojekt mit dem Ziel, bestimmte Zustände in Betrieben zu untersuchen und neue Erkenntnisse über Arbeitsbedingungen und Arbeitszufriedenheit zu gewinnen. Federführend wurden diese Untersuchungen von Heinz Leymann begleitet, einem deutschen Betriebswirt und Diplompsychologen, der seit 1955 in Schweden lebt. Darüber hinaus war Prof. Leymann auch Klinikchef der schwedischen Spezialklinik für Mobbing-Opfer.

Im Rahmen des Forschungsprojektes wurden u. a. das Vier-Phasen-Modell des Psychoterrors, die 45-er Liste und die fünf Strategien des Mobbing entwickelt (vgl. Kapitel 2 und 3). Das Phänomen Mobbing erhielt endlich einen Namen und wird seit dem auch zunehmend in Betrieben, Institutionen und Unternehmen untersucht.

Untersuchungen von Prof. Leymann

1.2 Konflikte

Wie unterscheidet sich ein Konflikt von Mobbing?

Nicht jeder Konflikt ist gleichbedeutend mit Mobbing. Konflikte, die ausgetragen werden und zu neuen, besseren Verhaltensweisen oder Abläufen führen, sind sogar notwendig für fortschrittliches Arbeiten, d. h.: sie haben auch produktive Effekte.

Konflikte haben auch produktive Effekte

Konflikte entstehen dann, wenn mindestens zwei Menschen aufeinander treffen, die unterschiedliche Meinungen, Interessen und/oder Wertvorstellungen haben.

1.2.1 Wie entstehen Konflikte?

Die eigentlichen Themen und Inhalte eines Konfliktes spielen erst in zweiter Linie eine wesentliche Rolle, wenn es darum geht zu erkennen, wie Konflikte entstehen. Vorrangig bedeutend ist es, die genauen Bedingungen zu erkennen, die zum Konflikt führen.

Zu jedem Konflikt gehören objektive Bedingungen (s. Checkliste – hier zum Beispiel aus der Sicht des Unternehmens) sowie
subjektive Situationen.

**Checkliste objekti-
ver Arbeitsbedin-
gungen**

Objektive Bedingungen	Ausprägungen
Werte, Ziele, Visionen des Unternehmens	Sind diese klar oder wider-sprüchlich? Werden sie von der Geschäfts-führung diktiert oder nicht? Lippenbekenntnisse oder ver-bindlicher Maßstab?
Organisationsaufbau und Organisationskultur	Sind die Kommunikationswege klar? Sind Kompetenzen eindeutig de-finiert und bekannt?
Normen und Regeln	Sind sie allgemein bekannt? Gelten sie situationsbezogen? Welche Konsequenzen haben Nichtbefolgungen?
Aufgaben und Arbeits-abläufe	Sind es interessante Aufgaben? Sind Aufgabenstellungen klar und eindeutig? Welche Entscheidungsspiel-räume gibt es? Welche Unterstützung ist gebo-ten?

**Subjektive Be-
dingungen für
Konflikte**

Bei den **subjektiven Situationen** sind folgende Faktoren ein-
zuschätzen:

- Wie nehmen die Beteiligten die Situation wahr?
- Wie bewerten die Beteiligten die Situation?
- Wie verhalten sie sich?
- Inwieweit sind sie konfliktfähig?
- Wie hoch ist das Interesse an einer *gemeinsamen* Lösung?

Konfliktsignale

Konflikte entwickeln sich, wenn die Kommunikation gestört ist. Welche beobachtbaren Merkmale gibt es, um Konflikte frühzeitig zu erkennen?

Nachfolgend einige Frühwarnsignale:

Frühwarnsignale ernst nehmen

- Der direkte Blickkontakt wird vermieden.
- Unpersönliches Verhalten wird gezeigt.
- Entscheidungen oder Anweisungen werden ignoriert.
- Durch Körpersprache macht sich jemand auffallend groß/klein.
- Schweigen statt reden.
- Abfällige Bemerkungen werden geäußert.
- Gerede und Getratsche – es wird *über* andere gesprochen, nicht *mit* ihnen.
- Kontakt wird allgemein gemieden.
- Es wird nur das Nötigste gesprochen, kein freundlicher Smalltalk.
- Auffallend korrektes, geschäftsmäßiges Verhalten wird demonstriert.

Praxistipp:

Die Unternehmenskantine bietet ein gutes Umfeld, um Veränderungen im Verhalten der Kollegen frühzeitig wahrzunehmen. Beobachten Sie einmal körpersprachliche Signale, Sitzordnungen und Verhalten der Mitarbeiter. Welche Signale erkennen Sie in welcher Situation?

Wie verlaufen Konflikte?

Konflikte durchlaufen mehrere Phasen. Die vier Phasen des Konflikts sind:

Die vier Phasen des Konflikts

1. der noch verborgene, latente Konflikt,

2. die sachliche, rationale Diskussion,

3. die emotionalisierte Auseinandersetzung,

4. der destruktive Kampf.

Phasen	Klima	Wahrnehmung	Kommunikations-merkmale	Handlungsmöglich-keiten
Phase 1	Anspannung, Un-gewissheit.	Mind. 1 Person nimmt den Konflikt wahr. Das Verhalten des anderen stimmt nicht mit dem eige-nen überein.	* Konflikt wird nicht offen angesprochen, wird unterdrückt. * Andeutungen wer-den gemacht. * Nonverbales Ver-halten drückt den Konflikt aus.	Ziel: Ein konstruktives Konfliktgespräch er-möglichen. • Metakommunika-tion, d. h. die Art wie beide Seiten miteinander kom-munizieren, zum Thema machen. • Direkte Thematisie-rung des Konflikts.
Phase 2	Sachargumente ste-hen im Vorder-grund.	Die Situation wird zum Spiel oder zur Verhandlung er-klärt. Man spricht von auseinandersetzen oder zusammenset-zen.	Direkte Interaktion der beteiligten Par-teien, Verhandlungen finden statt.	Ziel: Verhandlung mit Konsensfindung • Der Konflikt wird selbst moderiert. • Ein neutraler Mode-rator kann eingesetzt werden.
Phase 3	Emotionale Ebene tritt in den Vorder-grund, Gefühle werden gezeigt.	Der andere wird als Gegner betrachtet. Angst, einen Verlust zu erleiden.	Drohungen werden als Machtmittel ein-gesetzt. Vorwürfe, zuneh-mend unsachliche Ar-gumentation. Der Gesprächston wird zusehends ge-reizter, es kann zum Gesprächsabbruch kommen.	Ziel: Auf der emotio-nalen Ebene gewinnen, nicht auf der sachli-chen. • Eine Kriegsführung mit allen Mitteln entsteht. • Wenn noch direkt miteinander kom-muniziert wird, dann meist mit offenen Drohungen, Beleidi-gungen. • Häufig ist ein Ge-sprächsabbruch zu beobachten.
Phase 4	Vernunft wird ein-gesetzt, um den Gegner zu bekämp-fen, nicht um den Konflikt produktiv zu lösen.	Eskalation: Auge um Auge, Zahn um Zahn. Der andere wird als Feind gesehen. Pyrrhus-Sieg: Sieg um jeden Preis, auch wenn man selbst dabei drauf-zahlt.	Einsatz eines exter-nen Dritten in der Funktion als Modera-tor, Prozessbegleiter oder Mediator.	Ziel: Sieg oder Nieder-lage • Machteingriff durch Außenstehende – auch gegen den Wil-len der Konfliktbe-teiligten. • Schiedsverfahren.

1.2.2 Konfliktarten

Der Begriff Konflikt hat seinen Ursprung im Lateinischen und bedeutet soviel wie Streit oder Zwiespalt. Bei Konflikten wird grundsätzlich zwischen produktiven und unproduktiven, offenen und verdeckten Konflikten unterschieden.

Was ist ein Konflikt?

Welche Konfliktarten gibt es?

Konflikte in der Abteilung, im Unternehmen können in Form von Sachkonflikten, Rollenkonflikten, Methodenkonflikten, Beziehungskonflikten oder auch Wertkonflikten auftreten.

Übersicht Konfliktarten

* *Sachkonflikte*

treten dann auf, wenn zwei Parteien zwar ein gemeinsames Ziel verfolgen, aber über den Weg, die Art der Mittel, den Einsatz der Ressourcen, die Wahl der Methode u. a. uneins sind.

* *Rollenkonflikte*

ergeben sich, wenn z. B. ein Kollege/Mitarbeiter die eigens übernommene oder von der Gruppe zugewiesene Rolle nicht durchhalten kann, weil die Gruppennormen der eigenen Überzeugung widersprechen.

Beispiel:

Kollege Max sieht Kollege Moritz als Konkurrenten an. Er versucht, durch eine verschleierte Informationspolitik Herrn Moritz zu übervorteilen (Informationen werden zu spät oder gar nicht übermittelt). Gleichzeitig erwartet er aber von Herrn Moritz kollegiales und kooperatives Verhalten.

Bei Tom wird einfach vergessen, ihm mitzuteilen, dass das Meeting eine Stunde früher stattfindet.

Beispiel Tom S.

* *Methodenkonflikte*

können auftreten, wenn die Gruppe die Vorgehensweise unterschiedlich einschätzt, da die jeweiligen Konsequenzen der Handlung anders beurteilt werden.

Beispiel:

Herr Paul will einen Streit zwischen zwei Streithähnen schlichten, Herr Panter will einen Mitarbeiter aus dem Team entfernen. Zwei völlig unterschiedliche Vorgehensweisen.

∗ *Verteilungskonflikte*

Der Verlust des einen Mitarbeiters ist der Gewinn des anderen.

Beispiel:

Es steht ein neuer Dienstwagen an, sowohl Herr Peter als auch Herr Paul erheben Anspruch darauf, aber nur einer kann ihn bekommen.

∗ *Beziehungskonflikte*

entstehen, wenn eine Partei die andere verletzt, demütigt, missachtet. Diese nimmt es „persönlich", weil sie die Absicht merkt und ist verstimmt.

Beispiel:

Ein bayrischer Kollege wird in die Niederlassung Berlin versetzt. Er wird wegen seines Dialekts ständig gehänselt.

∗ *Wertekonflikte*

sind in erster Linie auf unterschiedliche Wertvorstellungen zurückzuführen, da Prinzipien und Grundsätze selbst vertreten werden.

Die Reaktionen der Kollegen/Mitarbeiter auf Konflikte sind oft sehr unterschiedlich.

Beispiel:

Frau Tonia, Projektleiterin in einer PR-Agentur, soll einen neuen Kunden betreuen. Die „International Church of Belief" hat sich auf die Fahne geschrieben, dass Frauen an den Herd gehören und die Berufswelt den Männern überlassen sollen. Hier liegt der Konflikt bei den eigenen Werten und Einstellungen. Frau Tonia muss zwischen hohem Umsatz für die Agentur und ihrem Bild der Frau im Berufsleben entscheiden.

Konflikte, die, wenn sie auftreten, bearbeitet werden, bei denen alle Beteiligten eine Lösung suchen und auch wollen, können sinnvoll und vorteilhaft sein.

Wie aber verhält es sich mit Konflikten, die ignoriert werden oder unter den Teppich gekehrt werden, den so genannten verdeckten Konflikten?

Unbearbeitete Konflikte sind Nährboden für Mobbing

Konflikte, die schwelen, verdeckt oder gar nicht ausgetragen werden, sind wie langsam wirkendes Gift. Bereits hier entsteht der Nährboden für Mobbing.

Häufig beginnt es mit kleinen Sticheleien, einem überheblichen Lächeln, Tuscheln, peinlichen Gesprächspausen, wenn das ausgesuchte Opfer den Raum betritt usw.

Der Übergang von einem Konflikt zu Mobbing ist meist fließend und die Liste der kleinen Gemeinheiten, die in ihrer Summe Mobbing ausmachen, beliebig lang. (Vgl. dazu die 45-er Liste).

Wie geht es bei Tom weiter?

Toms schlechter Tag

Tom durchlebt einen ausgesprochen schlechten Tag. Alles verläuft anders, als er es sich noch heute Morgen beim Frühstück ausgemalt hatte. Aber Mobbing liegt hier nicht vor, sondern eine Reihe von Konflikten: Mit sich selbst, mit dem Geschäftsführer, mit der neuen Chefin.

Die Kollegen sind irritiert und denken: „Was ist bloß mit Tom los?", „Tom ist heute ja sehr schlecht gelaunt" oder auch „Ist wohl nichts geworden mit der Beförderung, oder warum ist er so gereizt?"

Bevor wir bei Tom weitergehen, erst einmal mehr Hintergrundwissen.

Was passiert bei Mobbing?

Mitarbeiter oder Vorgesetzte handeln feindselig gegen eine einzelne Person mit dem Ziel, dieser Person zu schaden oder durch ihr Verhalten ein „höheres" Ziel zu erreichen. Die Feindseligkeit wird oft intrigant vorgetragen, d. h. sie wird versteckt initiiert, hinter Scherzen versteckt, völlig anonym durchgeführt. Oft werden Angriffe so geplant, dass Böswilligkeit nur schwer nachzuweisen ist, bzw. Behauptungen des Gemobbten als absurd hingestellt werden. Arglosigkeit/Gutgläubigkeit oder Schwächen

Hintergrundwissen zum Mobbing

des Opfers werden ausgenutzt. Alle Möglichkeiten des Gemobbten zu einer gleichberechtigten Lösung des Problems werden unterbunden. Die Feindseligkeit wird über einen längeren
Zeitraum verübt, also nicht nur einmalig. Der Mobbingbetrof-
fene steht ständig unter Disstress, der seine Gedanken mehr um
die Intrigen kreisen lässt als um seine tatsächliche Arbeit.

1.3   Rolle des Stress bei Mobbing

**Eustress und
Disstress**

Stress – ein Begriff, der aus unserer Arbeitswelt nicht mehr weg-
zudenken ist. Mitarbeiter sind gestresst, Aufgaben sind „stres-
sig", sogar am Wochenende haben viele Menschen „Freizeit-
Stress". Ist der Begriff „Stress" durchgängig negativ zu bewerten? Nein, denn die Stressforschung unterscheidet zwei verschiedene Formen: Eustress und Disstress.

Unter **Eustress** wird der positive, aktivierende Stress verstanden, der notwendig ist, um Menschen zu Höchstleistungen zu
bringen.

Hochsprung

Diesen Stress können wir z. B. bei guten Schauspielern beobachten. Das „Lampenfieber", das viele Schauspieler haben, ak-

tiviert und hilft sich ganz und gar auf die bevorstehende Aufgabe zu konzentrieren.

Wird der Stress aber zu hoch, dann entsteht der sogenannte **Disstress**, der negative Auswirkungen auf den Organismus hat. Bei Disstress, dem negativen Stress, ist die Belastung so hoch, dass der Mensch nicht mehr klar denken kann. Hier entstehen Denkblockaden, der Faden reißt oder man vergisst, was man gerade sagen wollte.

So soll Mark Twain zu Beginn einer Rede einmal gesagt haben: „Vor meiner Rede wussten nur der liebe Gott und ich, worüber ich heute zu Ihnen sprechen will. Jetzt weiß es nur noch der liebe Gott."

Für eine kurze Zeit ist auch der Disstress zu ertragen. Hält er zu lange an, werden physische und psychische Auswirkungen deutlich.

Stressoren, denen Menschen grundsätzlich ausgesetzt sein können, lassen sich in folgende Gruppen ordnen:

Arten von Stressoren

- Umweltbelastungen (Lärm, Staub, Strahlung, Kälte)

- Aufgabenbezogene Stressoren (Zeitdruck, Aufgabenschwierigkeit, Arbeitsmenge)

- Organisatorische Stressoren (Betriebshierarchie, Arbeitsorganisation)

- Soziale Stressoren
  (mehr oder weniger sporadisch auftretende alltägliche Ärgernisse und Konflikte)

- Systematisch über einen längeren Zeitraum sich erstreckende zielgerichtete Schikanen (d. h. Mobbing).

Der Stress, dem ein Gemobbter ausgesetzt ist, ist natürlich der Disstress. Dieser ist ungesund und durch die permanente Stresssituation oder Überbelastung sehr gefährlich. In der Tagespresse wird berichtet, dass einige Selbstmorde direkt auf Mobbing zurückzuführen sind, wenn z. B. die Verstorbenen in ihren Abschiedsbriefen ausdrücklich darauf hingewiesen haben. Gerät ein Mensch erst einmal unter diesen Dauerstress, ist es sehr schwer, wieder dem Teufelskreis zu entkommen. Dies kommt

dem Mobber noch zusätzlich zu Gute. Gelingt es also, den Gemobbten in einen permanenten Stresszustand zu bringen und
zu halten, arbeitet dies für den Mobber.

Der Fall der 22-jährigen Polizistin aus München machte
Schlagzeilen, als sie sich nach Schikanen eines Vorgesetzten das
Leben nahm. Die Kollegen hatten weggeschaut. Die Eltern der
Frau klagen seither auf Schmerzensgeld (Focus Magazin 20/
2002 und unten Abschnitt 8.6.7).

1.4   Zwei Definitionen von Leymann

„Mob" bedeutet im Englischen soviel wie (Hunde-) Meute
oder auch Pöbel. Auf den Betroffenen wird bildlich gesprochen
also eine Hetzjagd veranstaltet.

Nach Prof. Leymann lautet eine allgemeine Definition von
Mobbing wie folgt:

Definition nach Prof. Leymann

> Der Begriff Mobbing beschreibt negative kommunikative
> Handlungen, die gegen eine Person gerichtet sind (von einer
> oder mehreren anderen) und die sehr oft und über einen län-
> geren Zeitraum hinaus vorkommen und damit die Bezie-
> hung zwischen Täter und Opfer kennzeichnen.

aus: Mobbing. Heinz Leymann.

Bezieht man die im nachfolgenden Kapitel ausführlich beschriebenen Bereiche des Mobbing mit ein, so ergibt sich eine erweiterte Definition, die von der Gesellschaft gegen psychosozialen
Stress und Mobbing e. V. als offizielle Definition geprägt wurde:

Erweiterte Definition

> Unter Mobbing wird eine konfliktbelastete Kommunikation
> am Arbeitsplatz unter Kollegen oder zwischen Vorgesetzten
> und Untergebenen verstanden, bei der die angegriffene Per-
> son unterlegen ist (1) und von einer oder einigen Personen
> systematisch, oft (2) und während längerer Zeit (3) mit dem
> Ziel und/oder dem Effekt des Ausstoßes aus dem Arbeitsver-
> hältnis (4) direkt oder indirekt angegriffen wird und dies als
> Diskriminierung empfindet.

Aus: Der neue Mobbing-Bericht. Heinz Leymann.

2 Das 5-Phasen-Modell des Psychoterrors

Montagabend

Bei der offiziellen Ernennung der neuen Vize-Präsidentin (Toms neuer Chefin) wird er – trotz 15-jähriger Zugehörigkeit zum Unternehmen, und wie allgemein bekannt, als Anwärter auf die Position – mit keinem Wort erwähnt. Mitleidige Blicke treffen ihn.

Die Chefin bittet ihn, um 19.00 Uhr zu einer Besprechung in ihr Büro. Dort wird sie sehr schnell persönlich, versucht ihn zu verführen und blitzt ab. Völlig außer sich schreit sie dem davoneilenden Tom hinterher, dass er das bereuen wird und sie ihn fertig machen wird.

Das 5-Phasen-Modell des Mobbing-Forschers Leymann beschreibt schematisch den Verlauf des Psychoterrors am Arbeitsplatz. Es ist ein guter Wegweiser zur Orientierung, was auf einen Mobbingbetroffenen zukommen kann.

Das Phasenmodell entstand durch zahlreiche Interviews mit betroffenen Personen, bei denen festgestellt wurde, dass sie alle Phasen mitgemacht hatten. Zu beachten ist hier, dass nicht jeder Mobbingfall gesetzmäßig in der Reihenfolge des Phasenmodells ablaufen muss. Es gibt **verschiedene Varianten**:

Leymanns
5-Phasen-Modell
des Psychoterrors

So ist durchaus denkbar, dass z. B. einige Betroffene das Mobbing nicht lange ertragen können und bald kündigen. Dies wäre ein Sprung von Phase zwei zu Phase fünf.

Bei anderen können Rechtsbrüche der Personalverwaltung dem Psychoterror vorausgehen. Oder es kann vorkommen, dass Mitarbeiter lange Zeit gemobbt werden, es aber keine Rechtsbrüche der Personalverwaltung gibt. Dennoch endet das Mobbing schließlich mit Versetzung, längerer Arbeitsunfähigkeit oder Abfindung. Selten kommt es auch vor, dass sich die Situation ohne äußere Hilfe wieder entspannt oder das Mobbing auf einem sehr niedrigen Niveau kaum merklich weitergeführt wird ohne dass ein direkter Ausschluss betrieben wird.

Das 5-Phasen-Modell des Psychoterrors

1.

Konflikte, einzelne Unverschämtheiten und Gemeinheiten

2.

Übergang zu Mobbing und Psychoterror

3.

Rechtsbrüche durch Über- und Fehlgriffe der Personalverwaltung

4.

Stigmatisierende Diagnosen (von Ärzten, Psychiatern, Psychologen)

5.

Ausschluss aus der Arbeitswelt

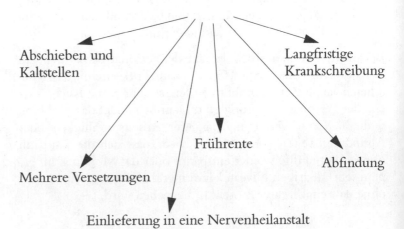

Abschieben und Kaltstellen

Langfristige Krankschreibung

Frührente

Mehrere Versetzungen

Abfindung

Einlieferung in eine Nervenheilanstalt

Das Phasenmodell zeigt den extremen Leidensweg von Mobbingopfern auf. Das klassische 4-Phasen-Modell wird mit einem weiteren Baustein, nämlich ärztliche und therapeutische Fehldiagnosen sowie vergebliche juristische Schritte, in der Literatur wie oben beschrieben als 5-Phasen-Modell dargestellt.

Statt 4 jetzt 5 Phasen

Phase 1: Konflikte, einzelne Unverschämtheiten und Gemeinheiten

In dieser Phase entstehen Konflikte, die ungenügend oder auch gar nicht gelöst werden. Es ist noch nicht abzusehen, wohin die Situation führen wird; die gemobbte Person ist meist gewillt, den Konflikt konstruktiv zu bewältigen.

Beispiel:

Mitarbeiter sind aufgrund ständiger Umstrukturierungen stark verunsichert – es herrscht allgemein ein schlechtes Betriebsklima.

Tom S. ist in dieser Phase stark verunsichert und läuft Gefahr, bei den Kollegen in einem schlechten Licht zu erscheinen.

Beispiel Tom S.

Phase 2: Übergang zu Mobbing und Psychoterror

Der Konflikt eskaliert, hier kommt es erstmalig gezielt zum Einsatz typischer Mobbing-Handlungen. Der Betroffene gerät in eine unterlegene Position, er findet und erhält im beruflichen Umfeld keine Unterstützung. Häufig werden die Mobbing-Attacken falsch eingeschätzt oder beschönigt von Seiten des Opfers. Es wird versucht entweder mit vernünftigen Argumenten vorzugehen oder es kommt zu aggressivem Abwehrverhalten.

Zu beobachten in dieser Phase sind oft körperliche und psychosomatische Störungen des Wohlbefindens. Typische Stresssymptome können auftreten, z. B. Magen-Darm-Störungen, Kopfschmerzen, Erkrankungen der Atemwege, Schlafstörungen oder leichte depressive Verstimmungen.

Tom erlebt am Montagabend eine Situation, die geradewegs zu Phase 2 führen kann. Die Chefin hat angedroht, ihn fertig zu machen. Hier ist Toms Aufmerksamkeit gefordert, damit er schnell handeln kann, wenn Phase zwei eintritt.

Toms Montagabend

Phase 3: Rechtsbrüche durch Über- und Fehlgriffe der Personalverwaltung

Arbeitsrechtliche Maßnahmen

In dieser Phase sind die Rollen eindeutig verteilt. Das Opfer steht als Sündenbock da, sei es als Besserwisser, Sensibelchen, Querulant, Störer, etc. Der/die Mobber haben es deutlich gekennzeichnet. In dieser Phase (spätestens) werden die Vorgesetzten aktiv. Viele Versuche, die Angelegenheit wieder in Ordnung zu bringen, schlagen hier fehl, führen z. B. zu Verstößen gegen geltendes Arbeitsrecht. Hier zu nennen sind ungerechtfertigte Abmahnungen oder Auftragen niederer Arbeiten, die deutlich unter der Qualifikation des Mitarbeiters liegen. Die offiziellen Stellen des Unternehmens, d. h. die Personalverwaltung kommt hier ins Spiel, der Konflikt wird offiziell.

Wie reagiert der Gemobbte in dieser Phase? Die einen mit zunehmender Passivität, sie verhalten sich wie gelähmt, ziehen sich zurück, sind hilflos. Die anderen verstärken ihre ohnehin schon aggressiven Abwehrmaßnahmen, stellen Verschwörungstheorien auf und steigen in die Kampfarena. Das ohnehin gestörte Verhältnis verschlimmert sich für alle Beteiligten. Deutlich zu beobachten sind hier die Zunahme psychosomatischer Beschwerden und krankheitsbedingter Fehlzeiten.

Phase 4: Stigmatisierende Diagnosen

Gesundheit wird beeinträchtigt

Hier sind beim Mobbing-Opfer gesundheitliche Störungen bereits auffällig aufgetreten. Sie werden von Ärzten, Psychiatern oder Psychologen aus Unwissenheit noch verstärkt, da die Diagnosen die körperlichen Symptome behandeln und nicht nach den Ursachen gefragt/geforscht wird. Dies führt zu weiterer Schuldzuschreibung und Stigmatisierung (laut Duden = Anprangerung, weiterer negativer Kennzeichnung).

Hat sich in Phase drei der Kreis der Beteiligten bereits erweitert, wird er hier nochmals verstärkt. Hier wird auf offizielle Gutachter zurückgegriffen, um Rückendeckung für die gewünschten oder beabsichtigten Maßnahmen des Unternehmens zu erhalten.

Phase 5: Ausschluss aus der Arbeitswelt

Der Mobber ist fast am Ziel, die Situation hat sich dramatisch zugespitzt. Das Opfer ist den beruflichen und sozialen Anforderungen nicht mehr gewachsen. Schwächen des Mitarbeiters, die bisher nur angedichtet waren, entwickeln sich zu echten Verhaltensweisen. Eine Weiterbeschäftigung des Mitarbeiters wird zusehends unrealistischer.

Disziplinarische und arbeitsrechtliche Schritte werden eingeleitet, um das störende Element zu eliminieren und den Frieden im Unternehmen wieder herzustellen.

Einleitung arbeitsrechtlicher Schritte

Entweder werden die Opfer weiterbeschäftigt, aber an anderer Stelle, dort, wo sie keinen Schaden mehr anrichten. Dort erhalten sie Scheinaufgaben oder auch keine Aufgaben mehr.

Eleganter und noch schlimmer sind Maßnahmen, die den völligen Ausschluss aus dem Arbeitsprozess zum Ziel haben, z. B. bei Arbeitnehmern über 50 Jahre. Beliebt sind hier das einvernehmliche Ausscheiden mit Zahlung einer Abfindung oder Vorantreiben einer Frühverrentung.

Hin und wieder wird versucht, durch Unterstellung psychischer Krankheiten eine fachärztliche Behandlung zu erwirken. Hier kann es zu einer krankheitsbedingten Beendigung des Arbeitsverhältnisses kommen.

Wie steht es um den Gemobbten?

Der Gemobbte befindet sich in einem Zustand völliger Verzweiflung und Angst. Angst auch vor dem Verlust seiner wirtschaftlichen Existenz. Schwierigkeiten im Privatleben kommen hinzu, da der Gemobbte einfach nicht mehr der Alte ist. Meist wird auch zuhause geschwiegen, anstatt sich mit dem Partner zu beraten.

Verzweiflung und Angst auch im Privatbereich

Tom kommt verstört nach Hause, erzählt aber seiner Frau nichts von dem Vorfall. Hätte er in dieser Situation alles gesagt, hätten sie sich gemeinsam eine Strategie ausdenken und Handlungsalternativen durchsprechen können. Durch sein Schweigen ist er ganz auf sich allein gestellt und läuft darüber hinaus noch Gefahr, dass seine Ehefrau sein „Geheimnis" zufällig oder zu unpassender Gelegenheit (wie es denn auch geschehen wird) erfährt.

Tom schweigt zu Hause

Als Folge kommt es teilweise zu heftigen Gegenangriffen, Wutausbrüchen und Misstrauen gegenüber allen Mitarbeitern. Der Gesundheitszustand hat sich erheblich verschlechtert. Krankheitssymptome werden jetzt chronisch. Es können andauernde

Veränderung der Persönlichkeit

Persönlichkeitsveränderungen auftreten, die eine lebenslange Behandlung mit Psychopharmaka erfordern.

Viele Betroffene versuchen hier, als letzten Ausweg sich professionelle Hilfe zu holen.

Die Angst die hier erlebt wird, wird allgemein auf das gesamte Leben übertragen, Selbstmordgedanken treten auf, Selbstmordversuche werden unternommen, einige erfolgreich.

Dieses Modell macht ersichtlich, wie aus einem anfänglichen Konflikt ein Prozess initiiert werden kann, der zu einer Situation führen kann, die nicht mehr zu ändern und nicht zu entschuldigen ist. (Hier wird deutlich wie entscheidend ein funktionierendes Konfliktmanagement ist).

Aufmerksame Vorgesetzte erforderlich

Praxistipp:

Überprüfen Sie, welche Möglichkeiten Sie haben, anhand des 5-Phasen-Modells frühzeitig auf Mobbingprozesse aufmerksam zu werden. Beachten Sie, dass die einzelnen Phasen länger oder wie bei Tom S. nur sehr kurz dauern.

Das Wichtigste in Kürze:

Man unterscheidet zwischen Mobbing und Konflikt. Nicht jeder Konflikt ist gleichbedeutend mit Mobbing.

Die vier Phasen des Konflikts sind:
1. der noch verborgene, latente Konflikt
2. die sachliche, rationale Diskussion
3. die emotionalisierte Auseinandersetzung
4. der destruktive Kampf.

Bei Konflikten wird zwischen produktiven und unproduktiven, offenen und verdeckten Konflikten unterschieden.

Der negative Stress, der sogenannte Disstress, dem der Gemobbte unterliegt, verstärkt das Mobbing.

Definitionen des Mobbing sind von Prof. Leymann festgelegt worden.

Das 5-Phasen-Modell des Psychoterrors beschreibt modellhaft den Verlauf des Psychoterrors am Arbeitsplatz.

3   Mobbing-Strategien

(mit Beispielen aus der 45-er Liste nach Leymann)

Es gibt vielfältige Möglichkeiten, Mobbing zu betreiben. Prof. Leymann hat eine 45-er Liste erstellt, die in fünf Kategorien aufgeteilt ist und die 45 geläufigsten Mobbing-Strategien zusammenfasst.

Die fünf Kategorien sind:

1. Angriffe auf die Möglichkeit sich mitzuteilen,

2. Angriffe auf die sozialen Beziehungen,

3. Auswirkungen auf das soziale Ansehen,

4. Angriffe auf die Qualität der Berufs- und Lebenssituation,

5. Angriffe auf die Gesundheit.

5 Kategorien nach Leymann

Allen gemeinsam ist, dass die Kommunikationswege verfahren sind. Das bedeutet:

Wenn die Kommunikation gestört ist, entstehen Konflikte und daraus wiederum möglicherweise Mobbing. Daraus ergibt sich die Schlussfolgerung, dass gute Kommunikation Mobbing stark einschränkt bzw. unmöglich macht. Aber woran erkennt man denn gute und konstruktive Kommunikation?

Ursache: gestörte Kommunikation

3.1   Konstruktive Kommunikation als Vorbeugung

Es gibt zwei Ebenen, auf denen wir kommunizieren: Die Sach- und die Beziehungsebene. Auch scheinbar sachliche Gespräche oder Verhandlungen sprechen nicht nur die Sachebene, die auf der Oberfläche erkennbar ist, an.

Wenn Menschen miteinander in Verbindung treten, z. B. bei der täglichen Arbeit, in Meetings, bei einer Beratung oder Informationsveranstaltung oder im Verkaufsgespräch, dann spielt sich dieser Vorgang immer auf zwei Ebenen ab:

Sachebene und Beziehungsebene

Einmal auf der Sachebene, die man abgekürzt und vereinfacht auch *Verstand* nennt, zum anderen auf der Beziehungsebene, zu der man vereinfacht auch *Gefühl* sagen kann. Wir können Kommunikation mit einem Eisbären vergleichen, wobei die bewusst wahrgenommenen sprachlichen Anteile über Wasser schwimmen, während die unbewussten, nonverbalen Anteile der Kommunikation unter der Wasseroberfläche schwimmen.

Kommunikationsmodell Eisbär

Können Sie sich vorstellen, dass eine der beiden Ebenen – Sachebene oder Beziehungsebene – wenn Sie zu anderen Menschen sprechen, wichtiger, stärker, durchschlagskräftiger sein könnte als die andere? Und wenn ja, welche von beiden Ebenen ist es? Einige von Ihnen werden sagen: die Sachebene. Andere werden sagen: die Beziehungsebene. Und wieder andere könnten sagen: Es kommt darauf an, zu wem man spricht und worüber man spricht, je nachdem entweder die Sachebene oder die Beziehungsebene.

Positive Beziehungsebene erleichtert Sachebene

Sie kommen auf der Sachebene immer dann besser zurecht, wenn die Beziehungsebene zwischen Ihnen und Ihrem Gesprächspartner positiv ist.

Auf der Sachebene läuft das ab, was Sie von Ihrem Gesprächspartner (Kollege, Kunde, Mitarbeiter, Chef, Lieferant etc.) wollen.

Zum Beispiel:
– Entgegennehmen und Behalten einer Information.
– Etwas annehmen oder ablehnen.
– Etwas kaufen oder nicht kaufen.
– usw.

Wenn nun die Beziehungsebene positiv ist, wenn Ihr Gesprächspartner Sie also sympathisch findet, Sie achtet, Sie mag, Sie für kompetent hält, dann wird er Ihnen viel eher das abnehmen, das tun, das behalten, so, wie Sie es wollen, so, wie Sie es ihm sagen bzw. vorschlagen.

Umgekehrt: Wenn Sie Ihrem Gesprächspartner unsympathisch sind, wenn man Sie nicht mag, wenn man Sie für nicht kompetent hält, wenn man Sie nicht achtet, wenn also die Beziehungsebene negativ gefärbt ist, dann werden Sie es viel schwerer haben, auf der Sachebene das zu erreichen, was Sie von Ihren Gesprächspartnern wollen.

So, wie Sie persönlich von Ihren Partnern eingeschätzt und empfunden werden, so wird auch das eingeschätzt, entgegengenommen und empfunden, was Sie sagen. Sind Sie Ihrem Gesprächspartner sympathisch, werden Ihre Aussagen viel eher angenommen als wenn Sie unsympathisch wirken.

Häufig glaubt man, der Inhalt spiele die wesentliche Rolle in der Kommunikation. Untersuchungen (Quelle: Albert Mehrabian) haben ergeben, dass die Körpersprache und die Stimme großen Einfluss auf die Wirkung der Kommunikation haben.

Körpersprache und Stimme sind wichtig

Da Sprache häufig genug zur Manipulation (Lügen, Vorspiegelungen) eingesetzt wird, haben wir im Laufe der Zeit gelernt, eher den nonverbalen Signalen zu vertrauen, da diese in der Regel nicht vom Sender kontrolliert werden können (Überforderung) und deshalb ehrlicher und vertrauenswürdiger erscheinen. Daher tendieren wir instinktiv dazu, auf die nonverbal gesendeten Signale zu reagieren.

Die Wirkungsfaktoren der Kommunikation

Wirkungsfaktoren
menschlicher
Kommunikation

3.1.1 Angenehme Gesprächsatmosphäre herstellen

Erfolgsfaktor
Rapport

Wenn Menschen miteinander kommunizieren, treten mindestens zwei Personen in unmittelbaren Kontakt zueinander. Man kann davon ausgehen, dass beide die Absicht haben, dem anderen etwas mitzuteilen oder ihn zu etwas zu veranlassen. Wenn dies gelingt, ist eine Kommunikation erfolgreich. Die erste und wichtigste Voraussetzung für den Erfolg ist die innere Einstellung und somit auch der Respekt zu dem jeweiligen Gesprächspartner. Sie müssen sich gegenseitig zeigen „du kannst mir vertrauen, ich bin auf deiner Seite, ich achte dich als Person". Das mag zwar simpel klingen, ist aber in jedem Gespräch der entscheidende Erfolgsfaktor. Dieser Zustand wird *Rapport* genannt.

Wenn die Ja-Signale ausbleiben, ist mindestens einer der Kommunikationspartner irritiert und somit vorerst nicht bereit, auf Appelle zu reagieren oder Sachbotschaften zu empfangen.

Stellen Sie sich z. B. vor, während Ihrer Teambesprechung schaut einer der Gesprächspartner permanent aus dem Fenster oder blättert konzentriert in seinem Kalender. Der Rapport geht sicherlich verloren. Sie werden irritiert sein.

Sympathie- und Respektsignale sind z. B. Blickkontakt, Lächeln, eine freundliche Stimme, die Nennung des Namens, ein bisschen Vorgeplänkel (oder Small Talk). Auch bzw. gerade Körperkontakt (Schulterklopfen, Händeschütteln, Umarmen) gehört dazu.

Wenn Menschen in einem intensiven Gespräch vertieft sind, lassen sich die Signale des Rapports leicht erkennen: z. B. Ähnlichkeiten in der Körperhaltung, der Stimme und der Lautstärke, gleichzeitige Haltungswechsel u. ä. Achten Sie mal darauf, wenn Sie das nächste Mal in einem Café oder Restaurant sitzen und Sie beobachten zwei Menschen in einem angeregten Gespräch! Stützen beide ihren Ellenbogen auf? Trinken beide gleichzeitig?

Das Wichtigste in Kürze:

Für eine konstruktive Kommunikation gilt also:
* *Es wird auf zwei Ebenen kommuniziert, der Sachebene und der Beziehungsebene.*
* *Eine positive Beziehungsebene erleichtert Gespräche auf der Sachebene.*
* *Die Wirkungsfaktoren der Kommunikation beachten (Körpersprache ca. 55%, Sprache ca. 38%, Inhalt ca. 7%).*
* *Wenn Kommunikation erfolgreich sein soll, muss Rapport aufgebaut und gehalten werden.*

3.1.2 Stimmigkeit

Um im Gespräch zu überzeugen, müssen Sie vertrauensvoll wirken. Dies gelingt nur, wenn Sie stimmig, d. h. authentisch auftreten. Unser Unterbewusstsein registriert sofort, wenn Menschen uns täuschen wollen.

Vertrauen schaffen, authentisch sein

Achten Sie einmal darauf, in welchen Situationen Sie selbst misstrauisch werden – haben Sie das Gefühl, der andere „mache Ihnen etwas vor"?!

Betrachten Sie folgende Kommunikationssituation: Worauf würden Sie eher reagieren? Auf die verbale Aussage oder auf die nonverbale?

Es ist alles
in Ordnung!

Sprachliche und nicht-sprachliche Botschaften widersprechen sich

**Nonverbale
Signale**

Sie müssten schon unsensibel sein, wenn Sie allein auf die sprachliche Aussage reagieren und sagen oder denken: „Na, dann ist ja alles o. k.". Mimik und Tonfall signalisieren Ihnen nämlich das Gegenteil und sicherlich verspüren Sie das Bedürf-nis, auf diese nonverbalen Signale zu reagieren („du hast doch was, oder?"). Das Bedürfnis, auf die nonverbalen Signale zu re-agieren, erklärt sich in den Wirkungsfaktoren (s. oben).

Betrachten wir die Aussagen im obigen Beispiel einmal unter Eisbär-Gesichtspunkten:

Lass mich in Ruhe!
Verbales Signal

Kümmere dich um mich!
Nonverbales Signal

Nicht stimmige oder inkongruente Kommunikation

Jetzt haben Sie in der Tat ein Problem. Wenn Sie nicht aggressiv oder völlig verunsichert sein wollen, weil Sie gleichzeitig in zwei Richtungen gezerrt werden, haben Sie nur eine vernünftige Möglichkeit der Reaktion: Sprechen Sie das, was Sie wahrnehmen an und berichten Sie, wie es auf Sie wirkt. D. h.: machen Sie den Kommunikationsprozess zum Inhalt Ihrer Reaktion und Ihres Gesprächs. Ein solches „über die Kommunikation sprechen" wird *Metakommunikation* genannt.

Metakommunikation = Über die Kommunikation sprechen

Ein solches Senderverhalten, wie im dargestellten Beispiel, bringt für den Empfänger ein Problem mit sich, weil es in sich nicht stimmig ist (d. h.: verbale und nonverbale Aussagen stimmen nicht überein). Wir wollen ein solches Kommunikationsverhalten als inkongruent bezeichnen.

Anders verhält es sich mit folgenden stimmigen bzw. kongruenten Mitteilungen:

Ich weiß   Es ist alles
nicht mehr   in Ordnung!
weiter!

Stimmige, überzeugende oder kongruente Kommunikation

Stimmig sein   Diese Aussagen sind stimmig bzw. kongruent, d. h. der Empfänger wird nicht irritiert. Stimmiges Kommunikationsverhal-
ten können Sie nur erreichen, wenn Sie *authentisch* sind.

Stimmig sein, bedeutet

– echt,

– unverfälscht,

– ehrlich zu sich selbst zu sein.

Das bedeutet: Denken, Fühlen und Handeln stimmen überein,
sind kongruent.

Verhält sich jemand anders, als er denkt oder fühlt, so spürt das
Gegenüber dies und wird kaum geneigt sein, Vertrauen zu
schenken. Das soll nicht bedeuten, dass Sie alles, was Sie denken
und fühlen, auch zeigen sollen. Aber: Das, was Sie zeigen, soll
im Einklang mit Ihren Gedanken und Gefühlen stehen!

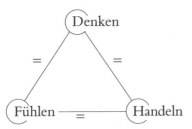

Selbst wenn Sie jemanden auf Anhieb nicht mögen, reagieren Sie zumindest neutral und auf einer Ebene, auf der Sie miteinander umgehen können. Neutral bleiben Sie stimmig. Spielen Sie Sympathie vor, wird Ihr Gegenüber dies in jedem Fall merken und irritiert sein.

Zumindest neutral bleiben

Ein authentisches Verhalten in der obigen Situation hätte wie folgt formuliert werden können:

statt *besser*

Es ist alles in Ordnung!

Mich bedrückt etwas, aber ich möchte jetzt nicht darüber reden.

Authentisches Verhalten

Merke: Sie müssen nicht alles mitteilen, was Sie innerlich fühlen (das würde ein Zusammenleben und Zusammenarbeiten unmöglich machen), aber das, was Sie nach außen zeigen, sollten Sie auch so empfinden! Denn: Stimmiges Verhalten bildet die Grundlage für Vertrauen!

Praxistipp:

Beobachten Sie Ihr Umfeld, in der Firma oder auch auf einer Feier. Welche Merkmale erkennen Sie in Bezug auf stimmiges Verhalten?

3.2 Angriffe auf die Möglichkeit, sich mitzuteilen

Eingeschränkte Kommunikationsmöglichkeiten

Wenn die Arbeitsatmosphäre einmal durch Mobbing vergiftet ist, kann es für den Betroffenen fast unmöglich werden, mit Kollegen oder Vorgesetzten über das Problem zu sprechen. Da der Mobber vorsätzlich Informationen vorenthält, Akten unterschlägt und sich von seinem Opfer nicht mehr ansprechen lässt, ist der Betroffene in seinen Kommunikationsmöglichkeiten stark eingeschränkt.

Zu dieser Kategorie zählen Handlungen wie folgende:

- Der Vorgesetzte schränkt die Möglichkeiten ein, sich zu äußern.

- Man wird ständig unterbrochen.

- Kollegen schränken die Möglichkeiten ein, sich zu äußern.

- Anschreien oder lautes Schimpfen.

- Ständige Kritik an der Arbeit und/oder am Privatleben.

- Telefonterror.

- Mündliche und/oder schriftliche Drohungen.

- Kontaktverweigerung durch abwertende Blicke oder Gesten.

- Kontaktverweigerung durch Andeutungen, ohne dass etwas direkt ausgesprochen wird.

3.3 Angriffe auf die sozialen Beziehungen

Ist die Kommunikation, als der wesentlichste Bestandteil sozialer Beziehungen, gestört, so geraten diese Beziehungen zwangsläufig in ein Ungleichgewicht. Menschen können ein hohes Maß an Stress aushalten und bewältigen, wenn sie nicht alleine gelassen werden. Familie, Freunde, Verwandte und auch Arbeitskollegen können wichtige soziale Hilfestellung leisten, den sog. *„social support"*. Wer auf der Arbeit starkem emotionalem Stress ausgesetzt ist, braucht die Unterstützung durch Kollegen und Vorgesetzte.

Soziale Hilfestellung wichtig

Typische Angriffe dieser Art sind z. B.:

- Man spricht nicht mehr mit dem Betroffenen.

- Man lässt sich auch nicht mehr ansprechen.

- Räumliche Trennung von den engeren Kollegen.

- Den entfernteren Kollegen wird verboten, den Betroffenen anzusprechen.

- Man wird wie Luft behandelt.

3.4 Auswirkungen auf das soziale Ansehen

Ein Mensch mit intakten sozialen Beziehungen genießt soziales Ansehen bei Familie, Freunden und Kollegen. Diese Wertschätzung durch das soziale Umfeld ist eine wichtige Quelle des Selbstvertrauens. Das Selbstvertrauen entscheidet darüber, ob sich jemand als *„somebody"* oder eher als *„nobody"* fühlt und dementsprechend behandelt wird.

Wertschätzung bewirkt Selbstvertrauen

Das soziale Ansehen soll durch Handlungen wie diese geschädigt werden:

- Hinter dem Rücken des Betroffenen wird schlecht über ihn gesprochen.

- Man verbreitet Gerüchte.

- Man macht jemanden lächerlich, indem man z. B. seinen Gang, seine Stimme oder Gesten imitiert.

- Man verdächtigt jemanden, psychisch krank zu sein.

- Man will jemanden zu einer psychiatrischen Untersuchung zwingen.

- Man macht sich über eine eventuell vorhandene Behinderung lustig.

- Man greift die politische oder religiöse Einstellung an.

- Man macht sich über die Nationalität lustig.

- Man macht sich über das Privatleben lustig.

- Es sollen Arbeiten ausgeführt werden, die das Selbstbewusstsein verletzen.

- Man beurteilt den Arbeitseinsatz in falscher und kränkender Weise.

- Die Entscheidungen des Betroffenen werden in Frage gestellt.

- Man belegt ihn mit obszönen Schimpfwörtern.

- Sexuelle Annäherungen oder verbale sexuelle Angebote werden gemacht.

3.5 Angriffe auf die Qualität der Berufs- und Lebenssituation

Heutzutage hat das Berufsleben eine zentrale, ja existentielle Bedeutung in den westlichen Industrieländern. Kommt es zu Problemen im Beruf, wird dem Mobbing-Opfer durch diese Dominanz oft das ganze Leben verleidet und es kommt auch zu Problemen im Privatleben.

Verletzte Menschenwürde
Durch folgende Manipulationen der Arbeitssituation wird die Würde des Arbeitnehmers verletzt:

- Dem Betroffenen werden keine Aufgaben mehr zugeteilt.

- Man gibt ihm sinnlose Aufgaben.

- Man gibt ihm Aufgaben weit unter seinem Können.

- Man gibt ihm ständig neue Aufgaben.

- Man gibt ihm demütigende Aufgaben.

- Man gibt ihm Aufgaben, die seine Qualifikation übersteigen, um ihn anschließend zu diskreditieren.

3.6 Angriffe auf die Gesundheit

Häufig wird das Opfer auch physisch bedroht. Dabei bleibt es allerdings oft „nur" bei Andeutungen oder üblen „Scherzen". Tatsächliche körperliche Gewalt wird eher selten angewandt, da diese einen Straftatbestand erfüllt, der verfolgt werden könnte. Das Wesen des Mobbing besteht eher darin, die Opfer auf eine Weise mürbe zu machen, die juristisch nicht verfolgt werden kann.

Physische Bedrohungen

Beispiele für solche Angriffe sind:

- Zwang zu gesundheitsschädlichen Arbeiten.

- Androhung körperlicher Gewalt.

- Anwendung leichter Gewalt, um jemandem einen „Denkzettel" zu verpassen.

- Körperliche Misshandlung.

- Man verursacht Kosten, um dem Betroffenen zu schaden.

- Man richtet physischen Schaden am Heim oder am Arbeitsplatz an.

- Sexuelle Handgreiflichkeiten.

Dienstagvormittag

Toms nächster Tag

Tom betritt das Unternehmen um 8.15 Uhr – seine Sekretärin fragt ihn, wo er denn bliebe, das Meeting habe bereits um 7.30 Uhr begonnen. 8.30 Uhr, sagt er, sei seine Information. Nein, der Termin sei vorverlegt worden, ob ihn denn niemand informiert habe? Die Chefin hatte Montagabend bei ihm zuhause eine Nachricht hinterlassen mit der Angabe 8.30 Uhr!!

Er wird, als er zum Meeting dazukommt, mit geringschätzendem Blick und abfälligem Kommentar des Geschäftsführers vor versammelter

*Mannschaft **und** Kundschaft bloßgestellt – die Chefin wirft ihm einen hämischen Blick zu.*

Zu allem Unglück handelt es sich um ein sehr offizielles Meeting – er fällt auch mit seiner legeren Kleidung negativ auf.

Die Chefin befragt ihn anschließend unter vier Augen zu einem produktionstechnischen Problem, will seine Erklärungen nicht gelten lassen, gibt ihm Anweisungen, wie er den Kollegen die Situation im Meeting erklären soll. Im Besprechungszimmer ist nur noch ein Stuhl frei. Dieser ist deutlich niedriger als alle anderen, so dass er zu den Kollegen hochblicken muss. Als er seine Ausführungen beginnt, lässt ihn die Chefin mit seinen eigenen echten Erklärungen auflaufen. Er ist völlig sprachlos, rechtfertigt sich aber in dieser Situation nicht. Er versagt in dem Meeting – Begriffe wie Inquisition fallen, natürlich nur im Scherz! Ein Kollege kommentiert: „Sie sind Leiter der Herstellung – und Sie wissen nicht, wo die Probleme liegen?!". Seine Kompetenz wird angezweifelt.

Der eine oder andere Kollege beginnt zu überlegen, ob es klug sei, sich weiter zu Tom und dessen Ansichten zu bekennen.

Ist das Mobbing? Ja, hier beginnt deutlich zu werden, dass der Hase falsch läuft.

Praxistipp:

Überprüfen Sie, welche Bereiche (s. Abschnitte 3.1–3.5) auf Toms Situation zutreffen. In welchen Bereichen setzt das Mobbing an?

Mobbing für Außenstehende nicht immer erkennbar

Deutlich wird hier, dass für den Außenstehenden das Mobbing nicht direkt zu erkennen ist. Möglicherweise ist der eine oder andere Kollege irritiert – erscheint Tom nicht als gewohnt kompetent oder die Sekretärin fragt sich, wieso niemand Tom über die Verschiebung des Meetings informiert hat. Der Personalverantwortliche kann hier nur wachsam werden, wenn er weiß oder ahnt, dass etwas im Busch ist. Ein guter Kontakt zu den verschiedenen Abteilungen, zu den Mitarbeitern ist unbedingt notwendig, um frühzeitig Veränderungen zu erspüren.

Ein zusätzliches Hilfsmittel bietet folgendes Instrument:

3.7 Die sechs Felder der Mobbing-Analyse

Phase			
A: Erkennen	1. Ein klares Bild machen. Liegt Mobbing vor?	2. Täterprofil erstellen – sich in den Mobber hineinversetzen.	3. Interessen des Mobbers herausfinden.
B: Handeln	4. Lösungsansätze entwickeln.	5. Handlungsmöglichkeiten des Gemobbten.	6. Handlungsmöglichkeiten des Unternehmens.

Die sechs Felder der Mobbing-Analyse nach Grünwald werden ausführlich beschrieben in Kapitel 6.2.1.1.

Das Wichtigste in Kürze:

* *Stimmiges Verhalten bildet die Grundlage für Vertrauen.*

* *Stimmigkeit bedeutet, dass Denken, Fühlen und Handeln in Einklang gebracht werden.*

* *Bei den Mobbing-Strategien werden fünf Kategorien unterschieden:*
  1. Angriffe auf die Möglichkeit, sich mitzuteilen,
  2. Angriffe auf die sozialen Beziehungen,
  3. Auswirkungen auf das soziale Ansehen,
  4. Angriffe auf die Qualität der Berufs- und Lebenssituation,
  5. Angriffe auf die Gesundheit.

* *Ein nützliches Instrument zur Feststellung von Mobbing stellen „Die sechs Felder der Mobbing-Analyse" nach Grünwald dar.*

* *Der Personalverantwortliche sollte Kontakt zu den Mitarbeitern halten, um Veränderungen frühzeitig erkennen zu können.*

4   Ursachen des Mobbing

Die Ursachen für Mobbing sind vielfältig. Der Nährboden für
Mobbing ist aber ein Betriebsklima, in dem konstruktive Kommunikation und Konfliktlösung kaum möglich sind.

Arbeitsklima

Besonders bedeutend ist, dass Mobbing sich *immer* aus einem
Konflikt heraus entwickelt. Ohne Konflikte gibt es auch kein
Mobbing.

Dies mag erklären, warum bei großen Fluggesellschaften Mobbing kein Thema ist. Die Crew wird bei jedem Flug neu zusam-
mengesetzt; es gibt eine klare und eindeutige Aufgaben- und
Kompetenzverteilung, die Konzentration bei der Durchführung der Arbeit ist sehr hoch, das Konfliktpotenzial sehr gering.

Heute sind, im Gegensatz zu früher, als Mobbing hauptsächlich von Vorgesetzten betrieben wurde, verschiedene Ausprägungen des Mobbing zu beobachten. Mobbing wird auf unterschiedlichen Ebenen betrieben:

Mobbing auf derselben Ebene, d. h. die Kollegen mobben den Kollegen – auch Bullying genannt – (44% Quelle Kratz, Mobbing), Mobbing von oben nach unten, d. h. der Vorgesetzte mobbt seinen Mitarbeiter – auch als Bossing bekannt – (37%), die Kombination aus beiden Formen (10%) und das Mobbing von unten nach oben, d. h. Mitarbeiter mobben den Chef weg (9%). Dies kommt am seltensten vor, ist die Gefahr doch zu hoch, hier zum Verlierer zu werden. **Die Mobbing-Ebenen**

Die wichtigsten betrieblichen Ursachen

Es gibt drei Bereiche, in denen Konflikte im Unternehmen entstehen: Diese sind gleichzeitig als wichtigste Ursachen für Mobbing zu sehen.

1. Die Organisation der Arbeit (Abschnitt 4.1).

2. Die Aufgabengestaltung der Arbeit (Abschnitt 4.2).

3. Die Leitung der Arbeit (Abschnitt 4.3).

Gerade in Zeiten hoher Arbeitslosigkeit ist die Gefahr von Mobbing besonders hoch. Beschäftigte, die man leicht ersetzen könnte, z. B. durch günstigere Arbeitskräfte, die aber durch gesetzliche Arbeitnehmerschutzvorschriften schwer zu „entsorgen" sind (Schwangere, Schwerbehinderte, Mitglieder im Betriebsrat etc.), sind potentielle Opfer für Arbeitgebermobbing. Es besteht die Gefahr, dass eine Kosten-Nutzen-Kalkulation ergibt, dass es für das Unternehmen günstiger ist, einen unliebsamen Mitarbeiter wegzumobben, als den gesetzlichen Weg zu beschreiten. Eine gefährliche Tendenz! **In Krisenzeiten besonders häufig**

Auch Mitarbeiter, die nicht gelernt haben, Konflikte offen und fair auszutragen, werden eher zu Mobbing bereit sein als Mitarbeiter, die Konflikte produktiv betrachten und konstruktiv damit umgehen.

4.1   Die Organisation der Arbeit

**Berge von
Akten...**

Aus der Stressforschung ist bekannt, dass eine permanente Über- oder Unterbelastung auf Dauer negativen Stress verursacht. **Überbelastung** bedeutet, dass die Menge der Arbeit ständig zu hoch ist und in der regulären Arbeitszeit nicht zu bewältigen ist. Der Mitarbeiter hat meist keinen direkten Einfluss darauf, er versucht ständig, einen Berg von Arbeit zu bewältigen, ohne dass ein Ende abzusehen wäre.

**...oder
Monotonie**

Die **Unterbelastung** ist qualitativ zu verstehen. Aufgaben, die viel zu einfach oder zu monoton sind, fordern den Mitarbeiter nicht.

Das bedeutet: Die Mitarbeiter versinken entweder in Bergen von Akten oder es ist einfach nicht genug zu tun. Beide Situationen führen zu Stress, fördern die Konfliktentstehung und begünstigen Mobbing.

**Bessere Arbeitsor-
ganisation hilft**

Wenn es gelingt, die Organisation der Arbeit günstiger zu gestalten, die Arbeitsmengen und auch die Anforderungen an die inhaltliche Struktur gleichmäßiger zu verteilen, dann werden die Konflikte weniger. Beispiele hierfür finden sich in den Unternehmen z. B. in der Organisation der Warenproduktion u. a.

4.2   Die Aufgabengestaltung der Arbeit

**Langeweile-
Mobbing**

Ein besonderes Phänomen ist das „Langeweile-Mobbing". Bei monotoner und unproduktiver Arbeit und geringer Entscheidungsbefugnis der Arbeitnehmer wird gemobbt, um von der Langeweile abzulenken, um sich „Unterhaltung" zu verschaffen. Die Erfindung des Fließbands hat auch hier einen negativen Effekt mit sich gebracht: Da die Ausführungen des einzelnen Mitarbeiters sehr schnell zur Routine werden, wird bei den einzelnen Handgriffen keine große gedankliche Leistung mehr eingefordert.

Umgekehrt kann auch ständige Überforderung durch die Arbeit eine Ursache von Mobbing sein (s. oben).

4.3 Die Leitung der Arbeit

Hier spielt besonders der Führungsstil der Vorgesetzten eine große Rolle. Ein autoritärer Führungsstil kann dazu führen, dass die Mitarbeiter sich nur als Konkurrenten sehen. Verschärft wird die Situation noch, wenn Angst um den Arbeitsplatz geschürt wird. Die dadurch entstehenden Spannungen werden dann möglicherweise stellvertretend an einem Mobbing-Opfer abgebaut.

Führungsstil entscheidend

Auch der Laisser-faire-Stil begünstigt das Entstehen von Mobbing. Wenn alle Entscheidungen den Mitarbeitern sozusagen selbst überlassen sind und nie eingegriffen wird, kommt es schnell zu hoher Arbeitsunzufriedenheit.

Wer sich als Vorgesetzter in seiner Rolle nicht sicher fühlt, wird geneigt sein, Informationen an Mitarbeiter nur sehr zögerlich weiterzugeben. Er wird in Krisenzeiten bereit sein, den Schuldigen herauszufinden nach dem Motto „Wer war das?" anstatt zu fragen „Was können wir jetzt tun, wie kann das bestehende Problem gelöst werden?" Wer seinen Mitarbeitern nicht oder wenig vertraut, schürt eine Atmosphäre von Misstrauen und Angst. Und Angst lähmt bekanntlich!

Der kooperative Führungsstil, wenn er denn auch konsequent und fair durchgeführt wird, bietet den geringsten Nährboden für Mobbing.

4.4 Weitere Faktoren

Mobbing kann außerdem entstehen durch:

- Niedriges moralisches Niveau: Die Hemmschwelle zum Mobben ist hier besonders niedrig. Man mobbt „aus Spaß an der Freude".

- Neid/Missgunst: Es wird aus einem geringen Selbstwertgefühl heraus gemobbt, quasi „von unten". Die Position des Mobbers soll durch das Mobben gestärkt werden.

Neid/Missgunst

- Gewaltbereitschaft: Die steigende Gewaltbereitschaft in unserer Gesellschaft erleichtert Mobbing. Duckmäusertum und

Mangelnde Zivilcourage

mangelnde Zivilcourage erschweren es um so mehr, Mobbing zu verhindern und zu beenden.

Praxistipp:

Betrachten Sie Ihr Unternehmen kritisch. In welchen Bereichen lassen sich potenzielle Ursachen für Mobbing erkennen? Welche Möglichkeiten haben Sie, produktiv hier einzuwirken?

Checkliste: Mobbing-Test

Überprüfen Sie, ob Ihre Mitarbeiter gefährdet sind oder bereits gemobbt werden. Gehen Sie wie folgt vor:

Mobbingpotenzial im Unternehmen

Beleuchten Sie die betreffende Abteilung oder den Mitarbeiter und beantworten Sie die nachstehenden Aussagen mit „trifft zu" oder „trifft nicht zu". Je mehr Punkte mit „trifft zu" beantwortet werden, desto höher ist das Mobbingpotenzial in Ihrem Unternehmen.

Checkliste zum Mobbing-Potenzial im Unternehmen

	Trifft zu	Trifft nicht zu
Das Betriebsklima ist geprägt durch Misstrauen, schlechte Beziehungen der Mitarbeiter untereinander und unangenehmes Verhalten des/der Vorgesetzten.		
Der Vorgesetzte gibt ungenaue oder unvollständige Anweisungen.		
Arbeitsbezogene Probleme können nicht gemeinsam gelöst werden.		
Wenn Projekte schlecht ablaufen, ist der Mitarbeiter „schuld", wenn sie gut verlaufen, heimst der Vorgesetzte das Lob ein.		
Mitarbeiter werden in Anwesenheit Dritter kritisiert.		

	Trifft zu	Trifft nicht zu
Die Kommunikation im Team und zum Vorgesetzten ist mangelhaft.		
Die Kompetenzen und Zuständigkeiten sind unklar, wenig transparent.		
Alltägliche Konflikte schwelen, werden nicht oder nur unzureichend geklärt.		
Entscheidungs- und Handlungsfreiheit sind kaum oder nicht gegeben.		
Aufgaben, Kompetenzen und Verantwortung sind nicht aufeinander abgestimmt.		
Der Vorgesetzte führt autoritär oder laisser-faire.		
Konflikte müssen die Mitarbeiter grundsätzlich selbst lösen, der Vorgesetzte ist auch in schwierigen Fällen nicht Ansprechpartner.		
Der Vorgesetzte ist für seine Mitarbeiter nie zu sprechen, sie fühlen sich häufig allein gelassen.		
Das Unternehmen steht vor einer Übernahme/Umstrukturierung/Stellenabbau. Es herrscht Unsicherheit bzgl. des Arbeitsplatzes.		
Es gibt keine Informationen für die Belegschaft bzgl. anstehender Unternehmensentscheidungen.		

4.5   Motive für das Mobbing

Warum Menschen   Nachfolgend eine Übersicht der am häufigsten festgestellten
mobben   Motive, warum Menschen mobben.

Auszug möglicher Motive:

- Angst, den Arbeitsplatz zu verlieren.

- Angst, dass Vorgesetzte von den Mitarbeitern nicht respektiert werden.

- Angst, die eigenen Schwächen könnten von anderen ausgenutzt werden.

- Angst davor, für dumm oder inkompetent gehalten zu werden.

- Angst davor, dass der Kollege den besseren Job macht.

- Angst vor Imageverlust gegenüber Kollegen, Vorgesetzten und Mitarbeitern.

- Angst davor, aus der Führungsposition gedrängt zu werden.

- Angst davor, dass Mitarbeiter nicht genug arbeiten, wenn sie nicht ständig kontrolliert werden.

- Angst vor Autoritätsverlust.

- Angst davor, dass andere einen Wissensvorsprung erhalten und diesen ausnutzen.

- Angst davor, dass Mitarbeiter Intrigen anzetteln.

- Angst davor, dass die Kosten im eigenen Bereich zu hoch werden, wenn sie nicht restriktiv eingreifen.

- Angst davor, dass jemand anders ihnen schaden könnte (Angriff ist die beste Verteidigung).

- Angst vor sexuellen Angeboten, die sich negativ auf Karriere oder Privatleben auswirken könnten.

- Angst davor, dass Tratsch und Klatsch in Umlauf gebracht werden.

- Angst, dass der Vorgesetzte ihre Leistung nicht (mehr) anerkennt.

- Angst, dass andere Kollegen ihre Ideen stehlen und als eigenes Werk verkaufen.

- Angst vor dem Verlust bestehender Vergünstigungen.

- Angst, den alltäglichen Anforderungen nicht mehr gewachsen zu sein.

- Angst vor Entlassung.

Angst als Motor für Mobbing

Wie unschwer in oben stehender Liste zu erkennen ist, ist Angst der Hauptantriebsmotor bei den potentiellen Mobbern. Eine Gegenmaßnahme ist es, ein angstfreies Klima zu schaffen, in dem auch kein Nocebo-Effekt (Lat., ich werde schaden, das Gegenteil des Placebo-Effekts, bei dem eine positive Wirkung alleine durch den Glauben daran erzielt wird, so wird bei dem Nocebo-Effekt eine negative Wirkung allein Kraft der Gedanken bewirkt) greifen kann.

Angstfreies Klima schaffen!

Das Wichtigste in Kürze:

Die Hauptursachen für Mobbing sind zu sehen in:

* *Der Organisation der Arbeit, der Aufgabengestaltung der Arbeit sowie der Leitung der Arbeit.*

* *Die Motive für Mobbing sind zahlreich. Deutlich wird, dass Angst als Hauptantriebsmotor gilt.*

* *Mit dem Mobbing-Test können Sie das Mobbingpotenzial Ihres Unternehmens überprüfen.*

5   Folgen des Mobbing

5.1   Folgen für den Betrieb

Was bedeutet es für den Betrieb, wenn gemobbt wird? Mobbing wirkt sich sowohl auf das Betriebsklima als auch auf das Betriebsergebnis aus. Wenn Mitarbeiter gemobbt werden oder selbst mobben, wird viel Zeit und Energie darauf verwandt. Zeit und Energie, die unter normalen Umständen in Arbeitsleistung und Produktivität eingesetzt würden.

Betriebsergebnis sinkt

5.1.1   Das Betriebsklima

Wenn das Betriebsklima sich verschlechtert, ist dies ein ernstes Zeichen. Gerade hier müssen die Personalverantwortlichen wachsam sein, denn das ist ein deutlicher Indikator.

Personalverantwortliche aufgepasst!

Ein gutes Betriebsklima ist oft das Ergebnis jahrelanger intensiver Bemühungen und Arbeit. Wenn es einmal zerstört ist, lässt es sich meist nicht ohne weiteres wiederherstellen. Die Folgen für das Unternehmen, für den Betrieb, können erheblich sein, zum Teil werden sogar existentielle Fragen aufgeworfen. Die Mitarbeiter, besonders die höher qualifizierten, sind meist nicht bereit, über längere Zeit in einem schlechten Betriebsklima auszuharren und sehen sich nach anderen Möglichkeiten um. Fluktuation und die Abwanderung besonders qualifizierter Mitarbeiter können die Folge sein.

Im Fall von Tom S. bedeutet es für das Unternehmen, für die Mitarbeiter und Kollegen zunächst eine Irritation. Kollegen schütteln den Kopf, fragen sich stirnrunzelnd, was mit Tom los sei oder entziehen ihm ihre Unterstützung. Das Betriebsklima, das bis dahin gut war, verschlechtert sich, kühlt merklich ab.

Der Fall des Tom S.

5.1.2 Betriebsergebnis

Arbeitsleistung nimmt ab, Krankheit droht!

Auch das Betriebsergebnis wird durch Mobbing beeinflusst. Zum einen, wenn man den einzelnen gemobbten Mitarbeiter betrachtet: Die Arbeitsleistung nimmt ab, Zeit und Energie werden für das Mobbing bzw. die Entwicklung von Gegenmaßnahmen verwendet. Der Mitarbeiter wird u. U. durch das Mobbing nicht mehr in der Lage sein, seiner Arbeit nachzukommen, da körperliche Symptome auftreten und Krankschreibungen und Fehlzeiten die Folge sind (s. Abschnitt 2). Geht das Mobbing soweit, dass ein Mitarbeiter langfristig ausfällt, dann muss die fehlende Arbeitskraft anderweitig ersetzt werden, z. B. durch Mehrarbeit (= Mehrbelastung) seitens anderer Kollegen. Oder es wird über Zeitarbeitsfirmen Ersatz gesucht bzw. die Einstellung eines neuen Mitarbeiters wird erforderlich. Die neue Kraft muss wiederum eingearbeitet werden und so dreht sich die Kostenspirale immer weiter und schraubt sich hoch. Und wer sagt, dass der neue Mitarbeiter wiederum vor Mobbing gefeit ist?!

5.1.3 Innere Kündigung

Wenn Mitarbeiter sich nicht mehr wohl fühlen an ihrem Arbeitsplatz und durch Mobbing bedingt auch keine weiteren Aussichten für langfristige Entwicklungschancen sehen, kann es zu einer weiteren Belastung für den Betrieb kommen, nämlich zur inneren Kündigung.

„Dienst nach Vorschrift"

Der Mitarbeiter kommt zwar weiterhin zur Arbeit, weil er vielleicht seine Arbeitsstelle nicht ohne weiteres kündigen kann bzw. auf die Einnahmen angewiesen ist und nicht ohne weiteres eine neue Stelle finden kann (dies ist z. B. bei hoch spezialisierten Berufen der Fall). Innerlich hat er sich aber schon von dem Unternehmen und seiner Arbeitstelle verabschiedet. Körperlich ist er zwar weiterhin anwesend, aber er konzentriert sich nicht mehr auf seine Arbeit, sondern erledigt nur ein Mindestmaß an Aufgaben. Er arbeitet noch genau *so viel*, dass ihm nicht wegen Arbeitsverweigerung gekündigt werden kann. Als Folge wird der Mitarbeiter resignieren bzw. über einen längeren Zeitraum Dienst nach Vorschrift machen. Das bedeutet z. B., dass er zwar pünktlich kommt, also nicht zu früh oder zu spät, dass er aber

Demotivation und ihre Folgen

auch pünktlich geht (nicht zu früh oder zu spät). Oder dass er die Arbeiten ausführt, die gemacht werden müssen, aber alles darüber Hinausgehende ablehnt, etc. Die Folgen für den Betrieb sind natürlich ein geringeres Arbeitsergebnis als bei einem motivierten Mitarbeiter. Es entstehen betriebswirtschaftliche Schäden durch Minderleistung und auf der anderen Seite höhere Aufwendungen, da andere Mitarbeiter Zusatzaufgaben übernehmen müssen. Außerdem kann ein Mitarbeiter, der innerlich gekündigt hat, weitere Kollegen mit sich ziehen und Demotivation in verschiedenen Bereichen bewirken.

5.1.4 Fluktuation

Fluktuation bedeutet das Ausscheiden und die Neueinstellung von Personal. In jedem Unternehmen gibt es eine Fluktuationsrate. Eine geringe Fluktuationsrate über mehrere Jahre weist auf eine ausgewogene Personalpolitik hin und deutet auf eine hohe Arbeitszufriedenheit. Steigt die Fluktuationsrate überproportional an, ist dies meist ein Zeichen für ein schlechtes Arbeitsklima. Fluktuation, die durch Mobbing bedingt ist, steht oft in direktem Zusammenhang mit einem schlechten Betriebsklima und im Widerspruch zu den Unternehmenszielen. Es kann nicht im Interesse des Unternehmens sein, eine hohe Fluktuation zu dulden. Die Kosten, die damit verbunden sind, neue Mitarbeiter zu finden und einzuarbeiten sowie alte Mitarbeiter zu entlassen, sind enorm. Daher sollten Personalverantwortliche bereits bei der Auswahl und Einstellung darauf achten, möglichst nur Mitarbeiter mit geringem Mobbingpotenzial einzustellen (s. hierzu Kapitel 6).

Normale Fluktuationsrate?

5.1.5 Neueinstellungen

Was geschieht mit dem Gemobbten? Er kann meist nicht mehr in derselben Abteilung weiterarbeiten, wenn Kollegen-Mobbing oder Vorgesetzten-Mobbing betrieben wurde. Eine Möglichkeit ist die Versetzung. Hat sich aber bereits herumgesprochen, dass der Kollege wegen Mobbing versetzt wurde, kann das auch eine Fortsetzung des Mobbing bedeuten. Hinzu kommt, dass nicht immer eine geeignete Position auch zur Verfügung steht und der Mitarbeiter erst einmal einfach nur untergebracht

Versetzung als Lösung?

wird. Dies kann wiederum langfristig die innere Kündigung zur Folge haben oder auch zur tatsächlichen Kündigung seitens des Mitarbeiters führen. Der Gemobbte wird versetzt oder kündigt, Arbeitskraft geht verloren, Neueinstellungen sind nötig.

Beispiel Tom S. *Würde Tom S. seine Position aufgeben, hätte das folgende Bedeutung für das Unternehmen: Ein leitender Mitarbeiter, der jahrelange Erfahrung hat, die guten Beziehungen zu den Außenstellen pflegt und ein bisher exzellentes Team geleitet hat, muss zunächst einmal ausfallen. Die Personalverantwortlichen werden einen aufwändigen Suchprozess für einen solchen Experten in Gang setzen müssen. Bewerbungen müssen gesichtet, Bewerbungsgespräche geführt werden. Ist dann der geeignete Mitarbeiter endlich gefunden, muss er eingearbeitet werden und Erfahrung in diesem Unternehmen sammeln. Der gesamte Ablauf ist, auch wenn es beim ersten Kandidaten glückt (was leider nicht oft der Fall ist), zeit- und kostenaufwändig. Es kann leicht in die 100 000 Euro gehen, einen Mitarbeiter wie Tom S. zu ersetzen. Ein kostspieliges Unterfangen!*

Das Wichtigste in Kürze:

Die betrieblichen Kosten des Mobbing sind enorm:

- *Die Produktivität sinkt.*

- *Das Arbeitsklima verschlechtert sich.*

- *Die Produktqualität oder Dienstleistungsqualität sinkt.*

- *Arbeitsabläufe werden behindert.*

- *Das Leistungsvermögen des Gemobbten sinkt.*

- *Imageverschlechterung, wenn Mobbing-Fälle nach außen bekannt werden.*

- *Krankmeldungen – Arbeitsausfälle.*

- *Ersatzkräfte wegen hoher Krankmeldungen.*

- *Aufwand und Kosten für Neueinstellungen.*

- *Opportunitätskosten für Mitarbeiter, die an Mobbing-Prävention oder Intervention arbeiten.*

5.2 Folgen für den Gemobbten

Zu Beginn des Mobbing-Prozesses nimmt die Produktivität ab, denn die Arbeitsenergie wird in andere Bahnen gelenkt. Es entsteht ein körperlicher und seelischer Alarmzustand, der höchst unangenehm ist. Dauert der Mobbing-Prozess an, muss auch mit tief greifenden Störungen gerechnet werden.

5.2.1 Sinkende Produktivität

Was geschieht wenn gemobbt wird? Die Produktivität nimmt ab, manchmal langsam, manchmal sehr rapide wie im Fall Tom S. beschrieben. Der Gemobbte konzentriert sich zusehends auf den Prozess und auf die Lösung dieser Situation. Hier kann er sich entweder getreu unseren von Urahnen eingespeisten Verhaltensmustern für Flucht oder Kampf entscheiden.

Flucht oder Kampf?

Physisch betrachtet geschieht Folgendes:

Das Mobbing erzeugt schon nach wenigen Tagen erste Symptome des Unwohlseins, wie Magen-Darmprobleme, Kopfschmerzen oder Schlafprobleme.

Dauert das Mobbing an, klingen die Beschwerden nicht von selbst ab, sondern werden behandlungsbedürftig.

Wird das Mobbing gar über einen Zeitraum von ein bis zwei Jahren fortgeführt, vertiefen und breiten sich die mentalen und psychosomatischen Beschwerden aus. Dies geht bis hin zu chronischen Verläufen, wenn z. B. das Mobbing konstant über mehrere Jahre fortgesetzt wird.

Psychosomatische Beschwerden

Das bedeutet, die gesamte Kraft wird hier eingesetzt und die Produktivität wird nicht mehr für den Arbeitsprozess verwendet. Der Teufelskreis beginnt, denn die eigentliche Arbeit bleibt liegen, Termine werden nicht eingehalten, Fehler schleichen sich ein und vermehren sich. Die Arbeitsleistung insgesamt ist nicht mehr befriedigend. Und das kann sehr schnell zu einer Situation führen, die einen körperlichen und seelischen Alarmzustand herbeiführt.

5.2.2 Körperlicher und seelischer Alarmzustand

Tom wird als Täter hingestellt

Dienstagnachmittag

Vier-Augen-Gespräch mit Phil, einem Mitarbeiter aus der Personalabteilung, wegen der Szene im Büro (Sex). Die Chefin beschuldigt Tom. Tom ist fassungslos. Er wurde bedrängt, wird aber als Täter hingestellt.

Von der Personalabteilung bekommt er den Rat, sich zu wehren. Sie gibt ihm die Adresse einer Anwältin, die Spezialistin für Fälle sexueller Belästigung ist. Er sucht sie auf.

Währenddessen läuft die Intrige gegen ihn auf der Chefetage weiter. Tom ist völlig ahnungslos, steht doch der Verdacht der sexuellen Belästigung im Vordergrund und verschleiert den Blick für das tatsächliche Geschehen.

Nichtsdestotrotz versucht er sich auf seine eigentliche Arbeit zu besinnen und das produktionstechnische Problem zu lösen. Er setzt sich an seinen PC und ist erstaunt festzustellen, dass ihm der Zugriff zu wichtigen Dateien und Informationen verweigert wird. Beim Griff zu den Sicherungsdisketten im Schreibtisch bemerkt er, dass sie entfernt wurden. Tom ist völlig ratlos.

Er steigt in den Aufzug, trifft seine Chefin und sie fragt mit hämischem Grinsen „Na, geht's abwärts?"

Abends wird er beim Geschäftsessen mit Ehepartnern von einem Kollegen völlig bloßgestellt – der Geschäftsführer hatte dem Mitarbeiter die glaubwürdigere Version der sexuellen Belästigung erzählt und den Mitarbeiter ohne dessen Wissen gegen Tom benutzt.

Jetzt kriselt es auch noch im Privatleben!

Mobber löscht die Daten am PC

Typisch an dieser Szene ist, dass der Gemobbte vom Mobbing zunehmend beherrscht wird, er an nichts anderes mehr denken kann. Dauert das Mobbing länger an, kommen auch bald körperliche Reaktionen hinzu.

Körperliche Stressreaktionen:

Aus der Stressforschung ist bekannt, dass Belastungsfaktoren, denen ein Mensch über einen längeren Zeitraum hinweg ausgesetzt ist, zu körperlichen und seelischen Stressreaktionen führen (Stressoren). In den letzten Jahrzehnten sind die Stressreaktionen besonders auf Dauerstress, wie er auch bei Mobbing auftritt, zurückzuführen.

Was passiert bei Dauerstress?

Wenn Ärzte nur Symptome behandeln, nicht aber die Ursachen erkennen, wird die schädliche Wirkung nicht aufgehoben, sondern arbeitet im Körper weiter. Der Volksmund hat dazu einige treffende Aussagen:

- Sich den Kopf zerbrechen.
- Sein Kreuz tragen.
- Da bleibt einem die Luft weg.

- Das schlägt mir auf den Magen.
- Die Nase voll haben.
- Etwas nicht mehr sehen können.
- Jemanden nicht riechen können.
- Das geht mir an die Nieren.
- Eine schwere Last auf den Schultern haben.
- Das liegt mir im Magen.
- Viel um die Ohren haben.
- Das raubt mir den letzten Nerv.

Gesundheitliche Störungen und Beschwerden, die schon zu Beginn des Mobbing auftreten, sind ernst zu nehmende Hinweise, dass etwas nicht in Ordnung ist.

Symptome bei Mobbing-Opfern

Professor Leymann stellte bei Untersuchungen folgende Symptome bei Mobbing-Betroffenen am häufigsten fest:
- Kopfschmerzen 51 %
- Rückenschmerzen 44 %
- Einschlafstörungen 41 %
- Depressive Verstimmungen 41 %.

Allgemein sind folgende Symptome zu beachten:
- Schlafstörungen
- Spannungskopfschmerzen
- Migräneanfälle
- Herzbeschwerden
- Herz-Kreislauf-Störungen
- Schweißausbrüche
- Magen- und Gallenbeschwerden
- Ohrensausen (Tinnitus)
- Erschöpfungszustände
- Allgemeine Störungen des vegetativen Nervensystems.

Praxistipp:

Wenn Sie sich bei einer oder mehreren Merkmalen dieser Liste wiederfinden, sollten Sie ein offenes Wort mit Ihrem behandelnden Arzt sprechen, um abzuklopfen, ob Ihre Beschwerden mit Mobbing zusammenhängen oder nicht.

Fazit: Der Gemobbte ist in dauerndem körperlichem und seelischem Alarmzustand!

5.2.3 Tiefgehende Störungen

Es kann aber noch weiter gehen. Wenn über einen längeren Zeitraum gemobbt wird, wenn die Persönlichkeit des Gemobbten sich verändert oder das Selbstwertgefühl völlig schwindet, können sich tiefgehende Störungen manifestieren. Ein wichtiges Merkmal ist, dass Symptome nach einer Krankschreibung lindern, nach Rückkehr in den Betrieb aber sofort wieder auftreten.

Mit zunehmender Dauer des Mobbing verstärken sich die körperlichen und psychischen Symptome bis hin zu „posttraumatischen Belastungsreaktionen" und Angststörungen.

Wenn gar über Jahre gemobbt wird (manche Menschen verfügen über eine erstaunlich hohe Frustrationstoleranz!), können Folgen auftreten, die man vermutlich gar nicht für möglich halten würde:

So zum Beispiel Vertrauensverlust, Verlust von Gefühlen (der Mensch wird apathisch), Kommunikationsunfähigkeit, Depressionen, Obsessionen, Einnahme von Psychopharmaka, völlige Arbeitsunfähigkeit. Das bedeutet, dass die Symptome auch nach Beendigung der Arbeit bestehen bleiben.

Die letzte und endgültige Variante der tiefgehenden Störungen ist der Selbstmord.

Persönlichkeitsveränderung und vermindertes Selbstwertgefühl

Schlimme Folgen

Das Wichtigste in Kürze:

Die Folgen für den Gemobbten:

Da der Gemobbte ständig mit dem Thema Mobbing beschäftigt ist, nimmt seine Produktivität ab. Dies führt zu einem körperlichen und seelischen Alarmzustand. Dies kann bis zu tiefgehenden und andauernden Störungen reichen. Die letzte und endgültige Variante der tiefgehenden Störungen drückt sich im Selbstmord aus.

6 Handlungsmöglichkeiten

**Prävention oder
Intervention**

Welche Handlungsmöglichkeiten gibt es im Umgang mit Mobbing? Wie in den vorangegangenen Kapiteln deutlich wurde, kann Mobbing nur entstehen, wenn ein Konflikt besteht. Mobbing benötigt zudem einen potentiellen Mobber, der aus einer bestimmten Angst heraus handelt und so das Mobbing mit einem potentiellen Opfer beginnt. Potentielle Täter und Opfer gibt es in jedem Unternehmen.

Was können Sie, verehrter Leser, tun, wie können Sie vorgehen? Nachfolgend werden Handlungsmöglichkeiten vorgestellt, sowohl für die Personalverantwortlichen, als auch für Vorgesetzte, Gemobbte und Kollegen.

Grundsätzlich werden zwei Richtungen unterschieden, zum einen die Mobbing-Prävention, die dazu dient, dass Mobbing gar nicht erst entsteht.

Zum zweiten die Mobbing-Intervention, die Vorgehensweisen und Handlungsmöglichkeiten aufzeigt, wenn Mobbing bereits entstanden ist.

6.1 Präventive Maßnahmen für das Unternehmen/die Institution durch Personalverantwortliche und Betriebsrat

Wie wird kommuniziert?

Die Grundvoraussetzungen, um Mobbing vorzubeugen, sind in *jedem(!)* Unternehmen vorhanden. In jedem Unternehmen wird kommuniziert. Entscheidend ist hier die Frage, *wie* kommuniziert wird. Wenn eine **offene Kommunikationsstruktur** vorherrscht, wenn Konflikte frühzeitig erkannt und angesprochen werden, wenn Mitarbeiter nicht ängstlich zur Arbeit erscheinen, sondern sich auf einen neuen Arbeitstag freuen, dann kann Mobbing wohl kaum entstehen. Wie aber kann eine solche Kommunikationsstruktur implementiert werden?

- Zum einen, indem klare Kommunikation besteht

- Zum zweiten, indem man Konflikte produktiv angeht

- Zum dritten, wenn ein kooperativer Führungsstil mit kompetenten Mitarbeitern gelebt wird.

6.1.1 Zwölf Grundsätze für gute Kommunikation

Es gibt 12 wichtige Grundlagen für gute und effiziente Kommunikation. Überprüfen Sie, ob diese in Ihrem Unternehmen vorhanden sind. Wenn ja, dann haben Sie bereits einige Schritte in die Wege geleitet, um Mobbing vorzubeugen. Wenn nicht, dann sollten Sie schnellstens etwas unternehmen, damit die fehlenden Kommunikationsstrukturen ergänzt werden. Hier können z. B. Schulungen von externen Seminaranbietern Unterstützung bieten, die Vorgesetzten können gecoacht werden und dies an die Mitarbeiter weitergeben.

12 Grundsätze

1. Das Zuhören...

ist eine der wichtigsten Regeln der Kommunikation. Besonders, wenn wir emotional angespannt oder aufgewühlt sind, neigen wir dazu, mehr zu senden als aufzunehmen. Der Kommunikationsprozess kann leicht aus der Balance geraten.

Jeder will verstanden werden

Das Zuhören ermöglicht es, den Standpunkt des Kommunikationspartners zu verstehen. Und wer von uns will nicht verstanden werden?

Wichtig ist es, nicht oberflächlich so zu tun, als höre man dem Gesprächspartner zu, während man mit den Gedanken woanders weilt. Richtiges, aktives Zuhören bedeutet, dass ich tatsächlich am Standpunkt, an der Perspektive und an der Position meines Gesprächpartners interessiert bin und aufmerksam am Gespräch teilnehme (auch wenn ich nicht gerade rede!).

2. Ich-Position

Dies hat verschiedene Gründe. Der wichtigste ist der, dass ich Verantwortung für meine Äußerungen übernehme. Sich hinter dem allgemeingültigen „man" zu verstecken, fällt leicht, denn ich trage keine Verantwortung. Wenn ich per „Ich" spreche, übernehme ich Selbstverantwortung und handle selbstbewusst.

„Man" vermeiden, „Ich" bevorzugen

Meine Einstellungen, Gefühle, Wahrnehmungen teile ich verantwortlich mit.

In der Ich-Position ist es zudem leichter, die eigenen Gedanken zu „hören", probieren Sie es aus!

3. Stimmig sein!

Authentisches Verhalten

Der Klang der Stimme, die Mimik, Gestik, die Körperhaltung oder einzelne Bewegungen verdeutlichen uns die gefühlsmäßige Situation unserer Gesprächspartner viel früher und deutlicher als die Bedeutung der gesprochenen Worte. Die Signale des Körpers lügen nicht!

Wenn nonverbale Botschaften den verbalen widersprechen, so ist dies verwirrend, die Nachricht ist nicht stimmig oder inkongruent. Widersprüche werden registriert und provozieren Ärger.

Wenn ich stimmig kommuniziere, stimmt mein Handeln mit meinem Fühlen und Denken überein.

4. Seien Sie klar und spezifisch

Klarheit schaffen!

Vermeiden Sie eine unklare Terminologie und achten Sie auch darauf, dass Ihr Gesprächspartner sich ebenfalls klar ausdrückt. Dies gilt für Ideen, Fragen, Einstellungen, Feedbacks genauso wie für Gefühle.

Sprechen Sie so, dass Ihr Gesprächspartner Sie gut verstehen kann, also nicht im heimischen Dialekt, mit vollem Mund oder viel zu schnell.

5. Fassen Sie sich kurz!

Zu lange, ausschweifende Arien oder Monologe verlangen viel vom Gesprächspartner ab, zu viele Nebensächlichkeiten verschwenden Zeit! Gezielte und klare Aussagen ermöglichen konstruktive Gespräche und einen fruchtbaren Austausch.

6. Betonen Sie Positives

Respekt für Gesprächspartner zeigen

Eine gute Gesprächsatmosphäre, wenn beispielsweise eine Konfliktsituation vorliegt, wird auch dadurch geschaffen, indem die positiven Aspekte einer Situation, eines Problems oder einer

Person in die gesendeten Botschaften aufgenommen und gezeigt werden. Sie zeigen Respekt für den Wert Ihrer Kommunikationspartner oder anderer Dritter. Das Positive, was wir aussenden, kommt in der Regel zu uns zurück. Probleme werden nicht durch Aggressivität gelöst, sondern indem Schwierigkeiten verstanden werden.

7. Vernünftige und realistische Botschaften

Übertreibungen oder lange Herleitungen behindern das Fortkommen von Kommunikation. Nicht selten führen Übertreibungen (z. B. 1000-mal, nie, immer, etc.) auch zu Negativgefühlen des Gesprächspartners wie Ärger, Gereiztheit oder große Ungeduld und Unwillen.

Vorsicht vor Übertreibungen

8. Nachfragen!

Wenn Sie nicht sicher sind, ob Sie eine Äußerung, eine Erklärung oder Ausführungen richtig verstanden haben, liegt die Verantwortung bei Ihnen, nachzufragen! Nur dann weiß der Gesprächspartner sicher, dass er das Gesagte entweder wiederholen sollte oder neu und anders formulieren muss, damit seine Botschaft auch sicher ankommt. Und diese ist ja wichtig für Sie!

9. Abweichende Meinung? Und nun?

Haben Sie den Mut, auch abweichende Meinungen zu vertreten, versuchen Sie jedoch nicht, klüger zu sein als alle anderen und den eigenen Standpunkt rücksichtslos durchzusetzen. Achten Sie darauf, Ihre abweichende Meinung auf freundliche und respektvolle Weise vorzutragen. Damit verbessern Sie die Chancen, dass die Kommunikationspartner verstehen, was Sie meinen.

Mut haben

10. Zeit mitbringen

Bringen Sie Zeit und Interesse mit! Wenn Sie sich selbst mit wippenden Füssen und an die Decke gerichteten Augen erleben, sollten Sie sich die Frage stellen, ob Sie tatsächlich aufnahmebereit sind und genügend Zeit vorhanden ist. Ist dies nicht der Fall, ist es sinnvoll, das Problem offen anzusprechen und den Gesprächstermin zu verschieben.

Ggf. besseren Termin festlegen

11. Bereitschaft

Sie können sich noch so sehr um gute und konstruktive Kommunikation bemühen; wenn die Bereitschaft zur Kommunikation nicht auf beiden Seiten vorhanden ist und ein oder beide Gesprächs<u>partner</u> (?) damit beschäftigt sind, Wege zu suchen, dem anderen eins auszuwischen, dann können Sie nicht kooperieren. Überprüfen Sie Ihre eigene Bereitschaft genau. Wollen Sie wirklich kommunizieren? Wollen Sie sich *zusammen*setzen oder *auseinander*setzen?!

12. Humor

Behalten Sie möglichst immer Ihren Sinn für Humor. Seien Sie ernsthaft, wenn die Situation es verlangt und vermeiden Sie Ironie und Sarkasmus. Witze auf Kosten anderer sind zu vermeiden. Eine Prise Humor jedoch versüßt jede Kommunikation!

6.1.2 Konstruktive Konfliktlösung

6.1.2.1 Das Balance-Gesetz des Konfliktverhaltens

Eine weitere Maßnahme zur Mobbing-Prävention ist, die Mitarbeiter zur Konfliktfähigkeit zu entwickeln. Das bedeutet im Einzelnen, dass Wege und Möglichkeiten bekannt sind, damit Mitarbeiter entstehende Konflikte konstruktiv behandeln und bearbeiten können. Und zwar möglichst selbständig, ohne Zuhilfenahme von Instanzen.

Das Diffizile an Konflikten ist, dass sie meist mit vielen Emotionen verbunden sind, auch wenn wir Menschen so sehr um Sachlichkeit bemüht sind.

Wir stellen immer wieder fest, dass Konflikte selten rein sachlich gelöst werden. Wie kann ein Konflikt konstruktiv gelöst werden, wenn man „vor Wut platzen könnte" und nur darüber nachdenkt, wie man dem anderen einen Denkzettel verpassen kann?

Seit alters her gilt die Waage als Symbol für Ausgeglichenheit und Harmonie, aber auch für Gerechtigkeit. *Justitia*, die Göttin der Gerechtigkeit wird folgendermaßen dargestellt: Mit verbundenen Augen hält sie in der einen Hand ein Schwert, in der anderen eine Waage.

Die Waage symbolisiert Ausgeglichenheit und Harmonie. Auf manchen Wochenmärkten können wir noch Waagen finden, bei denen die Ware in die Waagschale der einen Seite gelegt wird, während auf der anderen Seite solange Gewichte aufgelegt werden, bis die Waage ausgependelt ist.

Auch wir Menschen streben nach ausbalancierten Zuständen oder Beziehungen, weil wir diese als gerecht bzw. harmonisch empfinden. Ausbalancierte und harmonisch empfundene Beziehungen zu unseren Mitmenschen oder Kollegen bewerten wir als angenehm, unbalancierte als unangenehm.

Ausbalancierte Zustände anstreben

Da Menschen überwiegend nach angenehm empfundenen Situationen suchen, werden unangenehm empfundene, ungleichgewichtige Zustände nach Möglichkeit vermieden oder es wird versucht, wieder ins Gleichgewicht zu kommen. Dies gilt sowohl für unsere eigenen inneren Zustände, als auch für die Beziehungen zu unseren Mitmenschen.

Wenn wir z. B. verärgert sind, sei es, weil man verschlafen hat oder uns jemand den letzten Parkplatz gerade weggeschnappt hat oder gar der Sommer verregnet ist, versuchen wir, unserem Ärger Luft zu machen. Danach fühlen wir uns meistens besser, haben uns wieder im Griff und sind wieder *ausgeglichen*.

Leider geschieht dies oft auf Kosten eines Dritten. Das – unserer Meinung nach – fehlerhafte Verhalten eines anderen gibt uns Gelegenheit diesem mitzuteilen, was wir davon halten:

Nehmen wir an, es handelt sich bei diesem Gesprächspartner um einen uns gleichgestellten Kollegen. Wahrscheinlich wurden die Gefühle des Kollegen durch die unerwartet heftige Emotionalität unseres Auftretens verletzt. Die innere Verletztheit und die äußere Situation erlebt der Kollege nun wiederum als unangenehm. Möglicherweise wird er versuchen, bei nächster Gelegenheit es uns mit gleicher Münze heimzuzahlen.

Das Gespräch entwickelt eine eigene Dynamik. Scheinbar geht es um den Austausch sachlicher Informationen; in Wahrheit um den Schlagabtausch verletzter Gefühle. Das Ende des Streitgesprächs ist für beide so unbefriedigend, wie der Anlass geringfügig war – aber: die Situation ist wieder ausgeglichen.

Kein Schlagabtausch verletzter Gefühle

Was von uns an Gefühlsverletzungen auf die eine Seite der Waagschale geworfen wurde, wurde auch auf der anderen Seite aufgelegt. Vielleicht sogar mehr, so dass wir uns wieder herausgefordert fühlen. Am Ende ist die Situation zwar wieder ausgeglichen, das Beziehungsklima jedoch merklich abgekühlt.

Eine solche Kommunikationssituation ist äußerst unfruchtbar und führt im Ergebnis nur zu einer Distanzierung der Gesprächspartner. Wenn wir im Gespräch die Gefühle anderer verletzen, weil wir durch die versteckte Verhältnisbotschaft signalisieren: *du bist nicht o. k.,* so können wir damit jedoch auch die Zündung einer Zeitbombe in Gang setzen und einen äußerst günstigen Nährboden für Mobbing schaffen.

Handelt es sich z. B. bei dem von uns abgekanzelten Mitarbeiter nicht um einen gleichgestellten Kollegen, sondern z. B. um einen Lieferanten oder einen anderen von uns Abhängigen, so wird dieser es uns nicht direkt mit „gleicher Münze heimzahlen" können. Das hierarchische Machtgefälle lässt ein solches Vorgehen nicht zu. Der betreffende Lieferant wird – um im Bild mit der „Münze" zu bleiben – die Währung wechseln. Für ihn bleibt die Situation vorerst unausgeglichen. Er wird später für Ausgleich sorgen: Vielleicht, indem er bei der nächsten Gelegenheit die Lieferzeiten unnötig verlängert, in dem sicheren Wissen, dass wir auf ihn angewiesen sind.

Hier wird deutlich, wie scheinbar nichtige Anlässe eine Spirale oder Verkettung von negativer Kommunikation in Gang setzen, die sich über kurz oder lang zu Mobbing entwickeln können.

Signalisieren Sie in Ihren Gesprächen, dass Sie Ihr Gegenüber (nicht Ihren Gegner!) wertschätzen und achten. Nur weil Sie anderer Meinung sind, ist Ihre Ansicht nicht besser oder schlechter zu bewerten als die des anderen!

Sachlich und wertschätzend bleiben!

Schläge, die vorwurfsvoll sind und unter die Gürtellinie gehen, verletzen und schaden auf Dauer jeder Beziehung, sei sie geschäftlich, freundschaftlich oder privat.

Wie berechtigt Ihr Ärger oder Ihre Kritik auch sein mögen ...

* *... bemühen Sie sich um Sachlichkeit!*

* *... achten, d. h. schützen Sie die Gefühle des anderen!*

⋆ ... sorgen Sie dafür, dass Sie beide gut aus der Situation herausgehen!

Kommunikationsbeziehungen tendieren immer zum Ausgleich. Der Volksmund sagt: „So wie man in den Wald hineinruft, so schallt es heraus!"

Konflikte können *nur* auf der Sachebene gelöst werden. Wenn Emotionen im Spiel sind, wird eine konstruktive Konfliktlösung schwierig, wenn nicht gar unmöglich. Die Kunst besteht darin, Konflikte sachlich zu lösen, bevor sie eskalieren und zu Mobbing führen.

6.1.2.2 Die sechs Schritte der konstruktiven Konfliktlösung

Wie können Konflikte denn nun konstruktiv und sachlich gelöst werden? **Sachlich bleiben!**

Eine Möglichkeit ist, die sechs Schritte der konstruktiven Konfliktlösung zu nutzen.

Die sechs Schritte der konstruktiven Konfliktlösung sind:
1. Gesprächseröffnung
2. Schilderung des Vorfalls
3. Stellungnahme des Gesprächspartners
4. *Gemeinsame* Problemlösung
5. Vereinbarung
6. Evaluation (Überprüfung, Beurteilung).

Beachten Sie folgende Punkte vorab:

- Kommunikation findet auf zwei Ebenen statt: der Sachebene und der Gefühlsebene.

- Konfliktgespräche sollten möglichst ungestört und unter vier Augen stattfinden.

- Konfliktgespräche sollten sachlich geführt werden. Wenn Sie noch verärgert sind, ist es vorteilhaft, das Gespräch erst dann zu führen, wenn die Emotionen abgekühlt sind und Sie wieder auf die Sachebene zurückkehren können (s. Abschnitt 3.1 Eisbär-Modell).

Gehen Sie wie folgt vor:

Optimale Vor-
gehensweise

1. Gesprächseröffnung

Es ist nützlich, Ihren Gesprächspartner nicht sofort mit Vorwürfen zu überhäufen, sondern erst einmal den Rahmen für ein solches Gespräch zu schaffen, d. h. ungestört und in einer zumindest neutralen Atmosphäre. Wenn nötig, verlegen Sie das Gespräch aus dem Unternehmen in ein Café oder Restaurant.

2. Schilderung des Vorfalls (Ihre Ansicht)

Hier ist Sachlichkeit gefragt. Wenn Ihr eigener Ärger noch nicht abgeklungen ist, kann es von Vorteil sein, das Gespräch noch um einige Zeit aufzuschieben. Schildern Sie die Situation, wie Sie sie erlebt haben. Vermeiden Sie Anklagen durch nicht anwesende Dritte. „Man hört von Kollegen" oder „mir wurde zugetragen" sind äußerst schädliche Aussagen bei einer konstruktiven Gesprächsführung.

3. Stellungnahme des Gesprächspartners

Möglicherweise ist dem Gesprächspartner die Situation bis zu diesem Zeitpunkt nicht bewusst. Es zeugt von Respekt und Achtung, den anderen anzuhören und nicht lediglich ein anderes Verhalten anzuordnen oder zu verlangen. Bemühen Sie sich in dieser Phase darum, den anderen ausreden zu lassen und ihn auch wirklich zu verstehen!

4. Gemeinsame Problemlösung

Vielleicht der wichtigste Punkt, der in den meisten Konfliktgesprächen „vergessen" wird: Man teilt dem anderen mit, was sich bitteschön in Zukunft ändern soll. Tatsächlich wird ein Verhalten sich nur dann ändern, wenn der andere dies auch einsieht bzw. mit der neuen Vereinbarung einverstanden ist. Daher ist es in dieser Phase nützlich, wenn der Gesprächspartner selbst einen Lösungsvorschlag entwickelt bzw. Sie beide die Lösung gemeinsam erarbeiten.

Die Chance, dass diese Lösung auch tatsächlich umgesetzt wird, ist weitaus höher, wenn beide an der Problemlösung beteiligt sind.

5. Vereinbarung

Manches Konfliktgespräch endet mit den Worten: „So, dann ändern Sie 'mal Ihr Verhalten!" Sinnvoller ist es, eine eindeutige Vereinbarung zu treffen (z. B.: Was genau wird bis wann geändert?). Und welche Kriterien müssen vereinbart werden, um Schritt sechs in die Tat umzusetzen, d. h. welche Merkmale sind überprüfbar und zeigen, ob ein Konsens gefunden wurde?

Eindeutige Vereinbarungen treffen

Exkurs: Mögliche Lösungen eines Konflikts

Vier Varianten der Konfliktlösung können das Ergebnis eines Konfliktlösungsprozesses sein:
1. Die **Konzession** – einer gewinnt, einer verliert. 100% : 0%.
2. Die **Konfrontation** – beide Seiten rennen Türen knallend auseinander, keiner gewinnt. 0% : 0%.
3. Der **Kompromiss** – wird üblicherweise als zufrieden stellende Lösung betrachtet, obwohl jede Seite nur einen Teil erhält. 50% : 50%.
4. Der **Konsens** – beide Parteien kommen zu einer echten Lösung. 100% : 100%.

Beide Konfliktpartner müssen also für sich die Frage klären: Will bzw. kann ich mich durchsetzen (selbst behaupten) oder soll bzw. muss ich mich anpassen?

Durchsetzen oder anpassen?

Die Antwort ergibt sich zum einen aus der Ich-Stärke der Persönlichkeit, zum anderen aus der Stärke bzw. Schwäche der Verhandlungspositionen.

Die eleganteste und sicher auch die schwierigste, für beide Parteien aber auch die befriedigendste Konfliktlösung ist die *Konsensbildung,* weil beide ihre Interessen wahren können. Dies erfordert von beiden Konfliktpartnern sowohl Kreativität als auch Kooperationsbereitschaft.

Die Konsensbildung

Ein Konsens ist dann erreicht, wenn den *Interessen* beider Konfliktparteien Rechnung getragen wird; wenn es beiden gelingt, eine Lösung zu finden, in der sie sich behaupten können. Dies ist zugegebenermaßen nicht immer einfach. Meist verhindert das Beharren auf der *eigenen Position* einen Erfolg versprechenden Lösungsansatz. Und zu oft betrachten wir das *gemeinsame Problem* nur aus unserer *eigenen Perspektive.*

Ein **Beispiel** ist hier der Sinaikonflikt, bei dem die beiden Staaten Israel und Ägypten auf ihr Recht an der Halbinsel Sinai beharrten. Die Positionen waren so nicht miteinander vereinbar, bis man nach den *Interessen* fragte, die hinter den Positionen standen.

Das Interesse Israels war „Sicherheit" und das Ägyptens „Verwaltungshoheit"; so war die *gemeinsame Lösung*, die die Interessen beider Länder berücksichtigte und schließlich zum Friedensvertrag von Camp David führte, folgende:

Der Sinai kommt zurück zum Hoheitsgebiet Ägyptens, wird und bleibt aber entmilitarisiert.

Nicht Feilschen, sondern Verhandeln!

Deshalb: *Feilschen Sie nicht um Positionen, sondern verhandeln Sie Ihre Interessen!*

Der Konsens ist sicher für beide Konfliktparteien die beste Lösung, da beide ihre Interessen im Konsens verwirklicht sehen. Die Voraussetzung ist jedoch der Wille zur Zusammenarbeit, Findigkeit und Einfallsreichtum, Offenheit in Bezug auf die eigenen Interessen und Respekt vor denen des anderen.

Statt eine Position zu finden, die beiden Interessen genügt, wird all zu oft versucht, die Position anzugleichen und einen Kompromiss zu finden.

Die Kompromisslösung

Beiderseitiges Anpassen meist unbefriedigend

Wenn es Ihnen und Ihrem Konfliktpartner nicht gelingt, zu einer Konsenslösung zu gelangen, gibt es zwei Möglichkeiten:

Sie lassen entweder die Verhandlung platzen, oder Sie und Ihr Konfliktpartner passen sich beide etwas aneinander an, kommen sich auf halbem Weg entgegen.

Die Folge: Beide sind mit der Lösung des Problems unzufrieden.

Im Falle des Sinaikonflikts hätten dann vielleicht Israel und Ägypten jeweils nur die Hälfte des beanspruchten Territoriums bekommen, womit aber beiden Interessen nicht gedient gewesen wäre.

Ein Kompromiss ist **nicht** die optimale Lösung. In einem Kompromiss passen sich zwar beide Konfliktpartner an den jeweils anderen an, aber im Prinzip werden nicht die wahren Interessen berücksichtigt, sondern die Interessen *angeglichen*.

Die Folge: Ein Interessenkonflikt, bei dem beide Parteien im Prinzip mit der „Lösung" unzufrieden sind.

Die Konzessionslösung

Bedingte Anpassung

Dies ist eine Konfliktlösung, bei der sich die stärkere Partei durchsetzen, also ihre Interessen behaupten kann, und die andere Partei sich bedingt anpasst. Dies ist jedoch nicht bedingungslos, wie bei einem Kompromiss, sondern ein Anpassen mit einem „aber...", eine Konzession (dt.: Bedingung).

Nur unter bestimmten Voraussetzungen ist also die „schwächere" Partei zum Nachgeben bereit, was wiederum ihre Position stärkt, weil sie den sowieso Stärkeren zu einem Zugeständnis „zwingen" kann, wo es für ihn nur die Alternative „keine Lösung" gegeben hätte. Ein wenig später werden auch die Interessen der nachgebenden Partei erfüllt (z.B., dass sich die mächtigere Partei als Bedingung in einem anderen – konkreten Fall – ebenfalls zum Nachgeben bereit erklärt).

Wie bei der Konsenslösung wird hier dafür gesorgt, dass das allgemeine zwischenmenschliche „Klima" weiterhin positiv bleibt.

Die Konfrontation

Sicherlich die am wenigsten wünschenswerte Situation. Man stelle sich vor, wie beide Parteien mit hochroten Köpfen wutentbrannt auseinander rennen und denken: „Mit dem nicht!" Wenn es soweit gekommen ist, wird es ungleich schwerer, sich noch einmal gemeinsam an einen Tisch zu setzen.

Je nachdem, wie festgefahren die Situation ist, hilft hier nur abwarten, bis die Emotionen abgeklungen sind und die Sachebene wieder erreicht werden kann.

Sinnvoll ist es häufig, hier auch einen neutralen Dritten für das nächste Gespräch hinzuzuziehen (s. auch Mediation).

Bedenken Sie bitte, dass es abzuwägen gilt, welche Lösung erstrebenswert ist. Wenn es sich eher um „Kleinigkeiten" handelt, kann auch ein Kompromiss für beide Seiten ausreichend sein. Wenn es aber um grundsätzliche und schwerwiegende Konflikte geht, ist meist der Konsens die einzig dauerhafte Lösung!

6. Evaluation

Einige Zeit nachdem die gemeinsame Problemlösung gefunden und umgesetzt wurde, ist es wichtig zu überprüfen, ob die Lösung die richtige war. Ist tatsächlich ein Konsens gefunden worden (alle Parteien sind zufrieden mit der Lösung) oder handelt es sich, wie so oft in der Politik, um einen (faulen) Kompromiss, bei dem jede Seite maximal 50% bekommt?

Überprüfung und Bewertung im zeitlichen Abstand

Praxistipp:

Bitte betrachten Sie kritisch Ihr letztes Konfliktgespräch – sei
es privat oder beruflich. Haben Sie die Schritte so eingehalten, wie hier dargestellt? Oder würden Sie es heute anders
machen? Wenn ja, wie? Haben Sie einen Konsens bewirkt,
oder war es „nur" ein Kompromiss?

Alle sitzen in einem Boot

Das Wichtigste in Kürze:

*Das effizienteste Vorgehen, um Mobbing gar nicht erst entste-
hen zu lassen, ist es Kommunikationsstrukturen zu implementieren die einen offenen und vertrauensvollen Umgang
miteinander ermöglichen. Hier ist das gesamte Unternehmen
gefragt. Seminare und Schulungen zu Kommunikation und
Konfliktmanagement sind Grundlage für ein konstruktives
Miteinander.*

6.1.3 Der eigene Führungsstil

Es gibt drei Führungsstile, die sich nach wie vor großer Beliebtheit erfreuen:

Der **autoritäre Führungsstil**, bei dem klare Anweisungen gegeben werden, der Chef das Sagen hat und die Mitarbeiter die Anweisungen befolgen, unabhängig von der Einsicht.

Das andere Extrem ist der so genannte **Laisser-faire-Stil**, bei dem jeder mitentscheiden darf und niemand in eine bestimmte Richtung drängt. Dieser hat sich in den meisten Fällen als ineffizient erwiesen, genauso wie der autoritäre Führungsstil in der Reinform meist als zu streng und menschenverachtend oder – verschleißend erlebt wird.

Durchgesetzt hat sich weitgehend der **kooperative Führungsstil**. Was zeichnet diesen aus?

Hier wird sowohl Wert auf die Aufgabenerledigung als auch auf die Mitarbeiterzufriedenheit gelegt. Beide Faktoren gehen Hand in Hand miteinander und führen so zu qualitativ hochwertigen Arbeitsergebnissen und zu motivierten und zufriedenen Mitarbeitern (s. auch Abschnitt 6.3.1).

Und dies ist ein denkbar schlechtes Feld, um Mobbing entstehen zu lassen!

Kooperative Führung kann Mobbing verhindern

6.1.4 Allgemeine Aufklärung

Man unterscheidet zwei Herangehensweisen in der Mobbing-Prävention:

1. Verhaltensprävention, d. h. durch Aufklärung und Ansprechen ein besseres Verhalten zu erzeugen;

2. Verhältnisprävention, d. h. Veränderung der Bedingungen und Umstände, die negatives Verhalten fördern.

Sowohl die Personalverantwortlichen als auch Betriebsratsmitglieder können vorbeugend wichtige Maßnahmen in die Wege leiten:

• Aufklärungsarbeit in den Betrieben und Abteilungen betreiben:

Vorbeugende Maßnahmen

**Keine Vogel-
Strauß-Politik!**

- Manche Unternehmen kehren den Begriff Mobbing einfach unter den Teppich, getreu dem Vogel Strauß, der bei Gefahr den Kopf in den Sand steckt. Wird das Phänomen offen angesprochen, werden die Mitarbeiter informiert, was Mobbing ist und wie es verhindert werden kann, entzieht man dem Mobbing den Nährboden.

- Eine Streitkultur entwickeln:
  In Betrieben, in denen eine Streitkultur herrscht bzw. erlernt wurde, tritt Mobbing kaum auf. Es ist nicht weiter erstaunlich, dass Mobbing ausgerechnet in Schweden „entdeckt" wurde. Denn dort ist in vielen Unternehmen bis zum heutigen Tage auch der Begriff „Konflikt" unbekannt bzw. höchst unerwünscht. Wo es keine Streitkultur gibt, gibt es ausreichend Platz für Mobbing.

- Die Unternehmensphilosophie und Firmengrundsätze klar definieren:
  Es ist erstaunlich festzustellen, wie oft Mitarbeiter jahrelang in einem Unternehmen beschäftigt sind und die Unternehmensphilosophie nicht kennen. Dies liegt meist daran, dass es entweder keine gibt oder sie nicht vorgelebt wird. Dabei ist eine klare und offen kommunizierte Philosophie eine der einfachsten Maßnahmen, um Mobbing vorzubeugen.

**Überzeugendes
Vorleben hilft**

- Auf einen mobbingfeindlichen Führungsstil achten:
  Bereits bei der Suche und Auswahl von neuen Mitarbeitern ist es wesentlich, auf den Führungsstil zu achten. Mitarbeiter, die einen kooperativen Führungsstil nicht nur vorgeben, sondern auch vorleben, sind besonders geeignet, um Mobbing im Keim zu ersticken. Als Personalverantwortliche können Sie einen wesentlichen Beitrag leisten, dass Mobbing gar nicht erst Einzug in Ihr Unternehmen erhält.

- Menschengerechte Arbeitsplätze einrichten und sichern:
  Wenn man die Ursachen für Mobbing betrachtet wird deutlich, dass je schlechter die Arbeitsbedingungen sind, desto eher wird gemobbt. Dies bedeutet natürlich nicht, dass Sie für jeden Mitarbeiter alle Annehmlichkeiten schaffen sollen. Sondern es geht darum, menschengerechte Arbeitsbedingungen zu schaffen und zu implementieren, angefangen bei Raum- und Lichtverhältnissen über Ausstattung des Arbeitsplatzes bis hin zu dem Umgang miteinander.

Konsequenzen
ziehen

- Arbeitsrechtliche Schritte vorsehen:
  Indem der Arbeitgeber einem Mobber gegenüber Sanktionen nicht nur androht, sondern auch ausführt, sorgt er sowohl für ein besseres Arbeitsklima und erspart dem Unternehmen auch Kosten. Er kommt damit zudem seiner gesetzlichen Fürsorgepflicht gegenüber dem Arbeitnehmer nach.
  (Ausführlich beschrieben im in Abschnitt 9)

6.1.5 Infos aus der Belegschaft sammeln (offenes Ohr)

Als Personalverantwortlicher ist es entscheidend, immer ein offenes Ohr für die Belange der Mitarbeiter zu haben. Auch Veränderungen in Abteilungen oder Teams sollten Sie wachsam beobachten.

So kann frühzeitig bemerkt werden, ob es sich um vorübergehende Störungen oder aber um Mobbing handelt.

Auch die Bekanntmachung, dass der Betriebsrat für diese Thematik deutlich ansprechbar ist, ist nützlich für die Belegschaft. Ist dies allgemein bekannt, so wird die Hemmschwelle geringer, von sich aus den Betriebsrat anzusprechen.

**Wichtige Aufgabe
auch für den
Betriebsrat**

Sie können dann Überlegungen anstellen, ob Sie den Gemobbten unterstützen und Hilfestellung bieten wollen.

Auch die Möglichkeit, als Schlichter aufzutreten, kann erwogen werden.

6.1.6 Infos an Entscheidungsträger

Wenn Veränderungen im Betriebsklima oder bei Abteilungen oder Teams festgestellt werden, die Anlass zur Beunruhigung geben, ist es sinnvoll, die Unternehmensleitung zu kontaktieren und gemeinsame Problemlösungen anzustreben.

Schulungen sollten organisiert werden, z. B. für Betriebsratsmitglieder. Desweiteren sollten Bücher, Informationsschriften und Broschüren angeschafft und im Unternehmen verteilt werden.

**Info-Möglich-
keiten schaffen**

Es können auch externe Experten eingeladen werden, die vor ausgewählten Zielgruppen referieren und informieren.

6.1.7 Betriebliche Strukturen gegen Mobbing

Anti-Mobbing-Programme entwickeln

Jedes Unternehmen kann im Rahmen seiner Möglichkeiten dafür Sorge tragen, dass konkrete Maßnahmen zur Prävention eingeleitet und umgesetzt werden. So können besonders Personalverantwortliche und Betriebsratsmitglieder wegweisend sein, wenn es darum geht, in Zusammenarbeit mit der Geschäftsführung Anti-Mobbing-Programme zu entwickeln und zu implementieren.

Auch die Einrichtung von Qualitätszirkeln, die sich mit Themen des Betriebsklimas oder der Arbeits- und Betriebsorganisation beschäftigen, können erheblich zur Mobbing-Prävention beitragen.

Mobbing-Beauftragte zu ernennen steht als weitere Möglichkeit zur Verfügung.

Entscheidend ist es, die Thematik offen anzusprechen. Je deutlicher kommuniziert wird, dass Mobbing in einem Unternehmen kein Platz findet, desto schwieriger wird es für einen potentiellen Mobber, aktiv zu werden.

Das Wichtigste in Kürze:

Maßnahmen zur Mobbing-Prävention:

* *Der kooperative Führungsstil sollte durchgängig im Unternehmen praktiziert und vorgelebt werden.*

* *Allgemeine Aufklärung betreiben. Je mehr über Mobbing informiert wird, desto weniger kann es greifen.*

* *Informationen aus der Belegschaft sammeln.*

* *Informationen an Entscheidungsträger weiterleiten.*

* *Betriebliche Strukturen gegen Mobbing einrichten.*

* *Eine Streitkultur im Unternehmen entwickeln und fördern.*

* *Eine offene Kommunikations- und Informationsstruktur konsequent vorleben.*

6.2 Krisenintervention für das Unternehmen/ die Institution durch Personalverantwortliche und Betriebsrat

Was können Sie tun, wenn schon gemobbt wird? Es gibt zwei grundsätzliche Methoden, bei Mobbing einzuwirken: Machteingriff und Verhandlung. Wem es gelingt, sich in den Mobber hineinzudenken, hat schon den ersten Schritt gemacht. Wo liegen die Interessen des Mobbers, was versucht er zu verteidigen durch seine Aktionen? Welche Ängste hat er?

Machteingriff oder Verhandlung

6.2.1 Situationsanalyse (Verdacht überprüfen)

Tom S. wirkt seltsam abwesend, als Sie ihm auf dem Gang begegnen. Dabei hatten Sie als Personalverantwortlicher erwartet, dass er energiegeladen und mit Stolz den Gang entlang schreiten würde, wo er doch auf die bevorstehende Beförderung und damit verbundene Position so lange hingearbeitet hatte.

Das Beispiel des Tom S.

Im Laufe des Tages häufen sich die Anzeichen, dass etwas nicht stimmt. Am Dienstag erfahren Sie dann aus zuverlässiger Quelle, dass Tom S. seine neue Chefin sexuell belästigt haben soll. Sie sind alarmiert: Dieses Verhalten passt nicht zu dem Tom S., den Sie bisher kennen.

Was können Sie tun, wie sollten Sie vorgehen, wenn Sie bemerken, dass bei einem Mitarbeiter oder innerhalb einer Abteilung eine deutliche Verhaltensänderung eintritt?

Deutliche Verhaltensänderung – was tun?

Zunächst einmal ist es von entscheidender Bedeutung, Informationen zu sammeln und zu sichten. Sie sollten als Personalverantwortlicher stets ein offenes Ohr für die Prozesse im Unternehmen haben. Je früher Sie bemerken, dass etwas nicht stimmt, desto eher können Sie eingreifen und Gegenmaßnahmen einsetzen. Wenn Sie den Verdacht haben, dass Mobbing betrieben wird, ist das Instrument „Die sechs Felder der Mobbing-Analyse" ein wertvolles Hilfsmittel.

6.2.1.1 Die sechs Felder der Mobbing-Analyse

Die optimale Vor-gehensweise

Wie können Sie als Personalverantwortlicher vorgehen, wenn Sie feststellen wollen, ob bei Ihnen im Unternehmen gemobbt wird?

Phase A: Erkennen

Feld 1: Ein klares Bild machen – liegt Mobbing vor?

Hier sind Sie auf eine Vielzahl von Informationen angewiesen. Eigene Beobachtungen sowie Berichte von Außenstehenden und dem Gemobbten selbst tragen dazu bei, sich ein Bild von der Situation zu machen. Sie sollten zuerst Ihre Informationen zusammentragen, bevor Sie den Mobber befragen. Wenn dieser Wind von der Sache bekommt, kann der Schuss nach hinten losgehen und Sie richten mehr Schaden als Nutzen an.

Achten Sie darauf, eine deutliche Unterscheidung zwischen Fakten und Meinungen vorzunehmen. Seien Sie kritisch bei der Bewertung des Materials und achten Sie darauf, Beweismaterial zu dokumentieren. Hierzu zählen z. B. Zeugenaussagen der Kollegen, ein Mobbing-Tagebuch (ausführliche Beschreibung s. Abschnitt 13), ärztliche Atteste etc.

Die Analyse der Situation ist darauf ausgerichtet, die Interessen des Betroffenen zu wahren und im Hinblick auf Phase B erste Ideen für die Handlungsmöglichkeiten zu entwickeln.

Feld 2: Täterprofil erstellen – sich in den Mobber hinein-versetzen

Warum mobbt der Mobber?

Wenn Sie wissen, aus welchen Gründen der Mobber mobbt, dann können Sie effiziente Mittel und Maßnahmen bedenken, um das Mobbing zu beenden. Entscheidend ist, dass eine echte Lösung gefunden wird und nicht nur durch Androhung von Sanktionen das Mobbing nur scheinbar beendet wird. Die Gefahr besteht dann, dass das Mobbing auf einem anderen Spielfeld neu aufkeimt.

Denken und fühlen Sie sich in den Mobber hinein. Was ist seine Motivation? Sucht er Sicherheit (fühlt er sich bedroht), will er Anerkennung von anderen einheimsen (alle sollen sehen, wie toll er ist), versucht er sein Revier zu verteidigen oder mobbt er aus Langeweile, weil er unterfordert ist?

Versetzen Sie sich in dessen Lage und finden Sie heraus, was den Mobber bewegt. Das bedeutet keineswegs, dass Sie mit seinem Verhalten übereinstimmen. Wenn Sie verstehen, warum der Mobber mobbt, was er als gefährdet ansieht (sozialer Status, Arbeitsabläufe, Sicherheit des Arbeitsplatzes etc.), dann können Sie auch verstehen, welche dieser Interessen als akzeptabel oder inakzeptabel zu betrachten sind.

Mögliche Motive für das Mobbing werden ausführlich in Abschnitt 4 dargestellt.

Feld 3: Interessen des Mobbers herausfinden

Nachdem Sie das Täterprofil erstellt haben und das Motiv oder die Motive ermittelt haben, fragen Sie sich in diesem Schritt, wie Sie den Mobber bewegen können, das Mobbing einzustellen. Dazu ist es entscheidend zu wissen, welchen Nutzen der Mobber von einer Verhaltensänderung haben wird.

Nutzen einer Verhaltensänderung klären

Denn: Menschen handeln, wenn sie einen Nutzen davon haben und diesen auch erkennen. Wenn Sie als Personalverantwortlicher erreichen wollen, dass der Mobber sein Verhalten dauerhaft ändert, dann wird dies nur dann von Erfolg gekrönt sein, wenn die Vorteile für den Mobber die Nachteile überwiegen.

Würde der Mobber sein Mobbing auf Ihre Aufforderung einfach beenden, käme das einem Schuldeingeständnis gleich. Das wird niemand freiwillig tun. Wer will schon sein Gesicht verlieren?

Wenn Sie planen, einzugreifen, dann sollten Sie unbedingt herausfinden, was Sie dem Mobber bieten können, damit er sein Mobbing auf Dauer einstellt. Dies muss natürlich antizipativ geschehen, also ohne dass Sie ihn wirklich ansprechen. Sie werden erstaunt sein, wie gut man sich in die Welt des Mobbers eindenken kann!

Entscheidend ist, dass der Mobber erkennt, dass die Vorteile die daraus entstehen, dass er sein Tun einstellt, die Nachteile die daraus entstehen dass er sein Tun aufrechterhält, überwiegen.

Hier sind Einfühlungsvermögen und Fingerspitzengefühl gefragt. Denn: Einerseits wollen Sie dem Mobber Alternativen bieten, andererseits soll es nicht in eine Art Belohnung ausarten!

Phase B: Handeln

Bevor Sie nun den Mobber auf sein Verhalten tatsächlich ansprechen, sollten Sie Feld 4–6 vorbereiten.

Feld 4: Lösungsansätze entwickeln

Stärken/ Schwächen des Mobbers klären

Strategische Überlegungen sind hier vorrangig von Bedeutung. Bedenken Sie Folgendes:

Über welche Stärken verfügt der Gemobbte?

Welche Schwächen lassen sich beim Mobber feststellen?

Welche Lösungsansätze sind sinnvoll und realisierbar, welche bedeuten nur Verschwendung von Zeit und Energie?

Wie hoch ist die Wahrscheinlichkeit, dass der Gemobbte selbst die Lösung herbeiführen kann?

Ist eine allgemeine Lösung des Mobbing in absehbarer Zeit zu erwarten (z. B. wird der Mobber befördert, pensioniert oder betriebsbedingt gekündigt werden)?

Was spricht dafür bzw. dagegen, dass Sie als Personalverantwortlicher aktiv in den Prozess eingreifen? Sollten Sie lieber im Hintergrund agieren oder externe Mobbingberater einschalten?

Taucht Mobbing erstmals oder bereits wiederholt im Unternehmen auf?

Mit welcher Unterstützung seitens der Geschäftsführung ist zu rechnen?

Können grundsätzliche Weichen im Unternehmen gestellt werden, um Mobbing einzuschränken?

Feld 5: Handlungsmöglichkeiten des Gemobbten

Situation oder Person?

Heikel, lieber Personaler, denn hier kommen unbequeme Wahrheiten auf den Tisch. Denn Mobbing läuft immer nur, wenn ein ausgewähltes Opfer sich auch mobben lässt. Und das müssen Sie dem Gemobbten jetzt schonend beibringen.

Jeder Mensch hat verborgene Ängste oder Unsicherheiten. Werden genau die herausgepickt, die uns treffen, kann das Mobbing beginnen. Machen Sie dem Gemobbten bewusst, dass er auch anders reagieren kann, dass er auch Abstand zu den Angriffen halten kann.

Auch der Umgang mit den persönlichen Ressourcen ist entscheidend: Der Gemobbte sollte sich nicht ständig fragen „Warum gerade ich, warum mobbt er mich?" sondern: „Was kann ich tun, um aus dieser Situation herauszukommen?"

Der Gemobbte muss erkennen, dass es an ihm liegt, sich selbst zu ändern. Wer darauf wartet, dass der Mobber sich ändert, kann möglicherweise ewig warten!

Der Gemobbte muss an sich selbst arbeiten

Hier geht es darum, bei dem Gemobbten Hilfestellung zu leisten, damit er selbst Lösungsansätze entwickelt und aktiv werden kann. Viele Mobbing-Opfer verharren lieber wie das berühmte Kaninchen vor der Schlange und warten ab. Sie als Personalverantwortlicher können gerade hier viel bewegen, indem Sie dem Gemobbten einerseits helfen, sein Selbstwertgefühl wieder zu stärken und andererseits Anregungen geben, wie er vorgehen kann. Achten Sie darauf, dass die Lösungsansätze von dem Gemobbten entwickelt werden. Sie sollten sie nicht auf dem Präsentierteller darreichen, denn das verstärkt u. U. die vermeintliche Hilflosigkeit noch!

(Konkrete Vorschläge siehe auch Abschnitt 6.6.)

Feld 6: Handlungsmöglichkeiten des Unternehmens

Jetzt geht es noch darum, den Handlungsspielraum, den Ihr Unternehmen bietet, auszuloten.

Haben Sie in Ihrem Haus einen Mobbing-Berater oder eine Mobbing-Sprechstunde? Wenn nicht, können Sie sie ins Leben rufen?

Mobbing-Berater oder Mobbing-Sprechstunde einrichten

Wie wird mit Konflikten im Unternehmen umgegangen? Besteht eine Streitkultur oder nicht?

Besteht die Möglichkeit, einen Mediator einzusetzen?

Gibt es eine Vertrauensperson im Unternehmen?

Wie gut ist der Kontakt zwischen Ihrem Unternehmen und externen Beratungsstellen?

Sollen rechtliche Schritte unternommen werden, gibt es bereits Erfahrungswerte, auf die zurückgegriffen werden kann?

Können der Mobber und/oder der Gemobbte einen anderen Aufgabenbereich bekommen? Wenn ja, trägt das zur Lösung bei? Oder wird das Mobbing nur verlagert?

Wenn Mobbing bisher keine Beachtung fand, gibt es Unterstützung seitens der Geschäftsführung, um dem Thema aktiv zu begegnen?

Existiert bereits eine Betriebsvereinbarung oder können Sie eine erstellen?

Diese Punkte sollten Berücksichtigung finden, wenn Sie die Handlungsmöglichkeiten im Unternehmen bewerten.

Als Personalverantwortlicher können Sie selbst im Vorfeld einiges unternehmen:

Achten Sie darauf:

- Abstand zum Sachverhalt zu wahren.

- Vertrauenswürdig gegenüber dem Gemobbten aufzutreten.

- Zuzuhören!

- Sich in die Situation des Betroffenen einzufühlen, ohne mit zu leiden.

- Keine voreiligen Lösungsvorschläge zu geben.

- Sachliche Informationen über Mobbing und Beratungsstellen zu geben.

- Denkanstösse zu geben, keine fertigen Schubladenlösungen.

- Handlungsalternativen vorzustellen.

- Zukünftige Problemlösungen anzustreben, anstatt die beliebte Schuldfrage zu stellen.

- Umsichtig bei der Mobbing-Analyse vorzugehen.

- Die Durchführung der Konfliktlösung sorgfältig vorzubereiten.

- Dass Sie über Kriterien verfügen, die Aufschluss darüber geben, wann genau das Mobbing beendet ist.

- Konsequenzen zu bedenken, wenn das Mobbing nicht endet, trotz aller Maßnahmen, z. B. Kündigung oder Versetzung von einem oder allen Beteiligten.

Es ist von entscheidender Bedeutung, dass Sie als Personalverantwortlicher sich ein klares Bild von dem Mobbingvorgang machen können, bevor Sie entscheiden, welche Maßnahmen Sie ergreifen bzw. welche Handlungsalternativen Sie mit dem Gemobbten besprechen. Die sechs Felder der Mobbing-Analyse unterstützen Sie in dem Erkennen (Phase A) und dem Entwickeln von konkreten Aktionen (Phase B). Grundsätzlich gilt: Je besser der Kontakt im Unternehmen, desto eher fallen Störungen auf. Sensibilität ist ein gutes Frühwarnsystem!

Sensibilität als Frühwarnsystem nutzen

6.2.2 Externe Beratungsstellen kontaktieren

Wenn Mobbing auftritt, ist es in jedem Unternehmen irgendwann zum ersten Mal der Fall. Wenn Sie noch keine Erfahrungswerte haben (das spricht **für** Ihr Unternehmen!), ist es durchaus sinnvoll, externe Beratungsstellen zu kontaktieren. Hier finden Sie eine Quelle von Informationen und Musterfällen, Präzedenzfälle etc., die Ihnen Anregungen geben können. Dies betrifft sowohl das eigentliche Vorgehen als auch die rechtlichen Möglichkeiten und Grenzen. Im Internet finden Sie unter www.mobbing-net.de oder auch im Anhang dieses Buches erste Kontaktadressen und Anlaufstellen.

Externe Berater helfen

6.2.3 Kooperative Konfliktlösung fördern

Es wurde bereits darauf hingewiesen, dass Unternehmen mit einer hohen Streitkultur deutlich weniger mit Mobbing zu tun haben als solche, in denen Konflikte unter den Teppich gekehrt werden. Betrachten Sie Ihr Unternehmen kritisch: Welcher Führungsstil wird befürwortet, wie werden Konflikte und Probleme gehandhabt?

Führungsstil und Streitkultur pflegen

Gibt es eine Streitkultur oder nicht?

Bereiten Sie Maßnahmen vor, um die kooperative Konfliktlösung zu fördern und in Ihrem Unternehmen zu einer Selbstverständlichkeit werden zu lassen. Das mag zu Beginn aufwändig und arbeitsintensiv erscheinen, ist aber auf lange Sicht um ein Vielfaches günstiger als sich immer wieder mit Mobbing-Intervention befassen zu müssen.

Unterrichten Sie auch die Führungskräfte, wie sie bei einem Mobbing-Vorfall die konstruktive Konfliktlösung einsetzen können. Möglicherweise können damit viel zeit- und kostenintensivere Maßnahmen vermieden werden.

(Hinweise s. Abschnitt 6.1.2)

6.2.4 Mediation

Mediation – was bedeutet das?

Wenn die sechs Schritte der konstruktiven Konfliktlösung nicht fruchten, z. B. weil die emotionale Ebene (s. Eisbär-Modell) immer wieder in den Vordergrund tritt, kann es sinnvoll sein, einen Mediator einzusetzen. In den Niederlanden wird häufig zuerst ein Mediator befragt, bevor gerichtliche Schritte unternommen werden. Was genau ist unter Mediation zu verstehen?

Mediation ist ein Prozess, in dem die Konfliktparteien zusammen mit einem neutralen Dritten systematisch die strittigen Punkte herausarbeiten, um Optionen und Alternativen zur bisherigen Auseinandersetzung zu entwickeln (Kratz, Mobbing).

Tom S. wendet sich an den Mediationsausschuss

Im Fall von Tom S. hat die Personalabteilung ihm geraten, zu einem Mediationsausschuss zu gehen und die Angelegenheit dort direkt auf kurzem Wege zu klären. Und zwar aus folgenden Gründen: Als die Brisanz der Situation deutlich wird, scheint es unbedingt angebracht, eine neutrale Stelle einzuschalten. Denn noch ist das gesamte Ausmaß des Mobbing zwar nicht erkennbar, es ist aber auch nicht auszuschließen, dass Vorgesetzte und möglicherweise sogar die Geschäftsleitung Kenntnis von dem Vorgang haben oder selbst daran beteiligt sind. Daher ist der einzig kluge Weg einen Mediator einzuschalten.

> **Praxistipp:**
>
> Wenn Sie mit einer solchen Situation konfrontiert würden, welche Spielregeln wären für Sie wichtig?
>
> Lassen Sie doch ein solches Gespräch einmal vor Ihrem geistigen Auge ablaufen. Welches Verhalten Ihrerseits könnte entscheidend zu einem erfolgreichen Verlauf beitragen? Denken Sie auch daran, dass es wichtig ist, das Ziel im Auge zu behalten und geduldig zu sein, wenn z. B. alle auf einmal reden!

6.2.5 Vertrauensperson im Unternehmen

In kleineren Betrieben wird es oft nicht möglich sein, eine Mobbing-Sprechstunde einzurichten. Hier kann es sinnvoll sein, eine Vertrauensperson im Unternehmen zu bestellen, die für verschiedene Belange der Mitarbeiter ein offenes Ohr hat, z. B. auch für Mobbing. Dazu ist es allerdings erforderlich, dass dieser Mitarbeiter zum Themenbereich Mobbing geschult wird, mit der aktuellen Rechtsprechung vertraut ist und Anlaufstellen kennt, bei denen weitere Informationen und Unterstützung einzuholen sind.

Im Kleinbetrieb

6.2.6 Mobbing-Sprechstunde einrichten

Wenn das Unternehmen sich entschließt, eine Mobbing-Sprechstunde einzurichten, ist Folgendes zu beachten:

Die ausgewählten Personen müssen vertrauenswürdig sein, sie müssen diskret vorgehen und dennoch handlungsfreudig sein. Es ist entscheidend, das Verhalten und die betroffene Person voneinander zu trennen. Für eine Mobbing-Beratung muss ausreichend Zeit vorhanden sein. Der Berater muss zuhören und unterstützen. Er muss sich in den Gesprächspartner einfühlen können, ohne selbst emotional zu werden.

Vertrauen, Diskretion und Handlungsfreude wichtig

Mobbing-Sprechstunde

Sachliche Hilfe zur Selbsthilfe geben

Es ist zu beachten, dass sachlich über Mobbing informiert wird, Informationsquellen genannt und Handlungsmöglichkeiten aufgezählt werden. Es geht in erster Linie um Hilfe zur Selbsthilfe. Geben Sie dem Gesprächspartner einen Überblick über die verschiedenen Bereiche, die zu beachten sind.

Kontraproduktiv sind Verharmlosungen „ist doch alles nicht so schlimm" oder Standardsprüche wie „Wir werden das Kind schon schaukeln". Nehmen Sie das Gesagte und den Mitteilenden ernst, ohne jedoch die Situation zu dramatisieren oder zu bagatellisieren.

Mit Hilfe verschiedener Instrumente können Handlungsmöglichkeiten aufgezeigt werden: Setzen Sie die sechs Felder der Mobbing-Analyse ein, erläutern Sie die sechs Schritte zur Konfliktlösung. Geben Sie Denkanstösse, was der betroffene Mitarbeiter unternehmen kann, hüten Sie sich aber vor Reglementierungen. Einfühlsame Ratschläge sind in der Mobbing-Beratung gefragt, keine Anordnungen!

6.2.7 Betriebsvereinbarung erstellen

Sie können, um Mobbing zu begegnen, eine Betriebsvereinbarung zum Schutz der Mitarbeiter gegen Mobbing erstellen.

Betriebsvereinbarungen zwischen dem Unternehmen und dem Betriebsrat stellen eine besondere Form der Mobbing-Prävention dar. Hierin werden beide Seiten, Arbeitgeber und Arbeitnehmer, in die Pflicht genommen, Mobbing Handlungen zu unterlassen und auch zu bekämpfen. Hiermit wird dokumentiert, dass alle Beteiligten den Prozess und die Folgen von Mobbing in dem Unternehmen unterbinden wollen.

Das Wichtigste in Kürze:

Bei Mobbing-Intervention kann man zwei Wege beschreiten: Machteingriff oder Verhandlung.

Wie können Sie vorgehen?

* *Nutzen Sie die sechs Felder der Mobbing-Analyse nach Grünwald als Instrument zur Situationsanalyse.*

* *Kontaktieren Sie externe Beratungsstellen.*

* *Fördern Sie die kooperative Konfliktlösung in Ihrem Unternehmen.*

* *Setzen Sie einen erfahrenen Mediator ein.*

* *Bestellen Sie eine Vertrauensperson im Unternehmen, an die man sich wenden kann.*

* *Richten Sie eine Mobbing-Sprechstunde ein.*

* *Erstellen Sie zum Schutz der Mitarbeiter eine Betriebsvereinbarung.*

6.3   Präventive Maßnahmen für Vorgesetzte

6.3.1 Der eigene Führungsstil

Der Führungsstil dokumentiert die Grundeinstellung von Vorgesetzten. Die Verhaltensweisen hängen entscheidend von dem jeweils praktizierten Führungsstil ab.

Die drei bekannten und gängigen Führungsstile sind autoritär, laisser-faire und kooperativ (s. Abschnitt 6.1.3)

Kooperativen Führungsstil pflegen

Durchgesetzt hat sich weitgehend der kooperative Führungsstil. Was zeichnet diesen aus?

Der Vorgesetzte sieht seine Aufgabe vor allem darin, für bestmögliche Aufgabenerledigung zu sorgen bei gleichzeitiger Arbeitszufriedenheit seiner Mitarbeiter. Das bedeutet, im Gegensatz zu dem autoritären Führungsstil, bei dem die Mitarbeiter auf Kosten hoher Arbeitsergebnisse „verschlissen" werden, bzw. bei dem Laisser-faire-Stil, bei dem die Arbeitszufriedenheit und nicht das Arbeitsergebnis im Vordergrund stehen, dass hier beiden Seiten Rechnung getragen wird.

Den Mitarbeiter als Partner sehen

Beim kooperativen Führungsstil wird der Mitarbeiter als Partner, als gleichberechtigter Gesprächspartner gesehen. Mitarbeiter erhalten ein hohes Maß an Selbständigkeit, z. B. indem Kompetenzen, Aufgaben und Verantwortung an sie delegiert werden. Es wird auf persönliche Machtspiele verzichtet; partnerschaftliches Denken und Handeln wird praktiziert. Das bedeutet, dass Informationen nicht als Machtmittel zurückgehalten werden, sondern dass offen und vertrauensvoll miteinander umgegangen wird. Mitarbeiter werden als mündige Menschen betrachtet und nicht wie Kleinkinder gegängelt.

Dieser Führungsstil fordert eine Führungskraft, die bereit und fähig ist, sich in die jeweiligen Mitarbeiter einzufühlen und die über eine hohe Kommunikationsfähigkeit verfügt. Hier wird auch eine Streitkultur praktiziert, d. h. Konflikte dürfen und sollen auch auftreten, damit sie gemeinsam gelöst werden.

Eine solche Führungskraft braucht neben Fachkompetenz auch vor allem Sozialkompetenz und Mut!

Wird tatsächlich kooperativ in einem Unternehmen geführt, und zwar durchgängig, so hat Mobbing kaum eine Möglichkeit zu greifen!

6.3.2 Frühwarnsignale kennen

Vorgesetzte können eine Reihe von Frühwarnsignalen beachten, damit Mobbing sich gar nicht erst entwickeln kann:

Unsachliche Diskussionen und destruktive Kritik

- Fehlzeiten sind hoch oder nehmen zu.

- Ein bislang harmonisches Team zerfällt.

- Diskussionen werden zunehmend unsachlich geführt.

- Meinungsverschiedenheiten nehmen an Intensität zu.

- Ein Mitarbeiter wird verstärkt ausgegrenzt.

- Mitarbeiter beginnen sich gegenseitig zu kontrollieren.

- Destruktive Kritik wird geübt.

- Absicherungstendenzen nehmen zu.

- Mitarbeiter zeigen deutliche Leistungsschwankungen.

- Die Fluktuationsrate steigt.

6.3.3 Integration neuer Mitarbeiter

Gerade wenn es darum geht, neue Mitarbeiter einzuarbeiten, werden häufig Fehler gemacht. Es versteht sich von selbst, dass der Vorgesetzte am ersten Arbeitstag eines neuen Mitarbeiters nicht nur anwesend sein sollte, sondern den „Neuen" auch herumführen, mit den Kollegen und den Räumlichkeiten bekannt machen sollte und als Ansprechpartner selbst zur Verfügung stehen sollte.

Werden neue Mitarbeiter von vornherein sich selbst überlassen, können sie, indem sie bestimmte Gruppengesetze oder Spielregeln nicht beachten (und sei es nur aus Unwissenheit), sehr schnell in die Position eines Außenseiters gedrängt werden. Außenseiter sind meist beliebte Zielscheiben für Mobber.

Außenseiterrolle vermeiden

Aufgaben, Zuständigkeiten und Kompetenzen sollten vor Eintrittsbeginn des neuen Mitarbeiters geregelt und kommuniziert werden. Eine aussagekräftige und aktuelle **Stellenbeschreibung** kann hier unterstützend wirken.

Auch ist es nützlich, wenn der neue Mitarbeiter einen **Paten** an die Seite gestellt bekommt, an den er sich bei Fragen wenden kann. Einige Unternehmen, die ausbilden, stellen ihren neuen Auszubildenden ältere Auszubildende (3. Ausbildungsjahr) als Paten zur Seite. Dieses Modell lässt sich auch wunderbar für die erfolgreiche Einarbeitung neuer Mitarbeiter anwenden.

Das Wichtigste in Kürze:

Als Vorgesetzter sind folgende präventive Maßnahmen empfehlenswert:

* *Bevorzugen Sie den kooperativen Führungsstil.*

* *Beachten Sie einen respektvollen und partnerschaftlichen Umgang mit und zwischen Mitarbeitern.*

* *Achten Sie auf Frühwarnsignale für beginnendes Mobbing.*

* *Achten Sie auf eine harmonische Integration neuer Mitarbeiter, um Außenseiter-Rollen zu vermeiden.*

6.4   Krisenintervention für Vorgesetzte

Was können Sie tun, wenn schon gemobbt wird? Wie bereits erwähnt, gibt es zwei grundsätzliche Methoden, bei Mobbing
einzuwirken: Machteingriff und Verhandlung. Soll mit dem
Mobber verhandelt werden, weil er beispielsweise über einzig-
artiges Fachwissen oder über Lizenzen verfügt, die für das Unternehmen von unschätzbarem Wert sind? Wem es als Führungskraft hier gelingt, sich in den Mobber hineinzudenken,
hat schon den ersten Schritt gemacht. Wo liegen die Interessen
des Mobbers, was versucht er zu verteidigen durch seine Aktionen? Welche Ängste hat er?

Wenn die Entscheidung gefallen ist, gegen den Mobber aktiv
vorzugehen, dann können folgende Hinweise von Nutzen sein:

Machteingriff und/oder Verhandlung?

6.4.1 Mitarbeiterbeschwerden

Wenn Mitarbeiter sich über Kollegen beschweren, kann dies ein
ernst zu nehmender Hinweis auf Mobbing sein.

Entscheidend ist es, dass diese Beschwerden auch dem Vorgesetzten zugetragen werden. Nehmen Sie es als Vorgesetzter als
Vertrauenszeichen an, wenn Mitarbeiter den Mut haben, Sie anzusprechen.

Wenn Beschwerden vorgelegt werden, deutet dies auf Konflikt-
bereiche hin, die noch nicht konstruktiv behandelt und geklärt
worden sind. Beschwerden sollten zügig behandelt werden, bevor die Bereitschaft zur Lösung u. U. nicht mehr vorhanden ist.

Beschwerden ernst nehmen und zügig behandeln

Entscheidend ist es, sich Zeit für die Behandlung einer Beschwerde zu nehmen und, egal wie nichtig der Anlass scheinen
mag, die dargestellte Situation ernst genommen wird. Wird
eine Beschwerde als Lappalie abgetan, war es vermutlich das
letzte Mal, dass der Mitarbeiter sich seinem Vorgesetzten anver-
traut hat.

6.4.2 Offene Informationspolitik

Wenn Sie deutliche Hinweise erhalten haben, dass Mobbing beginnt oder bereits entstanden ist, können Sie wie folgt vorgehen:

1. Informieren Sie den Gemobbten.

2. Versorgen Sie den Gemobbten mit Informationen.

3. Kontaktieren Sie externe Beratungsstellen.

In vielen Städten Deutschlands gibt es mittlerweile Beratungsstellen für Gemobbte. Dort können Sie sich Hilfe holen.

4. Vertrauensperson im Betrieb/ in der Institution ansprechen.

Checkliste für Vorgesetzte

Alarmsignale, die Sie als Vorgesetzter ernst nehmen sollten:

- Häufige Krankmeldungen und/oder Arztbesuche während der Arbeitszeit.

- Sinkende Arbeitsqualität (Fehler treten verstärkt auf, Pensum wird nicht mehr bewältigt).

- Arbeitsvolumen sinkt (Arbeitszeit ist mit dem Thema Mobbing ausgefüllt).

- Ein bislang harmonisches Team zerfällt.

Informationsfluss sicherstellen

- Wichtige Informationen werden an den Gemobbten nicht weitergeleitet.

- Anweisungen, Termine etc. werden „versehentlich" nicht weitergegeben (wie im Beispiel Tom S.).

- Ein Mitarbeiter wird verstärkt links liegen gelassen, die Kollegen vergessen, ihn mit einzubeziehen (z. B. bei Veranstaltungen außerhalb der eigentlichen Arbeitszeit).

- Bisher gezeigtes höfliches Verhalten wird zunehmend schroffer und auch zynisch.

- Die Mitarbeiter beginnen Tratsch und Klatsch in zunehmendem Masse fortzuführen.

- Mitarbeiter beginnen, sich gegenseitig zu kontrollieren („gönnen sich die Butter auf dem Brot nicht").

- Zwischenmenschliche Beziehungen werden abgebrochen.

- Man sucht nach Fehlern bei den Kollegen.

- Kritik wird destruktiv geübt, gerne auch in Anwesenheit Dritter.

- Mitarbeiter beschweren sich bei Ihnen über das gespannte Arbeitsverhältnis.

- Zuständigkeiten werden diskutiert und heiß umkämpft.

- Intrigen werden geplant und umgesetzt.

- Mitarbeiter versuchen Kollegen schlecht aussehen zu lassen.

- Ein Kollege wird mehrfach vor versammelter Mannschaft lächerlich gemacht.

- Die Fluktuationsrate steigt plötzlich stark an.

- Absicherungstendenzen steigen, Verantwortung wird abgelehnt.

- Verhandlungsbereitschaft sinkt, Konflikte (bes. verdeckte) nehmen zu.

- Bereitschaft an neuen Herausforderungen mitzuwirken, nimmt deutlich ab.

- Hilfsbereitschaft nimmt ab „Ich habe alle Hände voll zu tun, muss der Kollege halt alleine klarkommen".

Kollegenrespekt sichern

Wenn Sie diese Signale (eins oder mehrere) bei Ihren Mitarbeitern erkennen, sollten bei Ihnen die Alarmglocken läuten!

6.4.3 Intriganten und Denunzianten

Intriganten und Denunzianten sind hinlänglich aus der Geschichte bekannt. Allen gemeinsam ist, dass sie destruktiv und gefährlich sind. Wenn Intrigantentum festgestellt wird, sollte es unbedingt beseitigt werden.

Klare Vorgaben und ausreichende Information sind wichtig

Faktoren, die Intriganten und Denunzianten ins Leben rufen, sind z. B. unklare Vorgaben, schwelende und verdeckte Konflikte, Vorgesetzte, die keine Verantwortung übernehmen oder die entscheidungsschwach sind sowie fehlende oder zurückgehaltene Informationen.

Wenn festgestellt wird, dass Intriganten oder Denunzianten ihr Unwesen treiben, sollte unbedingt ein 4-Augen-Gespräch geführt werden, um die Situation zu klären. Hier kann es sinnvoll sein, sich Unterstützung z. B. bei Personalverantwortlichen zu holen und sich beraten zu lassen.

Meist folgt nach einem Gespräch mit Intriganten entweder die Beendigung des Komplotts oder schlimmstenfalls des Arbeitsverhältnisses. Manchmal ist die Trennung von einem solchen Mitarbeiter tatsächlich die beste Lösung!

6.4.4 Kooperative Konfliktlösung

Auch wenn Mobbing bereits Einzug in den eigenen Bereich erhalten hat, ist der Weg der kooperativen Konfliktlösung sinnvoll. Eine Voraussetzung muss hierfür erfüllt sein: Auf beiden Seiten muss die Bereitschaft zur Konfliktlösung vorhanden sein. Wenn eine Partei nicht will, dann können Sie noch so bemüht sein, Sie werden nichts ausrichten können.

Konstruktive Konfliktlösung anstreben

Als Vorgesetzter sollten Sie den Rahmen schaffen für die konstruktive Konfliktlösung, d. h. Zeit und Ort einrichten, erklären, wie wichtig ein sachliches Gespräch ist und auf die Aufstellung von Spielregeln bestehen.

Vorausgesetzt, die Bereitschaft ist bei beiden vorhanden, sollten Sie anregen, dass beide sich zunächst einmal alleine zusammensetzen, um die Situation zu klären. Hierbei müssen vorher vereinbarte Spielregeln von beiden beachtet und befolgt werden. Die Spielregeln sind individuell festzulegen, sollten sich vor allem um die Art der Kommunikation handeln. Mögliche Spielregeln sind z. B. den anderen ausreden lassen, zuhören, nicht unterbrechen, von eigenen Wahrnehmungen sprechen (kein Hören-Sagen), Redezeitbegrenzung, Notizen machen etc. Alles, was dazu beiträgt, die Kommunikation zu vereinfachen, ist hier gestattet (s. dazu auch 12 Regeln guter Kommunikation).

Dann sollte nach den sechs Schritten der konstruktiven Konfliktlösung vorgegangen werden (s. Abschnitt 6.1.2.2).

Wenn hier kein Fortschritt erkennbar wird und auch nach mehreren Gesprächen keine Einigung gefunden wird, kann es erforderlich sein, einen Mediator einzusetzen.

6.4.5 Mediation

Mediation ist eine der effizientesten Möglichkeiten, Konflikte zu lösen, da sie erstens dem Problem sehr schnell auf den Grund geht und zweitens die Konfliktursache nachhaltig beseitigt.

Wenn Sie feststellen, dass in Ihrem Bereich gemobbt wird, sollten Sie in Erwägung ziehen, dem Gemobbten eine Mediation vorzuschlagen. Dies ist meist die beste Möglichkeit, ein gerichtliches Auseinandersetzen zu vermeiden.

Dem Gemobbten eine Mediation vorschlagen

Entscheidend ist es, eine gute Beratung zu erhalten und den geeigneten Mediator einzusetzen. Es ist möglich, einen Mitarbeiter des Unternehmens als Mediator zu wählen. Dieser muss vorher durch entsprechende Schulungen qualifiziert worden sein. Der Personalverantwortliche sowie externe Berater können Mediatoren nennen.

Das Wichtigste in Kürze:

Als Vorgesetzter haben Sie bei der Krisenintervention verschiedene Möglichkeiten, z. B.:

* *Nehmen Sie Mitarbeiterbeschwerden ernst. Analysieren Sie, ob Mobbing vorliegt oder beginnt.*

* *Betreiben Sie eine offene Informationspolitik.*

* *Beachten Sie die Übersicht der Alarmsignale.*

* *Gehen Sie mit Deutlichkeit und Klarheit gegen Intriganten und Denunzianten vor.*

* *Bemühen Sie sich bei einem beginnenden Mobbing um eine kooperative Konfliktlösung.*

* *Setzen Sie einen Mediator ein.*

* *Holen Sie sich intern oder extern Hilfe (s. Anhang), wenn Sie selbst nicht mehr weiterkommen.*

6.5   Präventive Maßnahmen für potentielle Mobbing-Opfer oder Gemobbte

Ein gutes Arbeitsklima und ein offener und vertrauensvoller Umgang miteinander sind nicht gerade eine Einladung für potentielle Mobber. Je größer die Bereitschaft ist, Konflikte und Störungen zu beheben, desto schwerer wird es, Mobbing zu betreiben.

Opfer kann jeder werden

Man sucht nach einem typischen Opfer-Profil, bislang aber vergebens. Das bedeutet, es gibt nicht den einen typischen Kollegen oder Mitarbeiter, der besonders „geeignet" scheint, um gemobbt zu werden. Das heißt andererseits aber auch, das Mobbing praktisch jeden treffen kann! Und gerade deswegen ist es entscheidend, Mobbing von sich aus vorzubeugen. Was können Sie selbst tun, um nicht eines Tages gemobbt zu werden?

6.5.1 Gruppennormen

Jede Gruppe hat verschiedene Charaktere und Rollen, die zu vergeben sind. So gibt es zum Beispiel den Beliebten, den Clown, den Störenfried, den Nörgler, den Redseligen, den Außenseiter oder den Stillen, um nur einige zu nennen.

Aufgabenorientierte und emotionale Führer

Es gibt aber auch Rollen wie z. B. den aufgabenorientierten Führer und den emotionalen Führer. Nur selten kommen diese beiden Rollen in einer Person zusammen. Der aufgabenorientierte Führer trägt wesentlich dazu bei, dass Projekte rechtzeitig fertig werden; der emotionale Führer sorgt dafür, dass der Zusammenhalt der Gruppe gefestigt wird. Wenn Spannungen entstehen, hat der emotionale Führer der Gruppe meist die passende Bemerkung parat, um die Spannung zu lösen, sei es mit einem Scherz oder mit einfühlenden Worten.

Beachten Sie die Gruppennormen, wenn Sie einer Gruppe neu beitreten. Wären Sie für die Rolle des Clowns geeignet, gibt es aber schon einen in der Gruppe? Entscheidend ist es, in der Gruppe eine Rolle einzunehmen, die sowohl zu Ihnen als auch zu der Gruppe passt.

Wenn Menschen sich zu sehr von ihrem Umfeld unterscheiden oder absondern, können sie leicht Probleme bekommen. Wenn die Gruppe, auf die man im täglichen Arbeitsleben angewiesen ist, einen Mitarbeiter nicht akzeptiert, kann das auf Dauer die Zusammenarbeit unmöglich machen.

Gerade wenn Mitarbeiter eine neue Stelle antreten oder einen neuen Bereich übernehmen, werden die Weichen für oder gegen Mobbing gestellt.

Neue Mitarbeiter

Achten Sie in einer solchen Situation auf folgende Punkte:

* Stellenbeschreibung

Die Stellenbeschreibung sollte vollständig und aktuell sein.

* Lernphase

Nicht umsonst heißt es, die ersten 100 Tage seien Schonfrist. Betrachten Sie die erste Zeit als Lernphase und treten Sie entsprechend leise auf. Bestimmt, aber leise!

* Abstand einhalten

„Nicht zu nah, nicht zu weit" sollte Ihre Devise sein. Nichts ist schlechter, als sich bereits in den ersten Tagen mit allen Kollegen duzen zu wollen und dann anschließend auf ein mühsames Sie wieder zurückzugehen! Halten Sie sich solange zurück, bis Sie die Strukturen kennen gelernt und die Gruppennormen erkannt und verstanden haben.

* Besserwisser

Erinnern Sie sich an Ihre Schulzeit. Gab es den berühmten Streber auch in Ihrer Klasse? Vermutlich war er nicht besonders beliebt, oder? Menschen lieben keine Besserwisser, denn sie führen einem das eigene Nichtkönnen überdeutlich vor Augen. Auch wenn Sie etwas besser oder schneller können als die Kollegen, halten Sie sich zunächst einmal zurück.

Erst einmal zurückhaltend sein

* Selbstsicherheit

Treten Sie selbstsicher und bestimmt auf, hüten Sie sich aber davor überheblich zu wirken.

* Empathie

Empathie, auf deutsch Einfühlungsvermögen, ist eine wertvolle Eigenschaft, über die Menschen verfügen, die eine besonders hohe soziale Kompetenz haben. Es bedeutet, dass Sie sich in die Situation Ihres Gegenübers einfühlen können, dass Sie nachempfinden, was in dem anderen Menschen vorgeht.

* Versetzen Sie sich in die Lage der Kollegen

Wie betrachtet Ihr Kollege den neuen Mitarbeiter, also Sie? Stellen Sie eine Bedrohung oder eine willkommene Verstärkung dar?

* Versetzen Sie sich in die Lage Ihres Vorgesetzten

Wollte Ihr Vorgesetzter Sie für diese Position haben oder wurden Sie dorthin „delegiert"? Welche Funktion hat er in der Gruppe, der Abteilung für Sie über die offizielle Stellenbeschreibung hinaus vorgesehen?

* Stimmigkeit

Bitte vermeiden Sie es, mit abgedroschenen Sprüchen oder billigen Witzen Zuneigung zu erheischen. Genauso schädlich sind coole und überhebliche Bemerkungen und Kommentare.

Treten Sie authentisch auf, spielen Sie kein Theater! Seien Sie stimmig! Es macht Ihnen das Leben leichter!

6.5.2 Veränderungen des Arbeitsklimas

Mit Offenheit und Vertrauen Spannungen begegnen

Ein Frühwarnindikator für beginnendes Mobbing ist die Veränderung des Arbeitsklimas. Achten Sie sowohl in Ihrer unmittelbaren Umgebung als auch im gesamten Unternehmen auf Veränderungen im Arbeitsklima. Wenn Sie Spannungen oder Konflikte bemerken, bemühen Sie sich um Offenheit und Vertrauen.

Üben Sie Toleranz, denn manche Veränderungen sind nur vorübergehend, weil z. B. ein großes Projekt kurz vor der Fertigstellung steht und alle Mitarbeiter auf Hochtouren arbeiten. Lösen sich die Spannungen nicht danach, sollte genau beobachtet werden, wo sie weiter bestehen und wie vorgegangen werden muss, um sie zum Besseren zu ändern.

6.5.3 Informationen einholen

Wenn Ihr Unternehmen keine Mobbing-Aufklärung betreibt, können Sie sich auch selbst zu dem Thema informieren. Buchhandlungen und Internet bieten einen ersten Einstieg in das Thema (s. Anhang).

6.5.4 Selbsttest

Führen Sie einen Selbsttest durch – Hinterfragen Sie sich, wie zufrieden Sie selbst mit Ihrem Aufgabenbereich sind. Wo liegen mögliche Mobbinggefahren? Wie lassen sich diese beheben?

Laut Prof. Leymann werden Sie bereits gemobbt, wenn eine oder mehrere der nachfolgenden Punkte mindestens einmal pro Woche über einen Zeitraum von mindestens sechs Monaten erfolgt:

Der Mobbing-Test

	Ja	Nein
Sie werden ständig unterbrochen.		
Vorgesetzte oder Kollegen schränken Ihre Möglichkeit, sich zu äußern ein.		
Ihre Arbeit oder Ihr Privatleben wird kritisiert.		
Abwertende Blicke und Gesten.		
Man spricht nicht mit Ihnen.		
Den Kollegen wird verboten mit Ihnen zu sprechen.		
Man setzt Sie isoliert von den anderen.		
Sie werden wie Luft behandelt.		
Sie bekommen sinnlose Aufgaben zugeteilt.		

	Ja	Nein
Sie bekommen keine Aufgaben zugeteilt.		
Sie werden für gesundheitsgefährdende Aufgaben eingesetzt.		
Sie erhalten Aufgaben unter Ihrem Können.		
Sie werden ständig zu neuen Aufgaben eingeteilt.		
Sie erhalten kränkende Aufgaben.		
Man verbreitet Gerüchte über Sie.		
Man macht Sie vor anderen lächerlich.		
Man spricht hinter Ihrem Rücken über Sie.		
Man imitiert Sie.		
Man greift Ihre politische oder religiöse Einstellung an.		
Man stellt Ihre Entscheidungen in Frage.		
Man beurteilt Ihre Arbeit in falscher Weise.		
Man riskiert sexuelle Übergriffe.		
Man betreibt Telefon- oder E-Mail-Terror.		

6.5.5 Konstruktive Konfliktlösung

Schwelende Konflikte frühzeitig ansprechen

Wenn Sie den Eindruck haben, dass Mobbing entsteht, sollten Sie prüfen, ob schwelende, nicht gelöste Konflikte im Raume stehen. Wenn Sie feststellen, dass Konflikte vorhanden sind, sollten Sie sie frühzeitig ansprechen und an deren Klärung mitarbeiten (s. Abschnitt 6.1.2).

Entscheidend ist, dass die Bereitschaft zur Klärung auf beiden Seiten besteht.

Überlegen Sie auch, ob Sie den Weg der konstruktiven Konfliktlösung alleine einschlagen wollen oder ob Sie sich hier bereits Unterstützung (intern oder extern) holen wollen. Wenn Sie konflikterfahren sind, wird es Ihnen auch keine Mühe bereiten, für die Konfliktlösung entsprechende Spielregeln aufzustellen, die beide Gesprächspartner unterstützen und den Prozess in Gang bringen.

Sie können möglicherweise ein beginnendes Mobbing in dieser Phase noch abwehren, wenn es gelingt, konstruktiv den oder die bestehenden Konflikte zu bearbeiten und zu einer gemeinsamen Problemlösung zu finden, die die Interessen und Bedürfnisse von allen Parteien befriedigt. Haben Sie nur einen Kompromiss gefunden, wird der Mobbing-Prozess möglicherweise nicht beendet, sondern nur aufgeschoben.

Das Wichtigste in Kürze:

Mobbing kann jeden treffen!

Handlungsmöglichkeiten für potentielle Mobbing-Opfer oder Gemobbte:

* *Gerade, wenn Sie eine neue Arbeitsstelle antreten, ist es wichtig, die vorherrschenden Gruppennormen zu erkennen und zu beachten.*

* *Treten Sie stimmig auf – unstimmiges, affektiertes Verhalten schafft Abstand und weckt Misstrauen.*

* *Achten Sie auf negative Veränderungen des Arbeitsklimas.*

* *Informieren Sie sich über das Thema Mobbing (Fachliteratur, Internet, Beratungsstellen).*

* *Führen Sie einen Selbsttest durch, stellen Sie fest, wo mögliche Mobbinggefahren liegen.*

* *Gehen Sie schwelende Konflikte aktiv an. Lösen Sie sie!*

6.6 Krisenintervention für potentielle Mobbing-Opfer oder Gemobbte

6.6.1 Situationsanalyse

Situationsanalyse

Wenn Sie glauben, gemobbt zu werden, sollten Sie eine Situationsanalyse durchführen. Entscheidend ist, dass Sie Antwort auf folgende Fragen finden:

- Von wem werden Sie gemobbt?
- Wie häufig und intensiv werden Sie gemobbt?
- Welche Mobbing-Handlungen sind gegen Sie gerichtet?
- Was ist das Ziel des Mobbing?

Die Situation des Tom S.

Tom S. glaubt, dass es um die vermeintliche sexuelle Belästigung geht. Erst im Laufe des Prozesses wird ihm klar, dass echtes Mobbing dahinter steckt und zwar auf Geschäftsführungsebene. Er wird täglich gemobbt, mit einer hohen Intensität, die ihn schnell vor der gesamten Belegschaft als inkompetent erscheinen lässt. Die Mobbing-Handlungen, die gegen ihn gerichtet sind, sind die falschen Informationen bzw. Informationen, die ihm vorenthalten werden, die herablassenden Bemerkungen, die Bloßstellung vor versammelter Mannschaft und die Absicht ihn loszuwerden. Das Ziel des Mobbing richtet sich darauf, dass er wegen Inkompetenz gekündigt wird und so das Unternehmen keine hohe Abfindung zahlen muss.

Überprüfen Sie Ihren Verdacht, nehmen Sie die 45-er Liste zu Hilfe (Abschnitt 3). Sie können mit folgendem Selbsttest auch eine erste Situationsanalyse durchführen. Diese dient dazu, Ihnen erste Anhaltspunkte zu geben, in welche Richtung Sie gehen können. Wollen Sie ausharren, flüchten, d. h. einen neuen Arbeitsplatz innerhalb oder außerhalb des Unternehmens suchen oder kämpfen, das bedeutet aktiv mit Unterstützung von innen oder außen gegen das Mobbing angehen?

Situationsanalyse – Selbsttest

Lesen Sie die folgenden Aussagen durch und kreuzen Sie die an, die auf Sie zutreffen.

                                                                    Ja   Nein

1) Sagt mir mein Arbeitsplatz so zu, dass ich ihn noch mehrere Jahre behalten möchte?   ___   ___

	Ja	Nein
2) Sehe ich Aufstiegsmöglichkeiten?	___	___
3) Kann ich mit dem in der Einrichtung/ im Unternehmen praktizierten Führungsstil leben?	___	___
4) Kommt mein Können auf dem gegenwärtigen Arbeitsplatz voll zur Geltung?	___	___
5) Verfüge ich über umfangreiches Know-how, das beim jetzigen Arbeitsplatz nicht benötigt wird und zunehmend verkümmert?	___	___
6) Sind die Zukunftsperspektiven des Unternehmens/der Branche positiv zu bewerten, so dass ich mit einem sicheren Arbeitsplatz rechnen kann?	___	___
7) Gibt es ständig Auseinandersetzungen mit meinem Vorgesetzten?	___	___
8) Kommt es häufiger zu Reibereien mit meinen Kollegen?	___	___
9) Habe ich oft mit meinen Mitarbeitern Konflikte?	___	___
10) Kann ich zurzeit erfolgreich arbeiten?	___	___
11) Sind die gegen mich gerichteten Attacken so massiv, dass ich sie auf Dauer nicht ertragen kann?	___	___
12) Kann ich persönlich etwas an meinem Verhalten ändern, um die Situation positiv zu beeinflussen?	___	___
13) Kann ich von Betriebsangehörigen Unterstützung erwarten?	___	___
14) Ist noch mit einer längeren Betriebszugehörigkeit der Personen zu rechnen, die mich ständig attackieren?	___	___

Noch Situations-
analyse
(Selbsttest)

Ja   Nein

15) Ist für mich ein anderer Einsatz im Unternehmen möglich, so dass ich von meinen Kontrahenten getrennt wäre? ⎯⎯ ⎯⎯

16) Würde ein Arbeitsplatzwechsel meine langfristige Laufbahnplanung unterstützen? ⎯⎯ ⎯⎯

17) Wird bei einem Wechsel des Arbeitgebers die Verweildauer so kurz sein, dass jeder neue Arbeitgeber zu negativen Überlegungen angeregt wird? ⎯⎯ ⎯⎯

18) Würde der Wechsel des Arbeitsortes meinen Privatbereich (z. B. schulpflichtige Kinder, Grundbesitz etc.) empfindlich stören? ⎯⎯ ⎯⎯

19) Würde ein Arbeitsplatzwechsel eine von mir nur schwerlich zu bewältigende Umstellung bedeuten? ⎯⎯ ⎯⎯

20) Ist es realistisch, dass ich bald einen anderen Arbeitsplatz finde, der meinen Bedürfnissen entspricht? ⎯⎯ ⎯⎯

21) Bin ich u. U. bereit, Arbeitslosigkeit zu akzeptieren, weil ich trotz Bewerbungsaktivitäten nicht mit einem schnellen Erfolg rechnen kann? ⎯⎯ ⎯⎯

22) Schaffe ich mir durch einen Arbeitsplatzwechsel neue Probleme, die mich intensiv belasten werden? ⎯⎯ ⎯⎯

23) Belasten mich nicht-berufsbedingte Umstände, die mir das Leben auch ohne berufliche Ärgernisse schon schwer genug machen? ⎯⎯ ⎯⎯

24) Bin ich wirklich zu einer Änderung bereit, d. h. bereit zu agieren statt zu reagieren? ⎯⎯ ⎯⎯

25) Welche Konsequenzen hätte ein aktives Bekämpfen des Mobbing, sowohl im positiven als auch im negativen Bereich? ⎯⎯ ⎯⎯

Ziehen Sie für sich den Schluss, dass Sie eine neue Arbeitstelle suchen wollen, dann sollten Sie möglichst schnell handeln. Es ist immer leichter, aus einer ungekündigten Stelle zu wechseln.

Ihr Fazit

Haben Sie beschlossen, auszuharren, dann sollten Sie sich zumindest extern beraten lassen, wie Sie das am besten schaffen können. Machen Sie sich deutlich, dass dieser Prozess u. U. über Jahre gehen kann!

Wenn Sie sich entscheiden, aktiv gegen das Mobbing vorzugehen, sollten Sie sich an den Mobbingbeauftragten, den Personalverantwortlichen oder die Vertrauensperson Ihres Unternehmens wenden. Bereiten Sie sich sorgfältig auf das Gespräch vor und nehmen Sie schriftliche Aufzeichnungen zur Hand (s. Abschnitt 7 ff.).

6.6.2 Gruppennormen

Jede Gruppe hat ihre eigenen, ungeschriebenen Gesetze. Wer diese missachtet, macht sich schnell zum Außenseiter (s. Abschnitt 6.5). Wenn Sie den Eindruck haben, dass Sie gemobbt werden, sollten Sie schnellstens Ursachenforschung betreiben, um den Hintergründen auf die Spur zu kommen. Werden Sie von einem Kollegen gemobbt oder von der ganzen Abteilung? Überprüfen Sie, ob Sie gegen die Gruppennormen verstoßen haben. Es gibt offizielle und auch ungeschriebene Gesetze in jeder Gruppe.

Aufschlussreich ist es auch, das eigene Selbstbild und Fremdbild abzugleichen, um festzustellen, ob man nach außen ganz anders wirkt als man selbst beabsichtigt.

Selbstbild und Fremdbild abgleichen

Das Selbstbild ist das Bild, das jeder von sich selbst hat, das Fremdbild zeigt auf, wie die anderen Menschen uns wahrnehmen.

Beispiel:

Ein sehr schüchterner Mensch (Selbstbild) ist zurückhaltend und spricht nicht sofort jeden an. Nach außen kann dieses Verhalten sehr schnell als arrogant und überheblich empfunden werden (Fremdbild).

Konsequenz: Man wird gemieden und als Folge daraus wird der Schüchterne noch zurückhaltender.

Abweichungen zwischen Selbst- und Fremdbild erfahren Sie am ehesten, wenn Sie Personen Ihres Vertrauens um Rückmeldungen bitten. Bitte Menschen befragen, die es gut mit Ihnen meinen und Ihnen auch ein konstruktives und ehrliches Feedback geben!

6.6.3 Persönliches Auftreten

„Was ich will, schaffe ich"

Obwohl es keine eindeutigen Merkmale gibt, wer als Mobbing-Opfer in Frage kommt, so ist doch ein Punkt auffällig: Das Prinzip der „Self-fulfilling-prophecy" besagt, dass das eintritt, was wir erwarten. Das bedeutet ganz einfach, wenn ein Mensch immer wieder zu sich (oder anderen sagt), das kann ich nicht, das schaffe ich nicht, dann wird er genau dies auch erreichen. Umgekehrt sagte schon Walt Disney vor vielen Jahren: „If you can dream it, you can do it". Wenn Sie sich selbst etwas zutrauen und wirklich daran arbeiten, werden Sie es auch schaffen. Konkret bedeutet dies für einen Mobbing-Angriff:

Sie sind nicht ein wehrloses Opfer, das hilflos dem Bösen ausgeliefert ist. Ihr persönliches Auftreten und Ihr Verhalten tragen entscheidend dazu bei, ob ein oder mehrere Angriffe sich zum Mobbing entwickeln oder nicht.

Erinnern Sie sich an die Wirkungsfaktoren (s. Abschnitt 3). Wenn Sie mit hängenden Schultern und gesenktem Blick Angriffe schweigend über sich ergehen lassen, hat ein Mobber leichtes Spiel.

Selbstsicherheit macht stark

Eine Körpersprache, die Sicherheit ausstrahlt, klarer Blickkontakt, deutliche und verständliche Sprechweise sowie eine Portion Schlagfertigkeit signalisieren Ihrem Gegenüber deutlich, dass er mit Ihnen nicht einfach nach Belieben umspringen kann.

6.6.4 Direktes Gespräch zwischen Mobber und Gemobbtem

Statistiken zeigen, dass in einigen Fällen das Mobbing noch verstärkt wurde, nachdem der Gemobbte den Mobber auf dessen

Verhalten angesprochen hatte. Hier kommt es entscheidend auf das „**Wie**" an:

Wenn Sie den Mobber auf dessen Verhalten ansprechen, sollten Sie sich gut vorbereiten, sowohl inhaltlich als auch persönlich.

Gelassen Grenzen deutlich machen

Treten Sie keinesfalls als Bittsteller auf, sondern setzen Sie klare Grenzen. Machen Sie deutlich, ohne Bitterkeit, dass das Verhalten so nicht toleriert wird.

Demonstrieren Sie Gelassenheit. Wer wütend ist, kann schlecht denken. Achten Sie darauf, bei sich selbst die ersten Hinweise auf Wut oder Erregung zu bemerken. Treten Sie selbstsicher auf und bleiben Sie gelassen.

Üben Sie sich in Schlagfertigkeit, bereiten Sie Antworten auf sich wiederholende Angriffe vor.

Wird ein solches Gespräch nur zum Austausch von Drohungen verwendet, kann der Schuss leicht nach hinten losgehen und die Situation noch verschärfen.

Verdeutlichen Sie sich Ihr Ziel, bevor Sie in das/die Gespräch(e) gehen. Was wollen Sie im Optimalfall erreichen, was wollen Sie mindestens in dem Gespräch erreichen? Je klarer Ihr Ziel formuliert ist, desto eher können Sie es erreichen.

Checkliste: Wie können Sie sich wehren?

Verhalten des Gemobbten	Was genau?	Mögliche Reaktion des Mobbers
Ignorieren		
Versachlichen		
Grenzen setzen		

Verhalten des Gemobbten	Was genau?	Mögliche Reaktion des Mobbers
Einschüchtern		
Verunsichern		
Isolieren		
Entmutigen		
Hilfe holen intern		
Hilfe holen extern		
Rechtsweg beschreiten		

6.6.5 Beratungsstellen

Websites im Internet (siehe Anhang)

Sie können externe Beratungsstellen kontaktieren. In vielen Städten Deutschlands gibt es mittlerweile Beratungsstellen für Gemobbte. Dort können Sie sich Hilfe holen. Auch über das Internet sind zahlreiche Websites zum Thema Mobbing zu finden. Institute, die Seminare und Coaching zu Mobbing anbieten, können Anlaufstellen sein oder Rechtsanwälte, die auf Mediation oder Arbeitsrecht spezialisiert sind. Adressen und Fundstellen finden Sie im Anhang.

6.6.6 Personalverantwortliche und Betriebsrat

Wenn Sie sich entscheiden, Personalverantwortliche, Betriebsrat oder eine andere Vertrauensperson im Betrieb anzusprechen, sollten Sie sich vorher sowohl Gedanken als auch Notizen zu dem Gespräch machen.

Sie gehen in ein solches Gespräch, um sich Hilfe und Unterstützung zu holen, nicht, um im „Tal der Tränen" zu enden. Obwohl gerade das interne Gespräch eines der schwierigsten ist, ist es hier notwendig, mit emotionalem Abstand die Situation zu schildern. Dazu sollten Sie nicht nur Mutmaßungen, sondern auch Tatsachen vorweisen können. Wenn möglich, sollten Sie ein **Mobbing-Tagebuch** vorlegen (s. Abschnitt C 1), in dem konkrete Tatbestände aufgeführt sind.

Wenden Sie sich auch mit konkreten Fragen an den Personalverantwortlichen, nicht nur mit einem „und was soll ich jetzt tun?"

Vermitteln Sie auch in diesem Gespräch möglichst nicht den Eindruck, dass Sie ein Opfer sind, sondern dass hier eine Situation besteht, die Sie auch klären wollen.

Es geht nicht um die beliebte Frage „Wer ist Schuld an dieser Situation" sondern um die Frage „Was kann getan werden, um diese Situation aus der Welt zu schaffen?"!

Fragen sollten Sie stellen nach dem Grundsatz „Wer kann mir helfen, wo bekomme ich Unterstützung, wie genau soll ich vorgehen, soll ich bereits rechtliche Schritte einleiten oder gibt es vorher noch andere Wege," etc. Je konkreter Ihre Fragen sind, desto leichter kann der Personalverantwortliche Ihnen Unterstützung anbieten.

Dieses Vorgehen hat übrigens auch einen wichtigen arbeitsrechtlichen Aspekt, den Beschwerdeschutz, welches im arbeitsrechtlichen Teil B ausführlich behandelt wird (Abschnitt 3).

Tatsachen festhalten und vortragen

Konkret Fragen stellen

6.6.7 Mediation

Mediation ist eine der effektivsten Formen, Konflikte zu lösen, da sie erstens dem Problem sehr schnell auf den Grund geht und zweitens die Konfliktursache nachhaltig beseitigt. In Organisa-

Effektive Hilfe mit guten Erfolgschancen

tionen und Systemen, wo Mediatoren als Konfliktbearbeiter eingesetzt werden, verbessert sich auch die allgemeine zwischenmenschliche Atmosphäre. Mediation ist mehr als nur Vermittlung oder Schlichtung auf der Sachebene; sie schafft die Voraussetzungen auf der Beziehungsebene, löst dann das Sachproblem und bietet Modelle für zukünftige Situationen. Mediation spielt gerade bei Mobbing eine wichtige Rolle.

Wie können Mobbing-Betroffene sich zur Wehr setzen?

Wenn Sie sich zur Mediation entschließen, sollten Sie sich einen erfahrenen Mediator suchen. Die Personalverantwortlichen oder externe Beratungsstellen können Ihnen Ansprechpartner nennen.

Tom S. geht zum Mediator

Mittwochvormittag

Tom entschließt sich, nachdem die Personalverantwortliche ihm den Weg der Mediation vorgeschlagen hat, entsprechend vorzugehen. Durch sein Aktivwerden greift er frühzeitig in den Prozess ein. Wichtig ist zu beachten, dass Tom zu diesem Zeitpunkt glaubt, dass es „nur" um die sexuelle Belästigung geht. Die Tragweite des Mobbing ist ihm hier noch nicht deutlich geworden.

Tom holt sich Hilfe bei einer Expertin, die über jahrelange Erfahrung mit solchen Fällen verfügt.

Mediation ist ein Prozess. Man kann nicht darauf hoffen, in einer einzigen Sitzung zu einem Ergebnis zu kommen. Die Rolle des Mediators kann, je nach Thema und Zielsetzung, intern oder extern besetzt werden.

Die Anhörung vor dem Mediator / Vermittler – Der Berater der Chefin versucht mit allen Mitteln, Tom als unglaubwürdig hinzustellen. Ein Mann, der von einer Frau, dazu noch einer Ex-Geliebten, sexuell belästigt wird, ha ha. Die Chefin lügt, weint, spult die ganze Palette an mitleidheischenden Effekten ab.

Mittwochnachmittag

Die Mitarbeiter entziehen Tom ihre Unterstützung. Sie haben Angst, mit dem sinkenden Schiff unterzugehen.

Der Geschäftsführer bietet im 4-Augen-Gespräch einen Vergleich an, den Tom ablehnt. Er hat mittlerweile den Verdacht, dass mehr dahinter steckt als auf Anhieb zu erkennen ist.

Die Ehefrau ist verletzt, hilft Tom dennoch (z. B. durch ihre Anwesenheit bei der Mediation).

Unterstützung durch den Ehepartner

Donnerstagvormittag

Sieg vor dem Mediationsausschuss. Am Ende der Mediation kann Tom seine Unschuld dank einer Anrufbeantworter-Aufzeichnung beweisen und ist rehabilitiert.

Aber es ist noch nicht vorbei. Das eigentliche Mobbing läuft weiter auf Hochtouren in brisanter Geschwindigkeit, denn die bevorstehende Fusion hängt davon ab. Ein nicht wirklich wohlgesonner Kollege (Lucifer) gratuliert Tom zu seinem Sieg und versetzt ihm den vermeintlich endgültigen Dolchstoss mit der Aufgabe, für den nächsten Morgen eine „kleine Präsentation" vorzubereiten.

Wäre die sexuelle Belästigung das eigentliche Mobbing gewesen, hätte hier die Mediation greifen können. Da sie aber nur vorgeschoben wurde und dies Tom erst im Laufe des Mediationsprozesses klar wurde, entschließt er sich, den Mobber zu bekämpfen und die Situation zu seinen Gunsten zu beeinflussen.

Das Mobbing geht weiter

Er entscheidet sich hier, den Mobber mit den eigenen Waffen zu schlagen!

Donnerstagnachmittag / abend

Tom ist mittlerweile hellhörig geworden und denkt, dass noch mehr dahinter steckt. Zufällig beobachtet er den Kollegen Lucifer und seine Chefin im Gespräch. Er lauscht an der Tür und erfährt, dass er am nächsten Morgen in der Konferenz als „inkompetenter Nichtskönner" hingestellt werden soll. Das bedeutet für ihn: Kündigung wegen Inkompetenz. Darauf läuft es also hinaus.

Jetzt ist Eile geboten. Tom beugt die Gesetze ein wenig, verschafft sich Zugang zu wichtigen Informationen. Er findet die Wahrheit heraus – es ist ein abgekartetes Spiel, denn seine Produktionsvorgaben sind hinter seinem Rücken von der Chefin geändert worden – und, wie sich später herausstellt, mit Wissen des Geschäftsführers.

Er bekommt Unterstützung durch einen Kollegen in der Fertigungsstätte. Jetzt setzt er sich an den Schreibtisch, um seine „kleine Präsentation" sorgfältig vorzubereiten.

Freitagmorgen

Als Tom sein Büro betritt, sortiert seine Sekretärin gerade die Beweise, die seit Stunden per Fax und E-Mail (Videoclip) ankommen. Fieberhaft wird gearbeitet; in wenigen Minuten beginnt die Konferenz.

Tom S. ist rehabilitiert

Die Präsentation beginnt vor großem Auditorium. Wie erwartet, stellt die Chefin Tom während seiner Darstellung einige „kleine, harmlose Fragen". Sie steigert ihre Angriffe, muss sie doch Toms Inkompetenz darstellen. Hier aber schnappt Toms Falle zu. Er lässt Kopien der Faxe verteilen und zeigt dem Publikum das Videoclip, das beweist, dass nicht er, sondern seine Chefin die produktionstechnischen Veränderungen angeordnet hat. Die Chefin verlässt mit sofortiger Wirkung das Unternehmen. Tom behält seinen Job. Mittags wird die neue Chefin ernannt, diese sichert Tom vor der gesamten Belegschaft ihre Unterstützung zu. Tom kann durchatmen und sich auch wieder um seine Familie kümmern.

Hier endet das Mobbing.

6.6.8 Rechtsweg beschreiten

Vertrauen in den Anwalt mitbringen

Wenn Sie mit den verschiedensten Mitteln bisher keinen Erfolg gehabt haben sollten und die Personalverantwortlichen Ihnen auch dazu raten, kann es unter Umständen unumgänglich sein, den Rechtsweg zu beschreiten. Obwohl Mobbing noch ein junges Phänomen in Deutschland ist, mehren sich die Urteile dazu ständig. Im Teil B finden Sie Ansatzpunkte sowie zahlreiche Praxisbeispiele, wie Mobbing rechtlich zu betrachten und behandeln ist. Entscheidend ist hier, dass Sie einen Anwalt aufsuchen, dem Sie vertrauen und der auch über Erfahrung mit dem Thema verfügt. Adressen und Ansprechpartner nennen Ihnen die Personalverantwortlichen oder Mobbing-Beauftragten sowie externe Beratungsstellen. Weitere Literatur und erste Anlaufstellen sind im Anhang dieses Buchs aufgelistet.

Das Wichtigste in Kürze:

Krisenintervention für Gemobbte

* *Wenn Sie den Verdacht haben, selbst gemobbt zu werden, analysieren Sie zunächst die Situation.*

* *Gleichen Sie Ihr Selbstbild, das Sie von sich haben, mit dem Fremdbild der anderen ab. Wo liegen Unterschiede?*

* *Haben Sie gegen ungeschriebene Gesetze verstoßen? Haben Sie Gruppennormen missachtet?*

* *Beachten Sie das Prinzip der „Self-fulfilling-prophecy".*

* *Achten Sie auf Ihr persönliches Auftreten. Treten Sie selbstsicher und schlagfertig auf!*

* *Suchen Sie das direkte Gespräch mit dem Mobber. Bereiten Sie sich vorher gründlich darauf vor!*

* *Überlegen Sie, wie Sie sich wehren können, welche Handlungsmöglichkeiten Ihnen zur Verfügung stehen.*

* *Führen Sie ein Mobbing-Tagebuch mit konkreten Beispielen.*

* *Kontaktieren Sie Beratungsstellen, die Ihnen weiterhelfen können.*

* *Suchen Sie Personalverantwortliche und Betriebsrat auf. Nehmen Sie das Mobbing-Tagebuch zu diesen Gesprächen mit!*

* *Beschreiten Sie den Weg der Mediation.*

* *Suchen Sie Rechtsbeistand auf.*

* *Entscheiden Sie für sich: Durchhalten, dagegen angehen oder weggehen?!*

Mobbing und Arbeitsrecht

7 Einführung

Im ersten Teil dieses Handbuchs sind der typische Ablauf eines Mobbinggeschehens, die Auswirkungen auf den Gemobbten und Strategien zur Bewältigung des Mobbing-Problems mit nichtjuristischen Mitteln dargestellt. In diesem zweiten Teil geht es nun um die rechtlichen Dimensionen von Mobbing. Wenn soziale Gegenstrategien nicht zum Erfolg führen oder alleine nicht ausreichen, die durch das Mobbing erlittenen Beeinträchtigungen zu kompensieren, stellt sich zwangsläufig die Frage, welche juristischen Reaktionsmöglichkeiten das Mobbingopfer hat, um dem Mobbing Einhalt zu gebieten und einen Ausgleich für die erlittenen Beeinträchtigungen zu erlangen. Auch der Arbeitgeber muss wissen, welche rechtlichen Folgen sich aus dem Mobbing für ihn ergeben und mit welchen rechtlichen Mitteln er auf ein Mobbinggeschehen reagieren kann. Der vorausschauende Arbeitgeber wird sich außerdem fragen, mit welchen juristischen Mitteln er soziale Mobbing-Präventionsmaßnahmen flankieren kann.

Juristische Reaktionsmöglichkeiten für Gemobbte und Arbeitgeber

Der zweite Teil dieses Buches wendet sich also gleichermaßen an den Personalverantwortlichen wie an das Mobbingopfer. Die Darstellung der Ansprüche des Gemobbten gegen den Arbeitgeber zeigt dem Personalverantwortlichen, welche Konsequenzen auf das Unternehmen zukommen können. Sie soll dem Personalverantwortlichen helfen, gegenüber dem Mobber angemessen juristisch zu reagieren.

In Betrieben mit Betriebsrat kann Mobbing auch zum Thema der Zusammenarbeit oder Auseinandersetzung zwischen Arbeitgeber und Betriebsrat werden. Dieser zweite Teil des Handbuchs soll deshalb auch helfen, die betriebsverfassungsrechtlichen Aspekte des Mobbing zu bewältigen.

Hinweise auch für Betriebsräte

Der Mobber oder potentielle Mobber ist, wie im ersten Teil dieses Handbuchs, nur indirekt Adressat der rechtlichen Erläuterung. Sie zeigt ihm, welche rechtlichen Konsequenzen sein Tun haben kann und wird so bestenfalls dazu beitragen, ihn vom Mobbing abzuhalten.

Der Abschnitt „Grundlagen" dient dem Überblick über die mit dem Mobbing verbundenen rechtlichen und insbesondere arbeitsrechtlichen Aspekte. Der eilige Leser kann diesen Abschnitt überspringen und sich gleich den einzelnen Fragestellungen zuwenden, die in den Abschnitten 9–11 behandelt werden. Dort finden sich auch konkrete Empfehlungen für die praktische Umsetzung der rechtlichen Erläuterungen.

8   Rechtliche Grundlagen

8.1   Mobbing als juristischer Begriff

„Mobbing" ist zunächst ein Kürzel zur Beschreibung eines komplexen Geschehensablaufs, der sich regelmäßig über eine längere Zeitspanne hinweg entwickelt. Dieser soziologische Mobbing-Begriff ist für die arbeitsrechtliche Betrachtung notwendig, aber nicht ausreichend.

Der juristische Begriff geht weiter

Notwendig ist der soziologische Mobbing-Begriff, um den inneren Zusammenhang zwischen einer Kette von Einzelereignissen zu verstehen. Der Sinnzusammenhang verändert den Charakter der einzelnen Ereignisse. Vielfach ergibt sich erst aus dem Sinnzusammenhang die juristische Relevanz des Geschehens.

Wenn ein Vorgesetzter seinen Mitarbeiter nicht grüßt und auch den Gruß des Mitarbeiters nicht erwidert, ist dies für sich genommen zunächst nur eine Unhöflichkeit. Wenn der Vorgesetzte dem Mitarbeiter in der Tiefgarage statt des Stellplatzes in der Nähe des Aufzugs einen Platz in der hintersten Ecke zuweist, ist dies für sich genommen kaum juristisch relevant. Wenn aber der unterlassene Gruß und die Zuweisung des anderen Parkplatzes Teil einer Kette feindseliger Aktivitäten sind, ändern sie ihren Charakter und können arbeitsrechtlich relevant werden. Die isolierte Betrachtung der Einzelereignisse und die Ausblendung ihres Sinnzusammenhangs würde zu falschen Ergebnissen führen. In diesem Sinne ist also der Begriff des Mobbing auch juristisch notwendig, um die Bedeutung eines Sachverhalts richtig erfassen zu können.

So notwendig der Begriff des Mobbing also für das Verstehen eines Sinnzusammenhangs ist, so wenig ist er alleine ausreichend, die Voraussetzungen für Ansprüche gegen den Mobber und den Arbeitgeber zu begründen oder arbeitsrechtliche Sanktionen, insbesondere eine Kündigung zu rechtfertigen. Für die Geltendmachung juristischer Ansprüche oder arbeitsrechtliche

Geltendmachung juristischer Ansprüche

Sanktionen wegen Mobbing ist vielmehr grundsätzlich dreierlei erforderlich:

• Die konkrete Beschreibung der einzelnen Vorkommnisse,

• die Verklammerung dieser Einzelereignisse durch den Sinnzusammenhang „Mobbing" und

• die Verletzung von Rechtsgütern des Gemobbten oder der Verstoß gegen konkrete arbeitsvertragliche Verpflichtungen.

Die Versuchung ist groß, im Rahmen der Mobbing-Prävention durch Aufstellung von Regeln die Schwelle für die arbeitsrechtliche Relevanz unerwünschter Verhaltensweisen abzusenken. Die Erfolgsaussichten einer solchen Strategie sind äußerst zweifelhaft. Bei der Absenkung der Schwelle für die juristische Relevanz von Verhaltensweisen könnte nicht allein auf den Begriff des Mobbing abgestellt, sondern müssten konkrete Verhaltensweisen geboten oder verboten werden. Nicht jedes sozial gewünschte oder unerwünschte Verhalten kann sinnvoll rechtlich vorgeschrieben oder verboten werden. Die rechtliche Regelung muss sich notwendigerweise auf unverzichtbare Kernbereiche beschränken.

Gesetzliche Regelung besteht noch nicht

Wenn der soziologische Mobbing-Begriff für die juristische Behandlung des Problems zwar notwendig, aber nicht ausreichend ist, stellt sich zwangsläufig die Frage, ob es einen davon abweichenden, klar definierten eigenständigen juristischen Mobbing-Begriff gibt. Dies ist – jedenfalls noch – nicht der Fall. Eine gesetzliche Regelung existiert nicht.

Dem Thüringer Landesarbeitsgericht kommt das Verdienst zu, die Bemühungen um einen juristischen „Mobbing"-Begriff entscheidend vorangetrieben zu haben. In seiner viel beachteten Entscheidung vom 10. 4. 2001 hat das Gericht die folgende Definition aufgestellt:

Definition des Landesarbeitsgerichts Thüringen

„Im arbeitsrechtlichen Verständnis erfasst der Begriff des „Mobbing" fortgesetzte, aufeinander aufbauende oder ineinander übergreifende, der Anfeindung, Schikane oder Diskriminierung dienende Verhaltensweisen, die nach Art und Ablauf im Regelfall einer übergeordneten, von der Rechtsordnung nicht gedeckten Zielsetzung förderlich sind und jedenfalls in ihrer Gesamtheit das allgemeine Persönlichkeitsrecht oder andere

ebenso geschützte Rechte, wie die Ehre oder die Gesundheit des
Betroffenen verletzen. Ein vorgefasster Plan ist nicht erforderlich. Eine Fortsetzung des Verhaltens unter schlichter Ausnut-
zung der Gelegenheiten ist ausreichend... Ein wechselseitiger
Eskalationsprozess, der keine klare Täter-Opfer-Beziehung zu-
lässt, steht regelmäßig der Annahme eines Mobbingsachverhal-
tes entgegen" (LAG Thüringen, Urt. v. 10. 4. 2001–5 Sa 403/
2000 = NZA-RR 2001, 347).

8.2 Mobbing-Instrumente

Die Liste möglicher Mobbing-Instrumente ist lang und letztlich
abhängig von der Phantasie des Mobbers. Für die praktische
rechtliche Bewältigung von Mobbing-Konflikten ist eine
Strukturierung der Vielzahl in Betracht kommender Mobbing-
Instrumente nützlich:

Eine Gruppe von Mobbing-Instrumenten bilden Maßnahmen,
die auch für sich genommen und nicht erst durch den Sinnzusammenhang des Mobbing rechtlich relevant sind. Dies sind
z. B.

**1. Gruppe: recht-
lich relevante
Maßnahmen**

• Kündigungen, sowohl in der Form der Beendigungs- als
  auch der Änderungskündigung,

• Versetzungen,

• Abmahnungen,

• Tätlichkeiten,

• sexuelle Belästigungen,

• üble Nachrede (§ 186 StGB) und

• Beleidigungen (§ 185 StGB).

Diesen Maßnahmen oder Verhaltensweisen ist gemeinsam, dass
der Betroffene sich dagegen juristisch zur Wehr setzen kann.
Die Effizienz des Rechtsschutzes ist dabei sehr unterschiedlich
ausgeprägt. Während sie bei der Verteidigung gegen eine unberechtigte Kündigung, Versetzung oder Abmahnung und auch
bei Tätlichkeiten sehr hoch ist, ist die Durchsetzung des Rechts-

**Rechtsschutz
dagegen möglich**

schutzes gegen sexuelle Belästigungen, üble Nachreden und Beleidigungen in der Praxis recht mühselig und risikobehaftet.

Für die rechtliche Verteidigung gegen Maßnahmen, die nur dann wirksam sind, wenn bestimmte rechtliche Voraussetzungen erfüllt sind, z. B. ein Kündigungsgrund vorliegt, ist der Sinnzusammenhang des Mobbing nicht erforderlich. Umgekehrt bedeutet das Fehlen der rechtlichen Voraussetzungen für eine Maßnahme nicht automatisch, dass diese Maßnahme als Bestandteil von Mobbing zu qualifizieren ist. Nicht jede unwirksame Kündigung oder unberechtigte Abmahnung stellt also eine Mobbing-Handlung dar. Erst wenn diese an sich unwirksamen Maßnahmen instrumentalisiert werden, um den Betroffenen mürbe zu machen, werden sie zum Mobbing-Instrument. Es macht nicht nur einen quantitativen, sondern auch einen qualitativen Unterschied, ob ein Arbeitnehmer mit **einer** unwirksamen Kündigung oder unberechtigten Abmahnung oder **einer Vielzahl** unberechtigter Kündigungen oder Abmahnungen überzogen und dadurch gezwungen wird, sich dagegen zur Wehr zu setzen, um seine Rechte zu wahren. Solche Maßnahmen werden also in der Regel erst dann als Teil eines Mobbing zu qualifizieren sein, wenn sie gehäuft auftreten oder im Sinnzusammenhang mit anderen Maßnahmen stehen.

Kennzeichnend für Mobbing ist also, dass arbeitsrechtliche Maßnahmen, die nur unter bestimmten Voraussetzungen zulässig sind, zweckentfremdet und ohne Vorliegen der rechtlichen Voraussetzung eingesetzt werden, um dem Mobbingopfer zu schaden.

2. Gruppe: Maßnahmen ohne Rechtsschutz

Von diesen jeweils bereits für sich genommen rechtlich relevanten Maßnahmen zu unterscheiden sind solche, gegen die für sich genommen kein Rechtsschutz besteht. Dazu gehören

- soziale Isolierung,

- Abkopplung von Informationen,

- intensive Kontrolle,

- kleinliche Kritik.

Das Arbeitsverhältnis ist im deutschen Recht derart verrechtlicht, dass auch gegen solche Einzelmaßnahmen ein Rechtsschutz nicht grundsätzlich ausgeschlossen ist. So kann der Vertriebsmitarbeiter, der als Einziger nicht zur Jahrestagung der Vertriebsmitarbeiter eingeladen oder als Einziger nicht in den Verteiler vertriebsrelevanter Informationen aufgenommen wird, sich theoretisch gegen die darin liegende Diskriminierung juristisch wehren. Mit einer Klage beim Arbeitsgericht kann er beantragen dem Arbeitgeber aufzugeben, ihn an solchen Treffen zu beteiligen oder in den Informationsverteiler aufzunehmen. Der Erfolg ist davon abhängig, dass der Arbeitnehmer das Gericht von dem diskriminierenden Charakter der Maßnahme überzeugt. Dies setzt voraus, dass der Arbeitgeber keinen nachvollziehbaren Differenzierungsgrund hat. Die Effizienz solcher Klagen ist aber so gering, dass sie praktisch kaum vorkommen. Deshalb ist es gerechtfertigt, solche Maßnahmen – etwas vereinfachend – als Maßnahmen zu qualifizieren, gegen die für sich genommen kein Rechtsschutz besteht.

Eine weitere wichtige Unterscheidung zur Strukturierung möglicher Mobbing-Instrumente ist die Unterscheidung nach der Person des Handelnden: Arbeitsrecht ist in erster Linie Arbeitnehmerschutzrecht. Es hat vorrangig das Verhältnis zwischen Arbeitnehmer und Arbeitgeber im Blickfeld. Es ist deshalb danach zu unterscheiden, ob die Handlung vom Arbeitgeber oder von Arbeitskollegen ausgeht. Dabei sind Maßnahmen von Vorgesetzten, die sie kraft ihrer Vorgesetztenstellung vornehmen, in der Regel dem Arbeitgeber zuzurechnen. Zu solchen Maßnahmen gehört z. B. die Abmahnung, die von dem nach der internen Organisation des Betriebes abmahnberechtigten Vorgesetzten ausgesprochen wird. Ein Gegenbeispiel ist die informelle Abkopplung vom Informationsfluss durch gleichgestellte Kollegen oder Untergebene.

Wer ist der Mobber?

Tabelle 1 zeigt typische Mobbinginstrumente und ihre Klassifzierung im Überblick.

Gruppe	Mobbinginstrument	Gebrauch durch		
		Arbeitgeber	Vorgesetzter	andere Arbeitnehmer
1. Gruppe: Rechtsschutz auch ohne Mobbingzusammenhang	Abmahnung	×	×	
	Beleidigungen	×	×	×
	diskriminierende Unglcichbchandlung	×	×	
	Freistellung	×	×	
	Kündigung	×	×	
	Nichtbeschäftigung ohne Freistellung	×	×	
	sexuelle Belästigung	×	×	×
	Tätlichkeiten	×	×	×
	üble Nachrede	×	×	×
	Versetzung	×	×	
	Zuweisung unterwertiger Arbeit	×	×	
2. Gruppe: Rechtsschutz bei Mobbingzusammenhang	„auflaufen lassen"			×
	Arbeitsüberlastung	×	×	×
	Bloßstellung	×	×	×
	Bloßstellung vor anderen	×	×	×
	Fehlinformationen	×	×	×
	intensive Kontrolle	×	×	
	kleinliche Kritik	×	×	×
	soziale Isolierung	×	×	×
	Vorenthalten von Informationen	×	×	×

8.3 Das Mobbing-Dreieck

Typisch für die Mobbingsituation ist ein Beziehungsdreieck zwischen Mobber, Mobbingopfer und Arbeitgeber. Dabei können Mobber und Arbeitgeber zusammenfallen. Dies ist dann der Fall, wenn der Arbeitgeber eine natürliche Person ist und selbst die Mobbinghandlungen vornimmt. Das Gleiche gilt, wenn der Arbeitgeber eine juristische Person (z. B. GmbH, Aktiengesellschaft, Genossenschaft oder juristische Person des öffentlichen Rechts) ist und die Mobbinghandlung durch ein Organmitglied verübt wird (Geschäftsführer, Vorstand). **Beziehungen der Beteiligten**

Mit dieser Konstellation eng verwandt, aber nicht identisch ist die Situation, dass der Arbeitgeber sich beim Mobbing eines Vorgesetzten bedient. Bei dieser Konstellation steht zwar die direkte Verantwortung des Arbeitgebers außer Zweifel, der am Mobbing beteiligte Vorgesetzte wird dadurch aber nicht aus jeder Verantwortung entlassen. Handelt der Arbeitgeber durch ein Organmitglied, steht neben der Verantwortlichkeit des durch das Organmitglied vertretenen Arbeitgebers auch die persönliche Verantwortung des Geschäftsführers oder Vorstandsmitgliedes in Rede. Auch in dieser Konstellation sind also folgende Rechtsbeziehungen zu unterscheiden: Das Verhältnis **Vorgesetzter mobbt statt Arbeitgeber**

– des Mobbingopfers zum Mobber persönlich,

– des Mobbingopfers zum Arbeitgeber und

– des Arbeitgebers zum Mobber (vgl. nachstehende Abbildung).

Das Mobbing–Dreieck

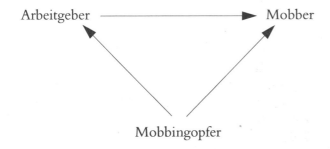

Gegen wen soll man vorgehen?

Das Mobbingopfer hat aufgrund dieser Dreiecksbeziehung in der Regel die Wahl, ob es gegen den Arbeitgeber, den Mobber persönlich oder beide gemeinsam vorgeht. Sowohl aus sachlichen als auch aus prozesstaktischen Gründen empfiehlt sich für das Mobbingopfer in der Regel das Vorgehen gegen beide.

Bei Mobbing durch Beamte ergeben sich Besonderheiten aus der Amtshaftungsregelung gemäß § 839 BGB i.V.m. Art. 34 Satz 1 GG. Danach scheidet ein direkter Anspruch des Gemobbten gegen den mobbenden vorgesetzten Beamten regelmässig aus (vgl. dazu näher unten Abschnitt 8.6.7).

Die mobbing-typische Dreieckskonstellation ist aber nicht nur für das Mobbingopfer, sondern auch für den Arbeitgeber und den Mobber von Bedeutung. Der Arbeitgeber sieht sich im Streitfall nicht nur mit Ansprüchen des Mobbingopfers gegen sich konfrontiert, sondern steht zugleich vor der Frage, ob und wie er gegenüber dem Mobber reagieren kann und muss. Dabei setzt der vom Mobbingopfer erhobene Vorwurf gegen den Mobber die arbeitsrechtlichen Schutzvorschriften im Verhältnis zwischen Arbeitgeber und Mobber nicht außer Kraft. Hält der Arbeitgeber den Mobbing-Vorwurf für gerechtfertigt und für so schwerwiegend, dass er das Arbeitsverhältnis zu dem Mobber kündigen will, muss er mit einer Kündigungsschutzklage des Betroffenen rechnen und trägt dann, wie sonst auch, die volle Darlegungs- und Beweislast für das Vorliegen des Kündigungsgrundes und die übrigen Wirksamkeitsvoraussetzungen der Kündigung. Auch muss er damit rechnen, dass der Angegriffene seinerseits den Schutz des Arbeitgebers gegen den Vorwurf des Mobbing für sich reklamiert.

Frühzeitig und professionell reagieren

Für den Arbeitgeber kommt erschwerend hinzu, dass auf beiden Seiten des Mobbingprozesses mehrere Personen beteiligt sein können. Selbst wenn der unmittelbare Konflikt sich nur zwischen zwei Personen abspielt, führt er in der Regel mittelbar zu einer Beteiligung weiterer Arbeitnehmer, die für die eine oder andere Seite Partei ergreifen. Daran wird deutlich, dass ein Mobbingkonflikt für den Arbeitgeber höchst brisant ist und regelmäßig einer professionellen Behandlung bedarf, um Schaden von dem Unternehmen abzuwenden. Daraus ergibt sich unmittelbar die Empfehlung, Anzeichen von Mobbing ernstnehmen, frühzeitig darauf zu reagieren, um eine Eskalation zu vermeiden, und Mobbing-Prävention zu betreiben. Der mit dem Vorwurf des Mobbing konfrontierte Arbeitnehmer sieht sich aufgrund der Dreieckskonstellation unter Umständen einem doppelten Angriff von dem vermeintlichen oder tatsächlichen Mobbingopfer und dem Arbeitgeber ausgesetzt.

8.4 Betroffene Rechtsgüter

Die Betrachtung der durch das Mobbing betroffenen Rechtspositionen erfolgt zweckmäßigerweise zunächst aus der Sicht des Mobbingopfers. Daneben kann als mittelbares Mobbingopfer der Arbeitgeber treten, der sich nicht nur Ansprüchen des Mobbingopfers ausgesetzt sehen, sondern auch in anderen Rechtspositionen verletzt sein kann. Die Rückwirkung auf den Mobber, z. B. der Verlust des Arbeitsplatzes, ist dagegen lediglich die Sanktion für die von ihm ausgehende Verletzung von Rechten des Gemobbten oder des Arbeitgebers.

Sichtweise des Mobbingopfers zweckmäßig

8.4.1 Arbeitsvertragliche Rechtspositionen des Gemobbten

Wenn jede einzelne Mobbinghandlung bereits für sich genommen juristisch relevant ist, wie dies bei unberechtigten Abmahnungen oder Kündigungen der Fall ist, wirft der Rechtsschutz gegen die einzelne Mobbingmaßnahme keine besonderen Probleme auf. Das Mobbingopfer kann bei mobbingmotivierten Kündigungen ebenso wie bei anderen Kündigungen selbstverständlich Klage auf Feststellung der Unwirksamkeit der Kündigung erheben. Ebenso kann es die Entfernung unberechtigter Abmahnungen aus der Personalakte verlangen oder die Feststellung begehren, dass eine vorgenommene Versetzung nicht vom Direktionsrecht des Arbeitgebers gedeckt und deshalb unwirksam ist.

Unwirksame Kündigung und unberechtigte Abmahnungen

Neben den Ansprüchen auf Fortbestand des Arbeitsverhältnisses, Zuweisung einer dem Arbeitsvertrag entsprechenden Arbeitsaufgabe und dem Anspruch, dass nicht durch unberechtigte Abmahnungen der Bestand des Arbeitsverhältnisses oder das berufliche Fortkommen gehindert wird, kommt eine Vielzahl weiterer arbeitsvertraglicher Rechtspositionen in Betracht, die

Anspruch auf Beschäftigung ist anerkannt

vom Mobbing betroffen sein können. Dazu gehört der Anspruch, überhaupt beschäftigt zu werden. In der Rechtsprechung ist schon seit langem anerkannt, dass sich der Anspruch des Arbeitnehmers aus dem Arbeitsvertrag nicht darauf beschränkt, das vereinbarte Entgelt zu erhalten. Der Arbeitnehmer hat vielmehr auch einen Anspruch darauf, dieses Geld durch seine Tätigkeit im ethischen Sinne „zu verdienen". Eine weitere Begründung für den Anspruch auf tatsächliche Beschäftigung ist die Erkenntnis, dass der Arbeitnehmer auf die tatsächliche Beschäftigung angewiesen ist, um die beruflichen Fähigkeiten aufrecht zu erhalten und fortzuentwickeln, die Grundlage seiner Erwerbstätigkeit sind.

Beschäftigungsanspruch und Freistellung

Daraus folgt sowohl der sogenannte allgemeine Weiterbeschäftigungsanspruch nach obsiegendem Urteil erster Instanz für die weitere Dauer des Kündigungsschutzrechtsstreits als auch der Beschäftigungsanspruch an sich. Dieser wird verletzt, wenn dem Arbeitnehmer – mit oder ohne Freistellung – keine Arbeitsaufgabe zugewiesen wird. Besonders belastend ist die Nichtzuweisung von Arbeit ohne Freistellung, weil dem Arbeitnehmer dabei ohne inneren Sinn ein Verlust an Dispositionsmöglichkeit über seine Zeit zugemutet wird. Die Freistellung erscheint dem gegenüber zunächst als das kleinere Übel, schneidet den Arbeitnehmer aber von den betrieblichen Kontakten und Informationen ab. Regelmäßig ist deshalb eine Freistellung nur dann zulässig, wenn der Arbeitgeber daran ein berechtigtes Interesse hat. Dies ist anerkannt für die Dauer der Kündigungsfrist und für die Zeit der Klärung eines begründeten Verdachts gegen den Arbeitnehmer.

Entzug von Teilaufgaben

Mit der unberechtigten Versetzung oder der Nichtbeschäftigung verwandt, aber nicht identisch ist der Entzug von Teilaufgaben, auf die der Arbeitnehmer nach dem Arbeitsvertrag Anspruch hat.

Beispiel:

Im Arbeitsvertrag eines kaufmännischen Leiters ist vereinbart, dass er in dieser Funktion zuständig ist für Einkauf und Vertrieb. Nachträglich entzieht ihm der Arbeitgeber aber die Zuständigkeit für den Vertrieb und beauftragt damit einen Vertriebsleiter.

Im Beispielsfall verletzt der Entzug der Vertriebsaufgabe den Anspruch des Arbeitnehmers auf vertragsgemäße Beschäftigung.

Vom Mobbing betroffen können auch andere aus dem Arbeitsverhältnis resultierende Ansprüche des Arbeitnehmers sein, z. B. der Anspruch auf Urlaubsgewährung. Grundsätzlich bestimmt der Arbeitnehmer durch seinen Urlaubswunsch die zeitliche Lage des Urlaubs selbst. Dieses Recht wird nur durch entgegenstehende betriebliche Gründe eingeschränkt. Die unbegründete Verweigerung der Urlaubsgewährung zu dem vom Arbeitnehmer gewünschten Termin verletzt dementsprechend den Urlaubsanspruch des Arbeitnehmers. Folgerichtig kann der Arbeitnehmer auf Urlaubsgewährung zu dem von ihm gewünschten Termin klagen. Auch die Möglichkeit einer einstweiligen Verfügung zur Durchsetzung des Urlaubswunsches ist anerkannt.

Urlaubsanspruch

Ein beliebter Ansatzpunkt für Mobbing-Maßnahmen ist auch der Dienst-PKW. Hat der Arbeitnehmer nach dem Arbeitsvertrag Anspruch auf die Überlassung eines Dienst-PKW, stellt der Entzug des Fahrzeugs eine Verletzung seines arbeitsvertraglichen Anspruchs dar. Dies gilt bei Festlegung eines bestimmten PKW-Typs oder einer PKW-Klasse auch dann, wenn das bisher überlassene Fahrzeug entzogen und durch ein nicht vertragsgemäßes ersetzt werden soll. Auch in diesen Fällen kann der Arbeitnehmer ohne weiteres auf Erfüllung des Arbeitsvertrages klagen.

Dienst-PKW

Allen genannten Ansprüchen, die durch Mobbing beeinträchtigt werden können, ist gemeinsam, dass sie sich unmittelbar aus dem Arbeitsvertrag ergeben. Eine abschließende Aufzählung der Rechtspositionen, die durch das Mobbing beeinträchtigt werden können, ist weder sinnvoll noch möglich, weil sie ebenso vielfältig sind wie die Möglichkeiten arbeitsvertraglicher Vereinbarungen. Den Arbeitgeber trifft auch eine Vielzahl von vertraglichen Nebenpflichten. Dazu gehört u. a. das Gebot, Arbeitnehmer nicht ohne sachlichen Grund unterschiedlich zu behandeln. Gegen dieses Gebot wird z. B. verstoßen, wenn ein Arbeitgeber vergleichbaren Arbeitnehmern gleitende Arbeitszeit gewährt, von einem einzelnen Arbeitnehmer aber die Ein-

Gleichbehandlungsgebot und andere Nebenpflichten

haltung starrer Arbeitszeiten verlangt. Hier kann der Arbeitnehmer sich auf den Gleichbehandlungsgrundsatz berufen und auch für sich die Zubilligung flexibler Arbeitszeiten verlangen. Besteht eine Betriebsvereinbarung zur Regelung der Lage und Verteilung der Arbeitszeit (§ 87 Abs. 1 Nr. 2 BetrVG), ist eine von der Betriebsvereinbarung abweichende Festsetzung der Arbeitszeit durch den Arbeitgeber unwirksam.

**Gesundheits-
schutz**

Zu den Nebenpflichten des Arbeitgebers aus dem Arbeitsvertrag gehört auch die Rücksichtnahme auf die Gesundheit des Arbeitnehmers. Daraus leitet sich u. a. der Anspruch des Arbeitnehmers auf Zuweisung eines tabakrauchfreien Arbeitsplatzes, wenn ein Arbeitnehmer gegen die vom Tabakrauch ausgehenden Beeinträchtigungen besonders anfällig ist (BAG, Urt. v. 17. 2. 1998−9 AZR 84/97 = NZA 1998, 1231 und seit 2. 10. 2002 neuer § 3a Arbeitsstättenverordnung).

8.4.2 Absolute Rechtsgüter des Gemobbten

8.4.2.1 Gesundheit und Ehre

**Schadensersatz
aus unerlaubter
Handlung droht**

Das Mobbing führt in der Regel nicht nur zu einer Verletzung arbeitsvertraglicher Rechtspositionen des Gemobbten, sondern beeinträchtigt auch seine Gesundheit oder Ehre. Damit sind absolute Rechtsgüter getroffen.

Nach dem „Fünf-Phasen-Modell" des Mobbing von Leymanns (s. oben Abschnitt 2) gehört das Auftreten psychosomatischer Störungen bereits in der zweiten Phase des Mobbing zum typischen Geschehensablauf. Die Störungen steigern sich dann bis zur Suizidgefährdung in der fünften Phase. Das juristische Problem besteht bei der Verletzung der Gesundheit durch Mobbing nicht in der Bestimmung der Rechtsfolgen. Diese ist unproblematisch, weil die Verletzung der Gesundheit ganz selbstverständlich Schadensersatzansprüche und auch Abwehransprüche gegen den Verletzer auslöst. Auch die Beeinträchtigung der Gesundheit lässt sich in der Regel noch relativ einfach feststellen. Das eigentliche Problem besteht für das Mobbingopfer darin, darzulegen und zu beweisen, dass das Mobbing ursächlich für die Gesundheitsbeeinträchtigung war. Zu den noch nicht abschließend geklärten Rechsfragen bei der Bewertung des Mobbing gehört, ob dem Mobbingopfer Darlegungs- und Beweiserleichterungen zugute kommen sollen und unter welchen Voraussetzungen diese Erleichterungen ggf. eingreifen sollen.

Von den vertraglichen Rechtspositionen unterscheiden sich die absoluten Rechtsgüter dadurch, dass sie nicht nur gegenüber dem Vertragspartner oder einem in den Vertrag einbezogenen Dritten, sondern gegenüber jedermann Schutz gewähren. Aus der Verletzung dieser absoluten Rechte folgen deliktische Schadensersatzansprüche gegen den Verletzer persönlich. Der Arbeitgeber muss sich die Handlungen des Mobbers, der Organmitglied ist, gemäß § 31 BGB als eigene zurechnen lassen. Bei der Zurechnung des Verhaltens von Organmitgliedern ergibt sich deshalb kein Unterschied zu der Situation bei der Verletzung von vertraglichen Rechtspositionen. Das deliktische Verhalten anderer Personen muss sich der Arbeitgeber dagegen gemäß § 831 BGB nur dann zurechnen lassen, wenn er bei der Auswahl oder Überwachung dieser Personen nicht die erforderliche Sorgfalt angewendet hat. Hier steht dem Arbeitgeber also der sogenannte Exkulpationsbeweis offen.

Rechtsschutz gegenüber jedermann

Weil absolute Rechte gegenüber jedermann gelten, folgen für den Gemobbten aus der Verletzung seiner absoluten Rechte Ansprüche primär gegen den Mobber persönlich, während er vertragliche Ansprüche grundsätzlich nur gegen einen Vertragspartner geltend machen kann. Wenn der Mobber nicht der Arbeitgeber selbst ist, gibt also erst die Verletzung absoluter Rechte dem Gemobbten die Möglichkeit, gegen den Mobber persönlich vorzugehen. Für den Gemobbten ist dies deshalb wichtig, weil die unmittelbare Inanspruchnahme des Mobbers nicht selten die wirksamste Maßnahme zur Beendigung des Mobbing ist. Ausserdem entspricht sie dem Genugtuungsbedürfnis des Mobbingopfers. Prozesstaktisch ergibt sich daraus der Vorteil, den Mobber persönlich und den Arbeitgeber gemeinsam verklagen zu können. Damit wechselt der Mobber, sofern er nicht Organmitglied des Arbeitgebers ist, aus der Rolle des potentiellen Gegenzeugen in die Parteirolle. Das Organmitglied ist von vornherein in der Parteirolle. Ein weiterer Vorteil der Möglichkeit zur persönlichen Inanspruchnahme des Mobbers besteht darin, dass die Belastung des Verhältnisses zum Arbeitgeber auf diese Weise begrenzt werden kann.

Prozessuale Vorteile für den Gemobbten

8.4.2.2 Allgemeines Persönlichkeitsrecht

**Gesetz fehlt –
jedoch gerichtlich
anerkannt**

Zu den absolut, d. h. gegenüber jedermann geschützten
Rechtsgütern, gehört auch das sogenannte allgemeine Persönlichkeitsrecht. Dieses allgemeine Persönlichkeitsrecht ist nicht
gesetzlich geregelt, sondern von der Rechtsprechung entwickelt
worden. Voraussetzung und Umfang des Schutzes sind zwischenzeitlich weitgehend geklärt. Trotzdem hat der Gesetzgeber
bei der Schuldrechtsmodernisierung davon abgesehen, dieses
Rechtsinstitut in das Bürgerliche Gesetzbuch zu integrieren,
wie dies mit anderen von der Rechtsprechung entwickelten
Rechtsinstituten geschehen ist. Das allgemeine Persönlichkeitsrecht schließt eine Schutzlücke zwischen den im Gesetz ausdrücklich genannten absoluten Rechtsgütern wie Leben, Gesundheit, Freiheit und Eigentum (§ 823 Abs. 1 BGB) und
vertraglichen Rechtspositionen. Die Schließung dieser Rechts-
lücke war erforderlich, um den in Art. 1 Abs. 1 und Artikel 2
Abs. 1 GG enthaltenen Verfassungsprinzipien auch im Privat-
recht Geltung zu verschaffen. Es schützt die ideellen Interessen
des Einzelnen, die durchaus enge Verbindung zum materiellen
Interesse haben können. Aus der in Art. 1 Abs. 1 und Art. 2
Abs. 1 GG zum Ausdruck gekommenen verfassungsrechtlichen
Werteordnung hat die Rechtsprechung nicht nur das allgemeine
Persönlichkeitsrecht als Schutzrecht gegenüber jedermann entwickelt, sondern auch die Notwendigkeit abgeleitet, schwere
schuldhafte Verletzungen des allgemeinen Persönlichkeitsrechts
nicht nur mit einem Schadensersatz-, sondern auch einem Entschädigungsanspruch wegen des immateriellen Schadens zu
sanktionieren.

8.5 Rechtsfolge Schmerzensgeld

**Entschädigung
auch ohne
Gesundheits-
beeinträchtigung
möglich**

Die praktische Bedeutung des allgemeinen Persönlichkeitsrechts
besteht also nicht nur darin, dass sich daraus **Unterlassungsansprüche** gegen den Mobber oder den Arbeitgeber ergeben
können. Im Zusammenhang mit Mobbing rückt vielmehr die
weitere Konsequenz in den Vordergrund, dass die Verletzung des
allgemeinen Persönlichkeitsrechts des Arbeitnehmers **Entschädigungsansprüche** begründen kann. Entschädigungsansprüche kommen deshalb auch dann in Betracht, wenn das Mobbing

nicht zu einer Beeinträchtigung der Gesundheit des Gemobbten geführt hat oder jedenfalls die Kausalität (Ursachenzusammenhang) zwischen dem Mobbing und der festgestellten Beeinträchtigung der Gesundheit nicht bewiesen werden kann.

Bei der Festsetzung der Höhe des Schmerzensgeldes sind die deutschen Gerichte sehr zurückhaltend. Besonders deutlich wird dies im Vergleich zu den teilweise exorbitanten Schadensersatzsummen, die US-amerikanische Gerichte Geschädigten zusprechen. Allein aus der Höhe der Entschädigungssummen ist auch für den Laien ohne weiteres ersichtlich, dass bei der Festsetzung dieser Beträge nicht der Ausgleich eines finanziellen Schadens, sondern eine darüber hinausgehende Sanktion der Rechtsverletzung im Vordergrund steht. Die unterschiedliche Entscheidungspraxis der US-amerikanischen und der deutschen Gerichte erklärt sich zum großen Teil daraus, dass das deutsche Schmerzensgeld, anders als die punitive damages des US-amerikanischen Rechtes, keine Straffunktion hat. Dieser grundlegende Unterschied zwischen dem deutschen und dem US-amerikanischen Recht ist auch durch die zum 1. 8. 2002 in Kraft getretene Novellierung des Schadensersatzrechtes nicht aufgehoben worden.

Trotzdem ist zu erwarten, dass der Schmerzensgeldanspruch zukünftig eine größere Bedeutung erlangen wird. Dies gilt bei erlittenem Mobbing sowohl für den Schmerzensgeldanspruch wegen einer Beeinträchtigung der Gesundheit als auch für den Entschädigungsanspruch wegen der Verletzung des allgemeinen Persönlichkeitsrechts. Die Erwartung, dass der Schmerzensgeldanspruch zukünftig eine größere Rolle spielen und sich dies auch in höheren Schmerzensgeldbeträgen niederschlagen wird, ist darin begründet, dass der Schmerzensgeldanspruch seit der Novellierung des Schadensersatzrechts nicht mehr eine Besonderheit des Deliktsrechts (§§ 823ff. BGB), sondern Bestandteil des allgemeinen Schadensersatzrechtes ist (§ 253 Abs. 2 BGB). Der Schmerzensgeldanspruch kann sich deshalb auch dann ergeben, wenn durch eine Verletzung von Vertragspflichten immaterielle Rechtsgüter wie die Gesundheit verletzt werden. Große praktische Bedeutung hat dies deshalb, weil bei der Verletzung vertraglicher Rechte durch Pflichtverletzung die Zurechnung der Verletzungshandlung über § 278 BGB (Verant-

Neues Recht wird höhere Ersatzsummen bringen

wortlichkeit des Erfüllungsgehilfen) erfolgt und dabei eine Exkulpation (Entlastung) des Vertragspartners für das Verschulden des Erfüllungsgehilfen nicht möglich ist. Die neue Rechtslage erleichtert es deshalb zwar erheblich, den Arbeitgeber auf Schmerzensgeldzahlung in Anspruch zu nehmen, auch wenn das Mobbing nicht von ihm selbst oder einem Organmitglied betrieben wurde, die Hürden auf dem Weg zu einem auch finanziell bedeutsamen Schmerzensgeld bleiben aber hoch (dazu näher unten Abschnitt 9.5.3).

8.6   Mobbing in der Arbeitsgerichtspraxis

BAG-Urteil fehlt noch

Für Arbeitgeber, Personalverantwortliche und Mobbing-Opfer stellt sich gleichermaßen die Frage, welche praktische Bedeutung Rechtsstreitigkeiten infolge von Mobbing bisher tatsächlich haben. Die wichtigsten Entscheidungen werden in den nachfolgenden Kapiteln detailliert vorgestellt. Eine Abfrage mit dem Schlagwort Mobbing im juristischen Informationssystem Juris zeigt per Januar 2003 nicht mehr als 42 Entscheidungen auf. Nicht alle befassen sich direkt mit dem Verhältnis zwischen Mobber, Mobbingopfer und Arbeitgeber. Unter den Entscheidungen dazu befindet sich bisher keine Entscheidung des Bundesarbeitsgerichts. Neben einer Entscheidung des Bundessozialgerichtes zu der Frage, ob Mobbing ein tätlicher Angriff im Sinne des Opferentschädigungsgesetzes sei, liegen Entscheidungen vieler Landesarbeitsgerichte vor. Hinzu kommt eine Entscheidung des Bundesgerichtshofs, die sich mit der Amtshaftung des Staats für Mobbing befasst.

8.6.1 Zurückbehaltungsrecht des Mobbingopfers an seiner Arbeitsleistung – LAG Niedersachsen

Dienstplan einer Filialleiterin als Streitpunkt

In dem vom Landesarbeitsgericht Niedersachsen (Urteil vom 3. 5. 2000, Az.: 16a Sa 1391/99 = NZA-RR 2000, 517) entschiedenen Rechtsstreit ging es u. a. um den Vorwurf einer als Teilzeitkraft beschäftigten Verkäuferin, sie werde von ihrer Filialleiterin gemobbt. Ausgangspunkt der Streitigkeiten war die Dienstplangestaltung. Die neue Filialleiterin setzte die Verkäuferin entgegen der bisherigen Praxis nicht mehr nur halbtags, sondern ganztätig ein. Der Streit über die Dienstplangestaltung führte zu heftigen Auseinandersetzungen zwischen der Verkäuferin und der Filialleiterin. Die Verkäuferin erkrankte und legte im Prozess u. a. ein Gutachten vor, wonach bei ihr zum Untersuchungszeitpunkt reaktive Depressionen bestanden, die ursprünglich auf Spannungen am Arbeitsplatz zurückzuführen seien. Im Verlauf der sich über mehrere Monate hinziehenden Auseinandersetzungen kam es auch zu Ermahnungen und Abmahnungen. Nach Auffassung der Verkäuferin entsprach die Dienstplangestaltung nicht den für ihr Arbeitsverhältnis geltenden Regelungen. Sie machte deshalb ein Zurückbehaltungsrecht an ihrer Arbeitsleistung geltend. Der Arbeitgeber stellte daraufhin die Gehaltszahlung ein. In dem Rechtsstreit verlangte die Verkäuferin u. a. Zahlung der Vergütung und Schadensersatz, Schmerzensgeld und Unterlassung von Mobbinghandlungen.

Das LAG führte in der Entscheidung aus, dass der Arbeitgeber im Rahmen der Fürsorgepflicht auf das Wohl und Wehe der Arbeitnehmer Rücksicht zu nehmen habe. Er müsse den Arbeitnehmer auch vor Gefahren psychischer Art schützen. Insoweit bestehe ein Anspruch auf Schutz vor systematischen Anfeindungen und vor schikanösen Verhalten durch Kollegen und Vorgesetzte, wobei sich der Arbeitgeber gemäß § 278 BGB auch das Verhalten solcher Personen zurechnen lassen müsse, die als Vorgesetzte in seinem Namen handeln. *Arbeitgeber haftet für seine Führungskräfte*

Das Zurückbehaltungsrecht des Arbeitnehmers wird von dem LAG im Grundsatz bestätigt. Die Ausübung eines Zurückbehaltungsrechts in Bezug auf die Arbeitsleistung sei geeignet, Druck auf den Arbeitgeber zur Lösung eines Arbeitskonfliktes auszuüben. Voraussetzung für das Bestehen des Zurückbehaltungsrechts ist nach der Entscheidung aber, dass die Ausübung des Rechtes erforderlich ist. Dies sei nur dann der Fall, wenn der Arbeitnehmer einseitig einer schikanösen Behandlung durch den Arbeitgeber ausgesetzt sei und die Eskalation am Arbeitsplatz nicht mit verursacht habe. *Voraussetzungen für das Zurückbehaltungsrecht an der Arbeitsleistung*

Im konkreten Fall hatte die Verkäuferin keinen Erfolg, weil die Dienstplangestaltung durch die Filialleiterin rechtlich nicht zu beanstanden war. Die Verkäuferin selbst hatte die Reichweite des Direktionsrechts des Arbeitgebers bei der Dienstplangestaltung verkannt und damit den Grundstein für die nachfolgenden Querelen gelegt. Die Situation hätte sich nicht gleichermaßen zugespitzt, wenn die Verkäuferin sich ihrerseits vertragsgerecht verhalten hätte.

Der Ausübung des Zurückbehaltungsrechts hätte auch der Versuch vorausgehen müssen, durch eine notwendige und gebotene Korrektur des eigenen Verhaltens der Verkäuferin die Situation zu befrieden.

Unterlassungsanträge konkret bezeichnen

Den von der Verkäuferin gestellten Antrag, die Arbeitgeberin zur „Unterlassung von Handlungen, die das Persönlichkeitsrecht oder die Gesundheit der Klägerin (= Verkäuferin) verletzen oder sonst wegen ihres Alters benachteiligen" zu verurteilen, verwarf das LAG Niedersachsen als unzulässig. Der Unterlassungsantrag müsse konkret gefasst sein und die zu unterlassene Verletzungshandlung so genau wie möglich bestimmen. Es müsse präzise die Handlung beschrieben werden, die unterbleiben solle.

Den Anspruch auf Schadensersatz wegen der Erkrankung und Zahlung von Schmerzensgeld verwarf das Gericht, weil die Verkäuferin Tatsachen, die einen solchen Anspruch begründen könnten, nicht hinreichend konkret vorgetragen hatte.

Der Arbeitnehmer muss selbst vertragstreu sein

Aus dem hier nur gekürzt dargestellten Sachverhalt der Entscheidung ist ersichtlich, dass sich die Verkäuferin in eine nicht haltbare Rechtsauffassung verrannt hatte. Dazu mag beigetragen haben, dass sie in dem Rechtsstreit von ihrem Ehemann vertreten wurde, dem möglicherweise die notwendige professionelle Distanz fehlte. Trotz dieser Besonderheiten des konkreten Falles ist die Entscheidung von allgemeinem Interesse. Sie bestätigt die Pflicht des Arbeitgebers zum Schutz der Arbeitnehmer vor Mobbing und die Möglichkeit des Bestehens eines Zurückbehaltungsrechts. Sie macht aber zugleich deutlich, dass der Mobbingvorwurf keine Wunderwaffe in der Auseinandersetzung des Arbeitnehmers mit dem Arbeitgeber ist. Der Arbeitnehmer muss sehr sorgfältig darauf achten, dass er sich selbst vertragstreu verhält und nicht durch eigenes vertragswidriges Verhalten zur Eskalation beiträgt.

Außerdem beleuchtet die Entscheidung das Risiko, das mit der Ausübung eines vermeintlichen Zurückbehaltungsrechts an der

Arbeitsleistung verbunden ist. Der Arbeitnehmer muss nämlich sehr sorgfältig prüfen, ob die Ausübung des Zurückbehaltungsrechts erforderlich ist und nicht mildere Mittel ausreichen, um seine Rechte zu wahren. Irrt er sich bei dieser Prüfung, verliert er den Anspruch auf die Vergütung für die Zeit, während derer er die Arbeitsleistung zurückgehalten hat.

8.6.2 Abmahnung wegen Mobbing – LAG Hamm

In dem der Entscheidung des Landesarbeitsgerichts Hamm (Urteil vom 10. 5. 2001, Az.: 2 Sa 1669/99 = NZA-RR 2001, 238) zugrunde liegenden Rechtsstreit ging es um die Entfernung einer Abmahnung aus der Personalakte. Der klagende Arbeitnehmer war Meister in einer Werkstatt von Stationierungsstreitkräften. Er war abgemahnt worden, weil er das Persönlichkeitsrecht eines geistig behinderten Arbeitskollegen verletzt hatte. Er hatte den behinderten Arbeitskollegen mit Wasser bespritzt, ihm aber erklärt, er habe ihn „angepinkelt". Dabei hatte er ihm angedroht, dies auch wieder zu tun.

Entfernung aus der Personalakte?

Das Landesarbeitsgericht führt in der Entscheidung aus, dass das Verhalten des Meisters die Persönlichkeitsrechte des behinderten Arbeitskollegen missachtet habe, auch wenn es als Scherz gemeint gewesen sei. Damit habe der Meister zugleich seine arbeitsvertraglichen Pflichten gegenüber dem Arbeitgeber verletzt. Dies umso mehr, als er mit Aufsichtsfunktionen tätig war und ihm die Behinderung des Kollegen bekannt war. Der Vorwurf des Verstoßes gegen die Menschenwürde sei selbst dann gerechtfertigt, wenn den Meister kein Verschulden treffe, weil er den Vorgang als Neckerei unter Arbeitskollegen angesehen und habe glauben dürfen, der Kollege werde das Ganze ebenfalls als Scherz betrachten. Eine Abmahnung sei schon dann zulässig, wenn der Arbeitgeber einen objektiven Pflichtenverstoß feststelle.

Die Bedeutung der Entscheidung für die Mobbingproblematik besteht in der klaren Aussage, dass die Verletzung der Persönlichkeitsrechte eines Arbeitskollegen zugleich eine Verletzung der arbeitsvertraglichen Pflichten gegenüber dem Arbeitgeber darstellt.

8.6.3 Fristlose Kündigung wegen Mobbing – LAG Thüringen

Die Entscheidung vom 15. 2. 2001 (Az.: 5 Sa 102/00 = Der Betrieb 2001, 1783) ist Vorläufer der knapp zwei Monate später ergangenen Entscheidung des LAG Thüringen in einem einstweiligen Verfügungsverfahren, die bundesweites Aufsehen erregt hat (dazu nachfolgenden Abschnitt 8.6.4). In der hier geschilderten Entscheidung ging es um die Wirksamkeit einer fristlosen Kündigung, die der Arbeitgeber gegenüber einem mobbenden Warenbereichsleiter ausgesprochen hatte.

Fehlverhalten eines Warenbereichsleiters

Der Warenbereichsleiter hatte einen ihm unterstellten Arbeitnehmer bei Dienstantritt mit den Worten begrüßt „Guten Tag Herr F., ich bin Herr M., der Warenbereichsleiter, wie Sie sicherlich wissen, eilt mein Ruf mir voraus, ich habe bisher jedem das Arbeiten beigebracht und ich werde schnellstens Ihre Kotzgrenze finden". In der anschließenden Arbeitswoche warf der Warenbereichsleiter dem Arbeitnehmer im Beisein von Arbeitskollegen vor, dass er nichts könne und zu dumm sei zum Arbeiten und beschimpfte ihn mit den Worten „Sie lahmes Arschloch", „Können Sie denn überhaupt nichts richtig machen?", „Sie Erfurter Puffbohne können wohl überhaupt nichts", „Ich mache Sie fertig", usw. Weiterhin verwehrte der Warenbereichsleiter dem ihm unterstellten Arbeitnehmer die Ausschöpfung der Pausenzeiten. Er wusste, dass der drangsalierte Arbeitnehmer unter hohem Blutdruck litt. Nach Feststellung des Gerichts stieg der Blutdruck des so drangsalierten Arbeitnehmers aufgrund der seelischen Belastung stark an und führte schließlich zu einer Arbeitsunfähigkeit. Am Tag der Wiederaufnahme der Arbeit wandte sich der Warenbereichsleiter mit den Worten „Herr F., Sie haben doch nur simuliert und zu Hitlers Zeiten hätte man solche Betrüger wie Sie an die Wand gestellt und erschossen ..." an den Arbeitnehmer. Schließlich war der Arbeitnehmer „fix und fertig", schrieb einen Abschiedsbrief an seine Mutter und nahm eine Überdosis Schlaftabletten, um sich das Leben zu nehmen.

Das LAG Thüringen hat zur Begründung seiner Entscheidung, dass die von dem Arbeitgeber ausgesprochene fristlose Kündigung wirksam sei, umfangreiche Leitsätze aufgestellt. Der große

Begründungsaufwand wäre im entschiedenen Fall angesichts des krassen Fehlverhaltens des Warenbereichsleiters wohl nicht erforderlich gewesen.

Das LAG Thüringen führt in der Entscheidung aus, dass für den Arbeitgeber aufgrund von Mobbinghandlungen ein Schaden u. a. deshalb entstehen kann, weil für den von dem Mobbing betroffenen Arbeitnehmer – abhängig von Umständen des Einzelfalls – nach § 273 Abs. 1 BGB die Ausübung eines Zurückbehaltungsrecht an seiner Arbeitsleistung, die Ausübung des Rechts zur außerordentlichen Kündigung mit anschließendem Schadensersatzanspruch nach § 628 Abs. 2 BGB, unabhängig von der Ausübung eines solchen Kündigungsrechts die Inanspruchnahme des Arbeitgebers auf Schadensersatz wegen dessen eigener Verletzung von Organisations- und Schutzpflichten oder nach den hierfür einschlägigen Zurechnungsnormen des Zivilrechts (§§ 278, 831 BGB) für das Handeln des Mobbingtäters in Betracht komme und grundsätzlich auch Schmerzensgeldansprüche gegen den Arbeitgeber gerichtet werden können (Leitsatz 4).

Schaden des Arbeitgebers durch Mobbing der Führungskraft

Das sogenannte Mobbing könne auch ohne Abmahnung und unabhängig davon, ob es in diesem Zusammenhang zu einer Störung des Betriebsfriedens gekommen ist, die außerordentliche Kündigung des Arbeitsverhältnisses rechtfertigen, wenn dadurch das allgemeine Persönlichkeitsrechts, die Ehre oder Gesundheit des Mobbingopfers in schwerwiegender Weise verletzt werden. Müsse der Mobber erkennen, dass das Mobbing zu einer Erkrankung des Opfers geführt habe und setzte dieser ungeachtet das Mobbing fort, dann könne auch für eine nur vorübergehende Weiterbeschäftigung des Täters regelmäßig kein Raum mehr bestehen (Leitsatz 5).

Die juristische Bedeutung der durch den Begriff „Mobbing" gekennzeichneten Sachverhalte bestehe darin, der Rechtsanwendung Verhaltensweisen zugänglich zu machen, die bei isolierter Betrachtung der einzelnen Handlung die tatbestandlichen Voraussetzungen von Anspruchs-, Gestaltungs- und Abwehrrechten nicht oder nicht in einem der Tragweite des Falles angemessenen Umfang erfüllen können. Wenn hinreichende Anhaltspunkte für einen Mobbingkomplex vorlägen, sei es zur Vermeidung von Fehlentscheidungen erforderlich, diese in die rechtliche Würdigung mit einzubeziehen (Leitsatz 7).

Wichtige neue verfahrensrechtliche Gesichtspunkte

Sehr weitgehend und von großer praktischer Bedeutung sind die Leitsätze, die das LAG Thüringen zu prozessrechtlichen Aspekten der Mobbingproblematik aufgestellt hat. Das Vorliegen eines „mobbingtypischen medizinischen Befundes" könne erhebliche Auswirkungen auf die **Beweislage** haben: Wenn eine Konnexität zu den behaupteten Mobbinghandlungen feststellbar sei, müsse das Vorliegen eines solchen Befunds als ein wichtiges Indiz für die Richtigkeit dieser Behauptungen angesehen werden. Die jeweilige Ausprägung eines solchen Befunds könne ebenso wie eine „mobbingtypische" Suizidreaktion des Opfers im Einzelfall darüber hinaus Rückschlüsse auf die Intensität zulassen, in welcher der Täter das Mobbing betrieben habe. Wenn eine Konnexität zu feststehenden Mobbinghandlungen vorliege, dann bestehe eine von den für diese Handlungen verantwortlichen natürlichen oder juristischen Personen zu widerlegende tatsächliche Vermutung, dass diese Handlungen den Schaden verursacht hätten, den die in dem medizinischen Befund attestierte Gesundheitsverletzung oder die Suizidreaktion des Opfers zur Folge habe (Leitsatz 9).

Mobbing-Tagebuch hilft

Aus dem Prinzip der Rechtsstaatlichkeit folgert das LAG Thüringen weiter, dass von dem Betroffenen bei einem sich über einen unbestimmten Zeitraum erstreckenden Geschehen, wie es z. B. beim Mobbing der Fall sei, nicht ohne weiteres erwartet werden könne, dass er ohne Rückgriff auf ggf. tagebuchartig zu führende Aufzeichnungen zu einer vollständigen und damit wahrheitsgemäßen Aussage in der Lage sei. Bei der Aussage über länger zurückliegende Ereignisse könne deshalb ein Zeuge oder eine Partei aus seinen bzw. ihren im unmittelbaren zeitlichen Zusammenhang mit diesen Ereignissen zur Gedächtnisstütze gefertigten Notizen und erst recht auf eine zu diesem Zweck gefertigte eidesstattliche Versicherung Bezug nehmen, wenn die Nichtgestattung der Bezugnahme auf eine Behinderung der Beweisführung hinausliefe und diese Schriftstücke zu den Akten gereicht werden oder sich bereits dort befinden (Leitsatz 10).

Die Bedeutung dieser ersten Entscheidung des LAG Thüringen besteht weniger in der Entscheidung des konkreten Sachverhalts, als in der Ausarbeitung von allgemeinen Regeln, zu denen

der Sachverhalt nur eingeschränkt Anlass gab. Hervorzuheben
ist die Beschreibung der juristischen Bedeutung des Begriffs
Mobbing als Hilfe zum richtigen Verständnis eines komplexen
Sachverhalts.

Größte praktische Bedeutung könnten die das prozessuale Verfahren betreffenden Leitsätze der Entscheidung erlangen (Leitsatz 9 und 10). Diese sind allerdings durchaus umstritten.

8.6.4 Einstweilige Verfügung gegen Mobbing –
LAG Thüringen

Dieses in einem einstweiligen Verfügungsverfahren ergangene
Urteil des Landesarbeitsgerichts Thüringen (Urteil vom 10. 4.
2001 – Az.: 5 Sa 403/2000 = NZA-RR 2001, 347) ist die zurzeit „prominenteste" Entscheidung zur Mobbingproblematik.
Sie hat nicht nur in der Fachpresse, sondern auch in der Tagespresse und in Magazinen ein kaum noch übersehbares Echo gefunden und damit wesentlich zur Belebung der allgemeinen
Diskussion über das Thema Mobbing beigetragen. Konkret
ging es um die vom Marktbereichsleiter einer Sparkasse begehrte einstweilige Verfügung, mit der seiner Arbeitgeberin
verboten werden sollte, ihn auf einen tariflich sechs Vergütungs-
gruppen niedriger bewerteten (BAT VI statt BAT II) Arbeitsplatz zu versetzen. Bereits vor der Versetzung war der Marktbereichsleiter monatelang einer Kette von außergewöhnlichen
Maßregelungen seines Arbeitgebers ausgesetzt gewesen.

Der Fall eines Marktbereichs-leiters und sein publizistisches Echo

Der klagende Marktbereichsleiter war nach einer hervorragen-
den Bewertung und Anerkennung seiner Leistungen als Marktbereichsleiter für zwei Zweigstellenbezirke und zugleich als
Hauptgeschäftsstellenleiter eines Zweigstellenbezirks mit 84
unterstellten Mitarbeitern eingesetzt worden. Später kam es zu
einem Wechsel innerhalb des Vorstandes. Dem für den Perso-
nalbereich neu angestellten Vorstandsmitglied wurden diverse
nicht näher konkretisierte „Informationen" über angebliche
Verfehlungen des Marktbereichsleiters zugeleitet. Ohne diese
näher zu überprüfen, bot das Vorstandsmitglied dem Marktbereichsleiter bereits im ersten persönlichen Gespräch einen un-
terhalb der Führungsebene liegenden Einsatz an. Nachdem der
Marktbereichsleiter dies abgelehnt hatte, wurde er mit soforti-

Wechsel im Vorstand und die Folgen

ger Wirkung von den Aufgaben als Marktbereichsleiter und Hauptgeschäftsstellenleiter entbunden. Ferner verbot ihm das Vorstandsmitglied, Gespräche mit Mitarbeitern und Kunden zu führen. Darüber hinaus musste er seine Schlüssel abgeben. Kurze Zeit später wurde ihm der Abschluss eines Aufhebungs-vertrages nehegelegt. Daran schloss sich eine Kette von Einzel-maßnahmen der Arbeitgeberin an. Dabei ließ die Sparkasse den Marktbereichsleiter über seine weitere Verwendung im Unge-wissen und wies ihm zum Teil sinnlose, zum Teil unlösbare Aufgaben zur Erledigung zu. Außerdem ließ die Sparkasse ihm Arbeitsaufgaben durch wesentlich niedriger dotierte Mitarbei-ter zuweisen. Schließlich forderte der Vorstandsvorsitzende der Sparkasse den Marktbereichsleiter ultimativ auf, binnen fünf Tagen Vorschläge für eine sofortige Aufhebung seines Auf-hebungsvertrages zu machen. Als der Marktbereichsleiter dem widersprach, wurde er vom Dienst suspendiert. Knapp einen Monat später sprach die beklagte Sparkasse eine Änderungs-kündigung des Arbeitsverhältnisses aus und bot ihm an, ihn nach Ablauf der gut sechsmonatigen Kündigungsfrist auf einer sechs Gehaltsstufen niedriger bewerteten Stelle als Sachbearbei-ter für Pfändungsangelegenheiten in ihrer Rechtsabteilung zu beschäftigen. Nur drei Tage später versetzte sie ihn bereits auf den neuen Posten. Der Marktbereichsleiter war daraufhin einen Monat wegen Schlafstörungen, Depressionen und Magen-schmerzen in psychotherapeutischer Behandlung und arbeits-unfähig.

Unterwertige Aufgaben ver-letzen das allge-mein Persönlich-keitsrecht

Auch zu dieser Entscheidung hat das LAG Thüringen wieder eine große Anzahl von Leitsätzen formuliert. Das LAG Thürin-gen führt in der Entscheidung u. a. aus, der Marktbereichsleiter habe einen Anspruch darauf, dass die beklagte Sparkasse es un-terlasse, ihm Aufgaben zuzuweisen, für die nicht mindestens eine Vergütung nach BAT II vorgesehen ist, weil eine andere Beschäftigung ihn in seinem allgemeinen Persönlichkeitsrecht (Art. 1 und 2 Grundgesetz) verletzen würde. Dies gelte auch dann, wenn die bisherige Vergütung weitergezahlt wird. Eine Verletzung des allgemeinen Persönlichkeitsrechts des Arbeit-nehmers könne nicht nur im Totalentzug der Beschäftigung, sondern auch in einer nicht arbeitsvertragsgemäßen Beschäfti-gung liegen, wenn der Totalentzug oder die Zuweisung einer bestimmten Beschäftigung nicht bloß den Reflex einer rechtlich erlaubten Vorgehensweise darstellt, sondern diese Maßnahmen zielgerichtet als Mittel der Zermürbung eines Arbeitnehmers eingesetzt werden, um diesen selbst zur Aufgabe seines Arbeitsplatzes zu bringen (Leitsatz 2). Der Leitsatz 5 enthält die oben (Abschnitt 8.1) bereits zitierte Definition des arbeitsrechtlichen Mobbing-Begriffs.

Außerhalb der Fachöffentlichkeit weniger beachtet werden die prozessualen Aspekte der Entscheidung. Die Besonderheit besteht nämlich darin, dass die Entscheidung im einstweiligen Verfügungsverfahren erging. Das Gericht musste deshalb abwägen, ob für die vom Marktbereichsleiter begehrte Unterlassungsverfügung ein **Verfügungsgrund** vorlag. Der Antrag auf Erlass einer einstweiligen Verfügung ist nämlich nur dann begründet, wenn der Antragsteller glaubhaft machen kann, dass er einen Anspruch auf die begehrte Handlung und Unterlassung hat **und** dass ihm nicht zugemutet werden kann, die Entscheidung in der Hauptsache abzuwarten. Dieses zusätzliche Erfordernis erklärt sich aus dem summarischen Charakter des einstweiligen Verfügungsverfahrens. Der Unterschied zum Hauptverfahren zeigt sich darin, dass im einstweiligen Verfügungsverfahren der Verfügungsgrund und der Verfügungsanspruch dem Gericht nur **glaubhaft** gemacht werden müssen, während im Hauptsacheverfahren der **Beweis** der anspruchsbegründenden Tatsachen erforderlich ist. Im konkreten Fall war also zu entscheiden, ob dem Mitarbeiter der Sparkasse zugemutet werden konnte, bis zur Klärung in der Hauptsache auf dem ihm zugewiesenen unterwertigen Arbeitsplatz zu arbeiten oder z. B. ein Zurückbehaltungsrecht geltend zu machen und dabei zu riskieren, eine fristlose Kündigung wegen Arbeitsverweigerung zu erhalten. Das Landesarbeitsgericht Thüringen hat hierzu ausgeführt, der für eine auf Erfüllung (Vornahme einer Handlung oder eine Unterlassung) gerichteten einstweiligen Verfügung erforderliche Verfügungsgrund liege vor, wenn die Ablehnung der beantragten einstweiligen Verfügung auf eine Rechtsschutzverweigerung hinauslaufen würde. Das aus dem summarischen Charakter des einstweiligen Verfügungsverfahrens resultierende Fehlentscheidungsrisiko müsse die Partei tragen, deren Erfolgsaussichten im Hauptverfahren anzuzweifeln sind. Im Streitfall bestand für das LAG nach den getroffenen Feststellungen nicht der geringste Zweifel, dass auch im Haupt-

Einstweiliges Verfügungsverfahren und seine Besonderheiten

Risiko des summarischen = vorläufigen Verfahrens

verfahren über die Berechtigung zur Versetzung auf den niedriger bewerteten Arbeitsplatz keine andere Entscheidung in Betracht gekommen wäre.

Die Eilbedürftigkeit und damit der Verfügungsgrund scheitere auch nicht daran, dass der Marktbereichsleiter zunächst monatelang die sein Persönlichkeitsrecht verletzenden Maßregelungen der Beklagten hingenommen hatte. Werde das allgemeine Persönlichkeitsrecht durch fortgesetzt andauernde Handlungen verletzt, sei für die Beurteilung der Eilbedürftigkeit auf den Zeitpunkt der letzten, unmittelbar vor dem Antrag auf Gewährung vorläufigen Rechtschutz liegenden Verletzungshandlung abzustellen. Wenn sich der Betroffene in einer sein Eilbedürfnis klarstellenden Rechtzeitigkeit gegen diese mit einem Antrag auf Erlass einer einstweiligen Verfügung gewehrt habe, dann könne er zur Begründung seines Antrags auch die weiter zurückliegenden Handlungen mit einbeziehen. Voraussetzung dafür sei, dass die mit dem Antrag auf Erlass einer einstweiligen Verfügung konkret angegriffenen Entscheidung im Fortsetzungszusammenhang mit den anderen Persönlichkeitsverletzungen stehe.

Im konkreten Fall lag zwischen der Anordnung der Versetzung und der Einreichung des Antrags auf Erlass einer einstweiligen Verfügung beim Arbeitsgericht nach Abzug der Postlaufzeiten ein Zeitraum von einer Woche. Darin lag nach Auffassung des Gerichts unter Berücksichtigung einer angemessenen Überlegungsfrist und der erforderlichen anwaltlichen Beratung kein Verhalten des Marktbereichsleiters, das der Annahme der Eilbedürftigkeit entgegenstehen würde.

Griffige Definition von „Mobbing" im Arbeitsrecht Die Entscheidung ist, abgesehen von ihrer bewusstseinsbildenden Wirkung, deshalb von Bedeutung, weil sie eine griffige Definition des arbeitsrechtlichen Mobbing-Begriffs aufgestellt hat (s. oben Abschnitt 8.1). Daneben bietet die Entscheidung einen wichtigen Präzedenzfall für die Zulässigkeit einstweiliger Verfügungen zur Abwehr von Mobbinghandlungen. Weil die nicht vertragsgemäße Beschäftigung jedenfalls dann, wenn sie sich als Bestandteil von Mobbing darstellt, von dem LAG Thüringen zugleich als Verletzung des allgemeinen Persönlichkeitsrechts verstanden wird, können sich über den Unterlassungsanspruch hinaus aus einer solchen Beschäftigung Entschädigungsansprüche ergeben (vgl. dazu unten ausführlich Abschnitt 9.4.3). Dieser Entschädigungsanspruch wegen der Verletzung des allgemeinen Persönlichkeitsrechts setzt nicht voraus, dass das Mobbingopfer auch Gesundheitsschäden erlitten hat. Sind solche eingetreten, kommen auch Schmerzensgeldansprüche in Betracht (vgl. dazu ausführlich unten Abschnitt 9.4).

8.6.5 Schmerzensgeld wegen Mobbing

8.6.5.1 LAG Baden-Württemberg

Die Entscheidung (Urteil vom 5. 3. 2001, Az.: 15 Sa 160/00 = AP Nr. 2 zu § 611 BGB Mobbing) betrifft die Frage, ob und unter welchen Voraussetzungen ein Arbeitnehmer einen Schmerzensgeldanspruch wegen behaupteten Mobbing geltend machen kann.

Der zugrunde liegende Sachverhalt hatte sich in dem Bereich der ambulanten Pflege einer Seniorenresidenz abgespielt. Der zuständige Pflegedienstleiter litt unter Alkoholproblemen. Zwischen der Geschäftsführung und der stellvertretenden Pflegedienstleiterin kam es deshalb zu Gesprächen darüber, ob sie den Pflegedienstleiter ersetzen könne. Dazu kam es aber nicht. Die Stellvertreterin kündigte schließlich das Arbeitsverhältnis ordentlich und legte im Laufe des Rechtsstreits das Attest einer Fachärztin für Allgemeinmedizin vor, dass sie aufgrund massiven Mobbing erkrankt sei. Ein weiterer Arzt stellte ihr ein Attest aus, in dem es hieß, als Ursache für die ausgeprägten körperlichen und psychischen Gesundheitsstörungen mit Dysthymie, Schlafstörungen, Essstörungen und Grübelzwängen werde von der Patientin eine Mobbingsituation am alten Arbeitsplatz angegeben.

Der Fall der stellvertretenden Pflegedienstleiterin

Die stellvertretende Pflegedienstleiterin verlangte von der Arbeitgeberin Schmerzensgeld. Als Reaktion auf ihre Kontakte mit der Geschäftsleitung habe der Pflegedienstleiter sie geschnitten. Bei der 14-tägigen Urlaubsabwesenheit des Pflegedienstleiters sei es nicht zu einer Übergabe des Aufgabengebietes gekommen. Die Arbeitsbedingungen seien immer unerträglicher geworden. Sie habe von dem Pflegedienstleiter erfahren, dass die Arbeitgeberin das Arbeitsverhältnis zu ihr wegen eines Beschwerdebriefes von ihr fristlos lösen wolle. An zwei Tagen seien Mitarbeiter der Geschäftsleitung der Arbeitgeberin am Beschäftigungsort erschienen, ohne mit ihr ein persönliches Gespräch zu führen.

Alte Rechtslage –
heute anders

Die Klage war erfolglos. Das Gericht verneinte den Schmerzensgeldanspruch wegen einer **Verletzung der Fürsorgepflicht** bereits deshalb, weil Fürsorgepflichten vertragliche Pflichten sind, deren Verletzung nach damaliger Rechtslage keinen Schmerzensgeldanspruch auslösen konnten.

Atteste müssen
aussagekräftig
sein

Das LAG führt weiter aus, aus dem Vortrag der stellvertretenden Pflegedienstleiterin ergebe sich nicht einmal andeutungsweise, dass ihr durch den Pflegedienstleiter adäquat-kausal ein körperlicher Schaden oder eine schwere Persönlichkeitsverletzung zugefügt worden sei. An dem Attest, in dem die Erkrankung wegen Mobbing bestätigt wurde, bemängelte das Gericht, dass sich nicht ergebe, auf welcher Grundlage die Diagnose erstellt worden sei. Auch aus dem zweiten Attest ergebe sich nicht die Feststellung einer **Ursächlichkeit** zwischen den Krankheitssymptomen und den von der Stellvertreterin geschilderten Arbeitsbedingungen.

Ein Schmerzensgeldanspruch nach dem **damaligen § 847 BGB** komme nur in Betracht, wenn der Arbeitgeber eine unerlaubte Handlung begangen habe, die den Körper, die Gesundheit oder das Persönlichkeitsrecht des Arbeitnehmers verletzt habe. Das Verhalten eines Vorgesetzten des Arbeitnehmers müsse sich der Arbeitgeber nach § 831 BGB nur dann zurechnen lassen, wenn er diesen unsorgfältig ausgewählt oder beaufsichtigt habe. Im Ergebnis verneinte das Landesarbeitsgericht aber den auf § 847 BGB a. F. gestützten Schmerzensgeldanspruch, weil die stellvertretende Pflegedienstleiterin die Voraussetzungen dieses Anspruchs nicht konkret genug vorgetragen habe. Ihr Vortrag habe sich in pauschalen Behauptungen bzw. den Vorwurf, der Pflegedienstleiter habe die ihm obliegende vertraglichen Pflichten nicht ordnungsgemäß erfüllt, erschöpft. Wenn sich die Stellvertreterin in zunehmendem Maße ignoriert oder übergangen gefühlt habe und sie sich durch die durch verschiedene Vorfälle eingetretene Gefährdung der Bewohner als verantwortungsbewusste Pflegerin in besonderem Maße belastet gefühlt habe, so folge daraus jedoch nicht, dass sich irgendwelche Handlungen gegen sie gerichtet hätten. Es reiche nicht aus, dass bei der Zusammenarbeit zwischen Arbeitnehmern auftretende Arbeitspflichtverletzungen als Mobbing empfunden werden.

Die Entscheidung ist wegen der zum 1. 8. 2002 in Kraft getretenen Änderungen des Schadensersatzrechtes in ihrer Begründung teilweise überholt. Die Verletzung von Fürsorgepflichten kann jetzt auch Schmerzensgeldansprüche auslösen (vgl. dazu ausführlich unten Abschnitt 9.5). Davon abgesehen ist die Entscheidung weiterhin von Bedeutung, weil sie Mobbing als gegen die Person gerichteten Angriff definiert. Zugleich stellt das LAG Baden-Württemberg in der Entscheidung klar, dass die Belastung durch **Missstände am Arbeitsplatz** kein Mobbing ist. Dies gilt auch wenn die Missstände auf Pflichtverletzungen von Arbeitskollegen beruhen, solange diese Pflichtverletzungen nicht zielgerichtet gegenüber der eigenen Person erfolgen. Außerdem zeigt die Entscheidung die Schwierigkeiten auf, die sich bei der notwendigen Beweisführung ergeben, dass Gesundheitsbeschwerden ursächlich auf Probleme am Arbeitsplatz zurückzuführen sind.

Jetzt neue Rechtslage gegeben

8.6.5.2 LAG Mainz

Die Besonderheit des von dem Landesarbeitsgericht Mainz (Urteil vom 16. 8. 2001, Az.: 6 Sa 415/01 = ZIP 2001, 2298) entschiedenen Rechtsstreits bestand darin, dass der klagende Arbeitnehmer A seinen Vorgesetzten B persönlich auf Zahlung von Schmerzensgeld in Anspruch nahm.

Persönliche Inanspruchnahme des Vorgesetzten

Hintergrund des Rechtsstreits bildete die Fusion von zwei Genossenschaftsbanken. Der A war bis zur Fusion Vorstandsmitglied einer der beiden beteiligten Banken. Im Verschmelzungsvertrag war u. a. geregelt, dass er als bisheriger Vorstand der Bank mit Wirkung der Fusion in der Stellung eines Prokuristen unter Beibehaltung der bestehenden Dienst- und Arbeitsbedingungen übernommen werde. Bis zur Fusion verfügte er über ein eigenes Büro mit Vorzimmer und Sekretärin sowie einen Dienstwagen. Außerdem verpflichtete sich die übernehmende Bank in dem Verschmelzungsvertrag, an allen bisherigen Orten das Bank- und Warengeschäft der übertragenden Bank aufrecht zu erhalten, wobei A neben einem weiteren früheren Mitglied des Vorstands die Funktion eines Teilmarktleiters mit der Zu-

ständigkeit der Leitung von vier Bankzweigniederlassungen erhalten hat. Der B war Mitglied des Vorstandes der übernehmen-
den Bank und unmittelbarer Vorgesetzter des A.

Eine Fusion und ihre Folgen

Zweieinhalb Jahre nach der Fusion begann das Vorstandsmitglied B mit der schrittweisen Demontage der Position des Ex-
Vorstandes A. Diese zogen innerhalb von drei Jahren jeweils
durch zwei Instanzen geführte Arbeitsrechtsstreitigkeiten nach
sich, mit denen eine von dem Vorstandsmitglied B der Bank
ausgesprochene außerordentliche Änderungskündigung, eine
Versetzung und eine Anweisung, Mitarbeiterschulungen durchzuführen und einen Zeitnachweis mit Zeiteinträgen in Abstän-
den von maximal einer halben Stunde zuzuführen, als unwirksam verworfen wurden. Mehrere Monate lang wurde dem Ex-
Vorstand A überhaupt keine Arbeit zugewiesen. Knapp acht
Jahre nach der Fusion gipfelte die Auseinandersetzung in einem
Vermerk des Vorstandsmitglieds B an den A, in dem Intensivge-
spräche zur Wissensbestandsaufnahme angeordnet wurden, da er
befürchte, dass der Ex-Vorstand A nun endgültig den Anschluss
an die schnelllebigen Entwicklungen im Bankenbereich verloren habe. Gut sechs Wochen später erhielt der Ex-Vorstand A
von dem Vorstandsmitglied B einen Brief, in dem ihm jegliche
Qualifikation für seine Position abgesprochen und vorgeworfen
wurde, dass er restlos überfordert sei. Aufgrund seiner bisherigen Haltung müsse die Bank vier Mitarbeiter/innen aus Kosten-
gründen zusätzlich abbauen. Dies habe er zu vertreten und dies
sei auch so festzuhalten. Nach Erhalt dieses Schreibens attes-

Attest mit psycho-somatischen Erkrankungen

tierte ein Facharzt für Allgemeinmedizin dem Ex-Vorstand, seit
aufgetretener Disharmonie am Arbeitsplatz hätten bestehende
Krankheiten im Sinne psychosomatischer Belastungssituationen
schon des öfteren zu Störungen der Durchblutung an Herz und
Gehirn geführt, so dass vor weiteren Ausdehnungen der negativen Einflüsse an seinem Arbeitsplatz aus ärztlicher Sicht drin-
gend gewarnt werden müsse, da aus solchen Situationen erfah-
rungsgemäß eine Verschlechterung der gesundheitlichen
Situation resultiere, nicht selten mit katastrophalem bis zu töd-
lichem Ausgang.

Schmerzensgeld zugesprochen

Das Arbeitsgericht hatte das Vorstandsmitglied B zur Zahlung
eines Schmerzensgeldes in Höhe von 51 900,00 DM verurteilt.
Das LAG Mainz bestätigte den Anspruch des Ex-Vorstands A

auf Zahlung eines Schmerzensgeldes, reduzierte aber den zu zahlenden Betrag auf 15 000,00 DM.

In der Begründung knüpft das LAG Mainz ausdrücklich an die Entscheidung des LAG Thüringen vom 15. 02. 2001 (oben Abschnitt 8.6.4) an. Zur Bewertung der Schwere der Angriffe des Vorstandsmitglieds B auf das ehemalige Vorstandsmitglied müsse von der beruflichen Position ausgegangen werden, die der Ex-Vorstand in langen Jahren erworben habe. Das Verhalten des Vorstandsmitglieds B stelle fortgesetzte Ehrverletzungen dar. Diese hätten ein derartiges Gewicht, dass ein Schmerzensgeld zu zahlen sei, weil keine andere Art und Weise einen befriedigenden Ausgleich herbeiführen könne. Diese Bewertung stützt das LAG Mainz nicht allein auf den Inhalt der an den Ex-Vorstand ergangenen Anweisungen, sondern auch auf deren Form.

Das ehemalige Vorstandsmitglied könne sich wegen der Verletzung seiner Persönlichkeitsrechte auch an das Vorstandsmitglied B persönlich halten. Das Vorstandsmitglied B hatte versucht, manche Vorfälle auf Aufsichtsrats- oder Vorstandsbeschlüsse zurückzuführen und damit sein Verschulden und seine Verantwortlichkeit in Abrede zu stellen. Dazu führt das LAG Mainz aus, dass das Vorstandsmitglied B als ausführendes Organ der Genossenschaft bei Vertragsverletzung der vorliegenden Art mit dem Arbeitgeber als Gesamtschuldner hafte und der Ex-Vorstand deshalb auch das Vorstandsmitglied B persönlich in Anspruch nehmen könne. Das Gericht begründete den Schmerzensgeldanspruch also nicht mit der Verletzung der Gesundheit des ehemaligen Vorstandsmitgliedes, sondern mit der Verletzung seines allgemeinen Persönlichkeitsrechts. Dies ist juristisch problematisch, weil der Zahlungsanspruch wegen Verletzung des allgemeinen Persönlichkeitsrechts zwar auch einen Ausgleich für einen immateriellen Schaden darstellt, aber vom Schmerzensgeldanspruch nach § 847 BGB a. F. bzw. § 253 Abs. 2 BGB n. F. zu unterscheiden ist (dazu unten Abschnitt 9.5.3). Diese Unterscheidung kann Auswirkungen auf die Bemessung der Höhe des Zahlungsanspruches haben und ist deshalb von praktischer Bedeutung.

Statt Gesundheit allgemeines Persönlichkeitsrecht verletzt

Das Landesarbeitsgericht Mainz begründete die Herabsetzung des vom erstinstanzlichen Gericht festgesetzten Schmerzensgeldes damit, dass das recht hohe Monatseinkommen des Ex-Vor-

Geldzahlung als Wiedergutmachungsversuch

standes nicht die geeignete Bemessungsgrundlage für die Höhe
des Schmerzensgeldes sein könne, weil dies auf eine Diskriminierung der Mitarbeiter hinauslaufen könne, die weniger verdienen. Im Zusammenhang mit der Verletzung des allgemeinen
Persönlichkeitsrechts durch Mobbing sei die Funktion des Geldes symbolisch und stelle einen Wiedergutmachungsversuch
dar. Dabei dürfe nicht verkannt werden, dass § 847 BGB eine
schadensrechtliche Norm sei. Das Gericht habe deshalb bei der
Bemessung des Schmerzensgeldes auf die Intensität der Schmer-
zen im geistigen Bereich, das Maß der Schuld, den Anlass und
die Begleitumstände der Verletzungshandlung und dabei berücksichtigt, dass die Verletzungshandlungen über Jahre hinweg
dauerten bzw. nachwirkten, eine breitere Öffentlichkeit davon
Kenntnis erhalten habe und zuletzt eindeutig eine Verschärfung
des Vorgehens des Vorstandsmitgliedes B gegen den Ex-Vorstand zu erkennen gewesen sei. Anspruchsmindernd wertete das
Gericht, dass die von dem ehemaligen Vorstandsmitglied in der
Vergangenheit bereits gewonnenen Prozesse bereits eine ge-
wisse Genugtuungsfunktion für ihn mit sich gebracht hätten.

Höhe der Geld-
zahlung über-
zeugt nicht

Die Bedeutung der Entscheidung besteht vor allen Dingen darin, dass erstmals die juristisch an sich nicht sonderlich proble-
matische persönliche Verantwortung des Mobbingtäters gegenüber dem Mobbingopfer gerichtlich bestätigt wurde. Mit der
Anknüpfung an die Entscheidung des LAG Thüringen festigt
das Urteil die Rechtsprechung, dass Mobbing eine Verletzung
des allgemeinen Persönlichkeitsrechts des Mobbingopfers darstellen kann. Dies ist deshalb von großer praktischer Bedeutung,
weil dann nicht mehr der Nachweis erforderlich ist, dass Gesundheitsschäden auf das Mobbing zurückzuführen sind, um zu
Zahlungsansprüchen wegen immaterieller Schäden zu gelangen. Die Ausführungen des Gerichts zur Höhe des Zahlungs-
anspruchs überzeugen dagegen nicht (vgl. dazu unten Abschnitt 9.4.2), werden aber möglicherweise ebenfalls die
weitere Rechtsprechung beeinflussen.

8.6.6 Mobbing keine Anspruchsgrundlage – LAG Schleswig-Holstein

Das Landesarbeitsgericht (Urteil vom 19. 3. 2002, Az.: 3 Sa 1/
02 = NZA-RR 2002, 457) hat die bisherige Rechtsprechung
der anderen Landesarbeitsgerichte bestätigt, dass der Begriff des
Mobbing für sich gesehen keine Anspruchsgrundlage darstelle.
Im Anschluss an die Entscheidung des LAG Mainz (vgl. oben
Abschnitt 8.6.5.1) versteht das LAG Schleswig-Holstein Mobbing als Beschreibung einer konfliktbelasteten Kommunikation
am Arbeitsplatz, bei der die angegriffene Person unterlegen ist
und von einer oder einigen Personen systematisch, oft und während einer längeren Zeit mit dem Ziel oder dem Effekt des Aus-
stoßens aus dem Arbeitsverhältnis direkt oder indirekt angegrif-
fen wird und dies als Diskriminierung empfindet. Für Mobbing
sei deshalb einerseits erforderlich, dass sich das Verhalten gegen
eine oder mehrere bestimmte Personen richte und andererseits,
dass das Verhalten systematisch erfolge. Dies bedeute, dass sich
aus einer Kette von Vorfällen ein System erkennen lassen müsse.

Konfliktbelastete Kommunikation am Arbeitsplatz

System erforderlich

Im konkreten Fall blieb die Klage einer Altenpflegerin, die von
ihrer vorgesetzten Stationsschwester ein Schmerzensgeld verlangte, erfolglos.

Die Altenpflegerin hatte unter anderem behauptet, sie sei aufgrund des Verhaltens der beklagten Stationsschwester physisch
und seelisch erkrankt. Der erforderliche **Beweis für die Ursächlichkeit** des Verhaltens der Stationsschwester für die gesundheitlichen Beschwerden war der Altenpflegerin jedoch
nicht gelungen. Damit schied ein Schmerzensgeldanspruch in
direkter Anwendung des § 847 BGB aus. Das Gericht hat sich
dann mit einzelnen von der Altenpflegerin behaupteten Vorfällen befasst und ist dabei zu dem zutreffenden Ergebnis gelangt,
dass sich diese Ereignisse selbst dann, wenn sie bewiesen worden
wären, nicht als Mobbing qualifizieren ließen. Zusammenfas-
send stellt das LAG in dem Urteil fest, dass sich das Arbeitsverhältnis aus Sicht der Altenpflegerin zwar als unerträglich dargestellt habe, dass aber nicht erkennbar sei, ob dieser Eindruck der
Altenpflegerin auf einem Verhalten der beklagten Stationsschwester beruhe, auf das Verhalten anderer Personen oder auf
in der Person der Altenpflegerin selbst liegende Ursachen zurückzuführen sei.

Ursache und Schuld nicht erkennbar

Die Entscheidung enthält keine wirklich neuen Gesichtspunkte. Sie ist in erster Linie ein Beispiel dafür, dass das Schlagwort „Mobbing" nicht geeignet ist, eine persönlich schwierige Situation am Arbeitsplatz in Zahlungsansprüche gegen vermeintliche Mobber umzumünzen.

8.6.7 Beamtenmobbing – Bundesgerichtshof

Der Bundesgerichtshof hatte über die Haftung eines mobbenden Beamten zu entscheiden (Beschluss vom 1. 8. 2002, Az.: III ZR 277/01 = NZA 2002, 1214). Geklagt hatte der Vater einer Polizeibeamtin, die Selbstmord begangen hatte. In einem Abschiedsbrief hatte sie geäußert, sie habe keine Lust mehr, sich von der Schichtmannschaft quälen zu lassen, der sie zugeteilt war. Die Klage richtete sich gegen den Dienstgruppenleiter der verstorbenen Polizistin.

Ständige Schikane einer Frau gegenüber

Der Vater hatte in dem Prozess geltend gemacht, der Dienstgruppenleiter habe seine Tochter fortlaufend schikaniert, ihre dienstlichen Leistungen herabgewürdigt und sie in obszöner Weise ständig beleidigt. Der von ihm ausgeübte Psychoterror sei Ausdruck seiner Grundhaltung gewesen, Frauen seien untergeordnete Personen. Der Dienstgruppenleiter habe seinen geradezu triebhaften Zwang, Frauen zu erniedrigen und zu demütigen, aus rein persönlichen Motiven im Dienst ausgelebt.

Keine persönliche Haftung des Beamten

Der Bundesgerichtshof hatte sich nicht mit der Frage zu befassen, ob die Vorwürfe gegen den Dienstgruppenleiter zutrafen. Das Landgericht und das Oberlandesgericht hatten die Klage des Vaters abgewiesen, weil das von dem Vater geschilderte angebliche Verhalten des Dienstgruppenleiters eine **Amtspflichtverletzung** darstellen würde, für die dem Geschädigten nur der Staat selbst und nicht der Dienstgruppenleiter persönlich haften würde. Diese Rechtsauffassung der Vorinstanzen ist von dem Bundesgerichtshof bestätigt und die Revision nicht zur Entscheidung angenommen worden. Der Vater, dem es anscheinend darum gegangen war, den Dienstgruppenleiter persönlich in Anspruch zu nehmen, scheiterte mit diesem Vorhaben aufgrund der Besonderheiten der Amtshaftung somit in allen Instanzen.

Der Bundesgerichtshof hat zur Begründung auf das öffentlichrechtliche Dienst- und Treueverhältnis verwiesen, in dem der

Beamte zu seinem Dienstherrn steht. Dabei stehe der umfassenden Dienstleistungs- und Treuepflicht des Beamten (§ 36 BRRG) die ebenso umfassende Fürsorge- und Treuepflicht des Dienstherrn gegenüber. Das rechtlich geschuldete Verhalten des Vorgesetzten zu seinem Untergebenen werde durch die in § 35 Abs. 1 Satz 2, § 36 Satz 3 BRRG enthaltenen Pflichten gekennzeichnet. Im Umgang mit den Untergebenen ist der Vorgesetzte danach zu einem korrekten, achtungs- und vertrauenswürdigen Auftreten verpflichtet, wobei er sich insbesondere eines angemessen Umgangstons zu befleißigen habe. Angesichts dieses beamtenrechtlichen Normengefüges werde ein Vorgesetzter, der im Rahmen der gemeinsamen Dienstausübung einen Untergebenen respektlos behandele, regelmäßig hoheitlich tätig. Der Umstand, dass für die von dem Vater der Polizistin vorgetragenen fortgesetzten anstößigen Beleidigungen ein konkreter dienstlicher Anlass nicht immer erkennbar war, diese Äußerungen vielmehr in nachvollziehbarer Weise aus einer frauenfeindlichen Grundhaltung des Dienstgruppenleiters zu erklären waren, rechtfertigte nach der Entscheidung des Bundesgerichtshof keine andere Beurteilung der Rechtslage.

Nach dem für die Revision als richtig zu unterstellenden Vortrag des Vaters der Polizistin sei der Sachverhalt dadurch gekennzeichnet, dass ein Vorgesetzter seine hervorgehobene Amtsstellung in einer im Einzelfall mehr oder weniger auf einen konkreten dienstlichen Anlass bezogenen Art und Weise dazu missbraucht habe, einen Untergebenen systematisch und fortgesetzt zu beleidigen, zu schikanieren und zu diskriminieren. Ein solches Verhalten definiert der Bundesgerichtshof als Mobbing. Diese Verhaltensweise erfordere eine einheitliche Beurteilung, die dann, wenn das Mobbing im Rahmen bestehender Beamtenverhältnisse stattfinde, zur Anwendung von Amtshaftungsrecht führe. Dies hatte zur Folge, dass der Vater allein das Land als Dienstherr des Dienstgruppenleiters hätte in Anspruch nehmen können.

Mobbing als systematisches und fortgesetztes Beleidigen, Schikanieren und Diskriminieren

Nach Auffassung des Bundesgerichtshofes ist diese Haftungsfolge auch sachgerecht, weil sie zu klaren und eindeutigen Ergebnissen führe, die für den Geschädigten mehr Vor- als Nachteile mit sich brächten. Dem geschädigten Beamten stehe insbesondere ein leistungsfähiger Schuldner gegenüber.

Kein „fahrlässiges"
Mobbing denkbar

Zu den Besonderheiten des Amtshaftungsrechts gehört die Subsidiarität der Amtshaftung bei fahrlässigen Pflichtverletzungen. Gemäß Art. 34 Satz 1 GG in Verbindung mit § 839 Abs. 1 Satz 2 BGB kann der Staat bei fahrlässigen Pflichtverletzungen nur dann in Anspruch genommen werden, wenn der Verletzte nicht auf andere Weise Ersatz zu erlangen vermag. Hierzu führt der Bundesgerichtshof aus, dass die Subsidiaritätsklausel im Allgemeinen schon deshalb nicht eingreife, weil ein „fahrlässiges Mobbing" kaum denkbar sei.

Stillschweigende
Billigung von Be
amten-Kollegen?

Eine weitere Besonderheit der Amtshaftung besteht darin, dass der Ersatzpflicht des Staates nicht eintritt, wenn der Verletzte vorsätzlich oder fahrlässig unterlassen hat, den Schaden durch Gebrauch eines Rechtsmittels abzuwenden (§ 839 Abs. 3 BGB). Hierzu stellt der Bundesgerichtshof fest, dass auch diese Klausel in gravierenden Fällen kaum zu einem Anspruchsverlust führen werde, wenn die Mobbinghandlung des Vorgesetzten mit stillschweigender Billigung von Kollegen erfolgt sind. In einer derartigen Situation müsste das Mobbingopfer befürchten, durch Einlegung einer Beschwerde keine baldige Besserung seiner Situation zu erreichen, sondern im Gegenteil eine deutliche Verschlechterung eintreten werde. Die größte praktische Bedeutung des Beschlusses des Bundesgerichtshofs für zukünftige Klagen gemobbter Beamtinnen und Beamten könnte in diesen

Keine Pflicht zur
Beschwerde
einlegung!

Ausführungen des Bundesgerichtshofs zum Nichteingreifen der Subsidiaritätsklausel und zum Nichtbestehen der Verpflichtung zur Einlegung einer Beschwerde bestehen.

Eine unbillige Entlastung des mobbenden Beamten ist mit dem Verweis auf die ausschließliche direkte Inanspruchnahme des Dienstherrn nach Auffassung des Bundesgerichtshofes nicht verbunden, da in eindeutigen Mobbingfällen, in denen ein Vorgesetzter seine Amtsbefugnisse vorsätzlich und schwerwiegend missbrauche, der haftende Dienstherr Regress nehmen könne.

8.6.8 Mobbing kein tätlicher Angriff –
Bundessozialgericht

Die Entscheidung des Bundessozialgerichts (Urteil vom 14. 2. 2001, Az.: B 9 VG 4/00R = AP Nr. 1 zu § 611 BGB Mobbing) betrifft einen 1992 (!) gestellten Antrag auf Beschädigtenversorgung nach dem Opferentschädigungsgesetz. Der Kläger hatte geltend gemacht, er sei als Abteilungskommandant der Freiwilligen Feuerwehr gemobbt worden und deshalb psychisch erkrankt. Im Rahmen der Auseinandersetzung mit seinem Kollegen war er auch einmal mit einem Fußtritt attakkiert worden.

Nach § 1 Abs. 1 Opferentschädigungsgesetz enthält u. a. derjenige auf Antrag Versorgungsleistungen, der infolge eines vorsätzlichen, rechtswidrigen tatsächlichen Angriffs gegen seine oder eine andere Person eine gesundheitliche Schädigung erlitten hat. Nach der Rechtsprechung des Bundessozialgerichts ist danach erforderlich ein tätlicher Angriff als eine in strafbarer Weise unmittelbar auf den Körper eines anderen abzielende Einwirkung. Das Opferentschädigungsgesetz decke dagegen nicht alle sonstigen aus dem Gesellschaftsleben folgenden Verletzungsrisiken ab. Zu den nicht unter das Opferentschädigungsgesetz fallenden Verletzungsrisiken falle auch „Mobbing", solange dabei der Rahmen des nicht strafbaren Verhaltens nicht verlassen und die Schwelle zum kriminellen Unrecht nicht überschritten werde. Soweit die Mobbinghandlungen im Einzelfall bereits strafbar seien, müssten sie unmittelbar auf die körperliche Intigrität abgezielt haben, um zu einem Anspruch nach dem Opferentschädigungsgesetz führen zu können. Offengelassen hat das Bundessozialgericht wie zu entscheiden wäre, wenn das Mobbing aus einer Kette tätlicher Angriffe, die nicht jeder für sich genommen, aber in ihrer Gesamtwirkung allgemein geeignet seien, eine psychische Krankheit hervorzurufen. Ob in einem solchen Fall Ansprüche des Mobbingopfers nach dem Opferentschädigungsgesetz entstehen, müsste also noch geklärt werden.

Das Opferentschädigungsgesetz umfasst nicht Mobbing

Die Bedeutung der Entscheidung besteht in erster Linie in der darin liegenden Grenzziehung. Der richtige Ort für die juristische Bewältigung der Mobbingproblematik ist primär das Arbeits- und Zivilrecht.

Primär Arbeitsgerichte zuständig

8.7   Rechtliche Bedeutung der Mobbingproblematik wächst

Die Anzahl der juristischen Veröffentlichungen zum Thema
Mobbing übersteigt um ein Vielfaches die Anzahl der Entscheidungen, die sich unmittelbar mit dem Problem Mobbing befassen. Gleichwohl besteht kein Anlass, das Thema Mobbing
wegen vermeintlich fehlender Praxisrelevanz der damit verbundenen juristischen Probleme gedanklich ad acta zu legen. Drei
Überlegungen sprechen dafür, das Mobbingsachverhalte zukünftig in der arbeitsgerichtlichen Praxis eine zunehmende
Rolle spielen werden:

Seit 1998 immer zahlreichere Entscheidungen

– Die veröffentlichten Entscheidungen sind in relativ dichter
Folge seit 1998 ergangen. Dies deutet darauf hin, dass die
rechtliche Relevanz von Mobbingsachverhalten zunehmend
erkannt wird. Die öffentliche Diskussion über Mobbing als
Ursache betrieblicher Störungen und gravierender Beeinträchtigung des Arbeitslebens führt dazu, dass Betroffene
tendenziell weniger bereit sind, Mobbing hinzunehmen
oder sich nur gegen einzelne Mobbinghandlungen zu wehren und statt dessen auch Schadensersatz- oder Schmerzensgeld verlangen.

„Opfer-Anwälte" forcieren die öffentliche Diskussion um Schadenersatz

– Die zunehmende Aufmerksamkeit für die rechtliche Relevanz von Mobbing steht im größeren Zusammenhang mit
der kritischen Diskussion über das deutsche Schadensersatzrecht und die bisher untergeordnete Bedeutung des Schmerzensgeldanspruchs nach deutschem Recht. Ein Symptom
dieser Entwicklung ist das Auftreten sogenannter „Opfer-
Anwälte" nach spektakulären Katastrophen, wie dem Seil-
bahnbahnunglück von Kaprun oder dem Concorde-Absturz
von Paris. Dies fördert die direkte prozessuale Thematisie-
rung von Mobbingvorwürfen, weil sich daraus Schmerzensgeldansprüche ergeben können. Der Schmerzensgeldanspruch ist zudem seit der Reform des Schadensersatzrechts
nicht mehr alleine gegen den unmittelbaren Schädiger
(Mobber) gerichtet, sondern kann jetzt unter erleichterten
Bedingungen auch gegen den Arbeitgeber geltend gemacht
werden.

Entwicklung vom
Hilfsargument zu
einem tragenden
Gesichtspunkt

– Mobbingvorwürfe haben auch bisher schon in der arbeitsgerichtlichen Praxis eine größere Rolle gespielt, als dies die Anzahl der Entscheidungen vermuten lässt, die sich direkt mit Mobbingvorwürfen auseinandersetzen. In Kündigungsschutzrechtsstreiten und Prozessen um Abmahnungen oder Versetzungen tauchte schon bisher häufig das Argument auf, die Kündigung, Abmahnung oder Versetzung sei unwirksam oder unbegründet und lediglich Bestandteil eines Mobbing. Solange daraus keine weitergehenden prozessualen Ansprüche als die Feststellung der Unwirksamkeit einer Kündigung oder Versetzung bzw. die Entfernung einer Abmahnung abgeleitet wurden, bestand regelmäßig keine Notwendigkeit, auf diesen Gesichtspunkt in den Entscheidungen ausdrücklich einzugehen. Hinzu kommt die hohe Quote von Kündigungsschutzrechtsstreitigkeiten und Prozessen um Abmahnungen oder Versetzungen, die mit einem Vergleich enden und so eine gerichtliche Entscheidung überflüssig machen. Mit zunehmendem Bewusstsein von der rechtlichen Relevanz des Mobbing wird sich der Mobbingvorwurf tendenziell vom Hilfsargument zu einem der tragenden Gründe von Klagebegehren wandeln.

Fazit für Arbeitgeber und
Vorgesetzte

Für Arbeitgeber und Personalverantwortliche bedeutet dies, dass sie damit rechnen müssen, in arbeitsgerichtlichen Auseinandersetzungen zukünftig verstärkt mit Mobbingvorwürfen und daraus abgeleiteten rechtlichen Ansprüchen konfrontiert zu werden. Mobbingopfer müssen sich darüber im Klaren sein, dass sie sich mit der Geltendmachung von Ansprüchen wegen Mobbing noch außerhalb ausgetretener juristischer Pfade bewegen und im Prozess erhebliche Überzeugungsarbeit werden leisten müssen. Zugleich besteht kein Grund, sich dadurch davon abschrecken zu lassen, Mobbing als solches prozessual zu thematisieren und daraus auch Ansprüche abzuleiten.

Das Wichtigste in Kürze

Mobbing ist juristisch relevant, weil es einzelne Ereignisse in einen größeren Sinnzusammenhang stellt und sich daraus eine neue juristische Qualität der Summe der Einzelereignisse er-

gibt. Die wichtigste praktische Konsequenz ist, dass der Nachweis von Mobbing nicht nur die Abwehr von Einzelmaßnahmen, sondern darüber hinausgehende Ansprüche, insbesondere Schmerzensgeldansprüche begründen kann. Für die Durchsetzung solcher Ansprüche sind pauschale Mobbing-Vorwürfe ungeeignet. Erforderlich ist die Darlegung und ggf. auch der Beweis der konkreten Mobbinghandlungen und ihrer Folgen.

9 Mobbing und das Verhältnis zum Arbeitgeber

Auch wenn die Mobbingsituation durch das Mobbingdreieck zwischen Mobber, Mobbingopfer und Arbeitgeber gekennzeichnet ist (vgl. dazu oben Abschnitt 8.3), kommt dem Verhältnis zwischen dem Arbeitgeber und dem gemobbten Arbeitnehmer die größte praktische Bedeutung zu. Dies liegt bereits daran, dass vertragliche Beziehungen regelmäßig nur zwischen dem Arbeitgeber und dem – tatsächlich oder vermeintlich – gemobbten Arbeitnehmer bestehen. Kündigungen, Versetzungen oder Abmahnungen als Instrumente oder mittelbare Folgen von Mobbing betreffen unmittelbar das Verhältnis zwischen Arbeitgeber und Arbeitnehmer. Der Streit um die Wirksamkeit oder Berechtigung solcher Maßnahmen muss deshalb zwischen Arbeitgeber und Arbeitnehmer ausgetragen werden. Auch für Schadensersatzansprüche einschließlich des Anspruchs auf Schmerzensgeld ist der Arbeitgeber aus Sicht des Mobbingopfers der erste Adressat.

Primär Verhältnis Arbeitgeber – Arbeitnehmer betroffen

Der Mobbingvorwurf ist bisher typischerweise nicht der formale Gegenstand einer rechtlichen Auseinandersetzung zwischen dem Arbeitgeber und dem Mobbingopfer, sondern wird im Rahmen der Auseinandersetzung über die Wirksamkeit oder Berechtigung einer konkreten Maßnahme erhoben. Die nachfolgenden Abschnitte behandeln solche typischen Konstellationen.

9.1 Der Mobbingvorwurf im Kündigungsschutzprozess

9.1.1 Die prozessuale Ausgangslage

Im Anwendungsbereich des Kündigungsschutzgesetzes ist eine arbeitgeberseitige Kündigung nur dann wirksam, wenn sie sozial gerechtfertigt ist (§ 1 Abs. 1 KSchG). Dies gilt nicht nur für

Wann sozial gerechtfertigt?

die Kündigung, die das Arbeitsverhältnis beenden soll, sondern auch für die Änderungskündigung. Voraussetzung für die Anwendung des Kündigungsschutzgesetzes ist, dass das Arbeitsverhältnis in demselben Betrieb oder Unternehmen ohne Unterbrechung länger als sechs Monate bestanden hat und der Arbeitgeber in den Geltungsbereich des Kündigungsschutzgesetzes fällt. Dazu ist erforderlich, dass er in der Regel mehr als fünf Arbeitnehmer ausschließlich der zur Berufsbildung Beschäftigten beschäftigt. Teilzeitkräfte mit einer wöchentlichen Arbeitszeit mit nicht mehr als 20 Stunden werden dabei mit 0,5, und solche mit nicht mehr als 30 Stunden mit 0,75 (§ 23 Abs. 1 KSchG) angerechnet.

Sozialauswahl

Eine Kündigung ist sozial ungerechtfertigt, wenn sie nicht durch Gründe, die in der Person oder im Verhalten des Arbeitnehmers liegen oder durch dringende betriebliche Erfordernisse bedingt ist (§ 1 Abs. 2 KSchG). Die Wirksamkeit einer betriebsbedingten Kündigung erfordert zudem eine Sozialauswahl zwischen den für eine Kündigung in Betracht kommenden Arbeitnehmern, um wirksam zu sein (§ 1 Abs. 3 KSchG).

Wer muss was beweisen?

Der Kündigungsschutzprozess ist dadurch gekennzeichnet, dass den Arbeitgeber die Darlegungs- und Beweislast für die soziale Rechtfertigung und damit die Wirksamkeit der Kündigung trifft. Dies bedeutet, dass der Arbeitgeber im Kündigungsschutzrechtsstreit einen Sachverhalt vortragen muss, der einen Kündigungsgrund darstellt (Darlegungslast). Bestreitet der Arbeitnehmer die Sachverhaltsdarstellung des Arbeitgebers, muss der Arbeitgeber seinen Vortrag beweisen (Beweislast). Gelingt ihm dies nicht, stellt das Gericht die Unwirksamkeit der Kündigung fest.

Rügt der Arbeitnehmer die Sozialauswahl, muss der Arbeitgeber auch die von ihm vorgenommene Sozialauswahl vortragen und seinen Vortrag beweisen, wenn er vom Arbeitnehmer bestritten wird.

Ist das Gericht überzeugt?

Prozessual ist ein Beweis dann erbracht, wenn das Gericht von der Richtigkeit der von einer Seite behaupteten Tatsache überzeugt ist. Da der Arbeitgeber die Beweislast für die soziale Rechtfertigung der Kündigung hat, gehen Zweifel zu seinen Lasten. Der Arbeitnehmer braucht deshalb im Kündigungsschutzprozess das Gericht nicht davon zu überzeugen, dass ein Kündigungsgrund nicht vorlag oder die soziale Auswahl nicht ordnungsgemäß vorgenommen wurde. Die Kündigungsschutzklage hat bereits dann Erfolg, wenn es dem Arbeitnehmer gelingt, den Beweis des Arbeitgebers zu erschüttern. Kann das Gericht nicht feststellen, welcher Vortrag zutreffend ist, entsteht eine sogenannte „non liquet"-Situation. Weil der Arbeitgeber beweisbelastet ist, geht dies im Kündigungsschutzprozess zu seinen Lasten.

9.1.2 Gegenangriff mit dem Mobbingvorwurf

Im Kündigungsschutzprozess kann der Mobbing-Vorwurf des klagenden Arbeitnehmers dazu dienen, den Arbeitgebervortrag zum Kündigungsgrund in Zweifel zu ziehen.

Beispiel:

Der Arbeitgeber trägt im Prozess vor, die Kündigung sei durch das Verhalten des Arbeitnehmers sozial gerechtfertigt. Der Arbeitnehmer verletze seine Pflichten aus dem Arbeitsverhältnis, weil er häufig unpünktlich sei und zu angeordneten Besprechungsterminen nicht erscheine. Dieses Verhalten habe der Arbeitnehmer trotz entsprechender Abmahnungen fortgesetzt. Der Arbeitgeber beschränkt sich im Prozess nicht auf pauschale Behauptungen, sondern trägt konkrete Einzelheiten vor.

Der Vortrag des Arbeitgebers im Beispielsfall ist grundsätzlich geeignet, eine fristgerechte Kündigung des Arbeitsverhältnisses zu rechtfertigen. Je konkreter der Arbeitgeber die tatsächlichen oder angeblichen Verstöße des Arbeitnehmers vorträgt, desto detaillierter muss der Arbeitnehmer darauf erwidern. Hier zeigt sich die eingeschränkte juristische Bedeutung des Begriffs Mobbing. Der pauschale Vortrag des Arbeitnehmers, er sei vom Arbeitgeber oder seinem Vorgesetzten gemobbt worden und die Kündigung sei lediglich Ausfluss dieses Mobbing, würde ihm im Beispielsfall nicht zum Erfolg verhelfen. Der Arbeitnehmer ist vielmehr gezwungen, konkret zu den einzelnen Vorwürfen Stellung zu nehmen und zum Beispiel vorzutragen, dass er an einem konkreten Tag nicht erst mit zehn Minuten Verspätung,

Pauschaler Vorwurf von Mobbing reicht nicht

sondern pünktlich zur Arbeit erschienen ist. Soweit ihm vorgeworfen wird, dass er Besprechungstermine nicht wahrgenommen habe, muss der Arbeitnehmer auch dazu konkret Stellung nehmen. Als Einlassung kommt in Betracht, dass er wegen einer konkurrierenden Anweisung zum gleichen Zeitpunkt eine andere Tätigkeit verrichtet oder ihn die Anweisung gar nicht erreicht hat.

Bei einem solchen gegensätzlichen Vortrag hängt der Ausgang des Kündigungsschutzprozesses davon ab, ob es dem Arbeitgeber gelingt, seine Darstellung zu beweisen. Für den Arbeitgeber gilt die prozessuale Wahrheitspflicht, für etwaige Zeugen die Verpflichtung zur wahrheitsgemäßen Aussage. Die Verletzung dieser Pflichten kann strafrechtliche Konsequenzen nach sich ziehen (Prozessbetrug, § 263 StGB; falsche uneindliche Aussage, § 153 StGB, oder Meineid, § 154 StGB.). Trotzdem ist kaum jemand so blauäugig anzunehmen, dass in Prozesses nicht selten die Unwahrheit gesagt oder die Wahrheit entstellt wird.

Konkretisierung durch Fakten erforderlich

Das Mobbingopfer, dem eine falsche Uhrzeit für die Besprechung genannt, das eine angeblich an ihn abgeschickte schriftliche Mitteilung nie erhalten oder innerhalb des Betriebes auf dem Weg zum Arbeitsplatz aufgehalten wurde, muss davon ausgehen, dass die für diese Tatsachen in Betracht kommenden Zeugen ihm feindselig gegenüberstehen und wird deshalb in deren Wahrheitsliebe kein großes Vertrauen setzen. In dieser prozessualen Situation kann der Mobbingvorwurf dazu beitragen, die Glaubwürdigkeit des Vortrags des Arbeitgebers und etwaiger Zeugenaussagen zu erschüttern. Dazu reicht es allerdings nicht, den Vorwurf des Mobbing als Schlagwort in den Prozess einzubringen. Der Arbeitnehmer muss vielmehr diesen Vorwurf durch Fakten konkretisieren. Inwieweit ihm dabei Erleichterungen zugute kommen, ist noch nicht geklärt. In der beschriebenen prozessualen Situation hat der Vortrag eines Mobbing-Sachverhalts demnach die Funktion, die Einzelereignisse in ihren größeren Sinnzusammenhang zu stellen und dadurch eine andere Bewertung des Gerichts herbeizuführen. Der Arbeitnehmer muss deshalb unter Umständen Vorfälle, die mit dem vom Arbeitgeber in den Prozess eingeführten Kündigungsgrund scheinbar gar nichts zu tun haben, in den Prozess einführen und ggf. auch beweisen.

> **Praxistipp:**
>
> Da Mobbing sich regelmäßig über einen längeren Zeitraum erstreckt, ist es dem Mobbingopfer nachträglich kaum noch möglich, die einzelnen Geschehnisse zuverlässig und mit konkreten Zeitangaben zusammen zu stellen. Es ist deshalb dringend zu empfehlen, ein **„Mobbing-Tagebuch"** zu führen. Ein Muster findet sich im Anhang (Seite 225). Beschwert sich ein Arbeitnehmer über Mobbing, sollte ihn der Personalverantwortliche ebenfalls zur Führung eines Mobbing-Tagebuchs auffordern. Es ist dann zusätzlich leichter, die Berechtigung der Beschwerde zu überprüfen und ggf. erforderliche Maßnahmen gegen den Mobber zu begründen.

Im Beispielsfall macht der Arbeitgeber im Kündigungsschutzprozess konkrete und leicht objektiv feststellbare Verstöße des Arbeitnehmers als Kündigungsgrund geltend. Davon zu unterscheiden sind Vorwürfe, die eine Wertung enthalten, wie z. B. der Vorwurf, die vom Arbeitnehmer erstellte Marketingstudie sei unbrauchbar oder der Arbeitnehmer habe eine Arbeit nicht termingerecht abgegeben. Letzteres ist für sich genommen nämlich kein Verstoß des Arbeitnehmers, wenn er sich pflichtgemäß bemüht hat.

Begründet der Arbeitgeber eine Kündigung mit konkreten objektiv feststellbaren angeblichen Pflichtverstößen des Arbeitnehmers, muss der Arbeitgeber im Kündigungsschutzprozess dazu im einzelnen Stellung nehmen. Der Vorwurf des Mobbing reicht als Erwiderung nicht aus. Die Funktion des – begründeten – Mobbingvorwurfs besteht in dieser Konstellation darin, den Beweis des Kündigungsgrundes zu vereiteln.

9.1.3 Abfindungsanspruch wegen Mobbing

Mündet das Mobbing in eine arbeitgeberseitigen Kündigung des Arbeitsverhältnisses, ist das Mobbingopfer gezwungen, eine Kündigungsschutzklage zu erheben, um seine Rechte zu wahren, wenn das Arbeitsverhältnis in den Geltungsbereich des Kündigungsschutzgesetzes fällt (vgl. dazu oben Abschnitt 9.1.1). Für die Kündigungsschutzklage gilt eine Klagefrist von drei Wochen (§ 4 KSchG). Wird die Rechtsunwirksamkeit einer sozial unge-

*Kündigungs-
schutzklage
binnen 3 Wochen*

rechtfertigten Kündigung nicht rechtzeitig geltend gemacht, so gilt die Kündigung als von Anfang an rechtswirksam (§ 7 KSchG). Diese Fiktion greift nur dann nicht ein, wenn die Kündigung aus anderen Gründen als einer mangelnden sozialen Rechtfertigung unwirksam ist. **Beispiele** für Mängel, die auch noch nach Ablauf der Dreiwochenfrist klageweise geltend gemacht werden können, sind die fehlende Anhörung des Betriebsrats vor Ausspruch der Kündigung (§ 102 BetrVG) oder die fehlende Zustimmung des Integrationsamtes zur Kündigung eines schwerbehinderten Arbeitnehmers (§ 84 SGB IX). Für die Unwirksamkeit der Kündigung, die am Ende eines Mobbing steht, sind diese Gründe aber eher untypisch. Im Mittelpunkt steht der Streit um die soziale Rechtfertigung der Kündigung.

Kein genereller Abfindungsanspruch

Trotz der hohen Zahl der Kündigungsschutzprozesse, die jährlich vor den deutschen Arbeitsgerichten angestrengt werden, besteht bei Arbeitnehmern und teilweise auch bei Arbeitgebern oft eine irrige Vorstellung über das mögliche Ergebnis eines Kündigungsschutzprozesses. Das Gericht kann nämlich grundsätzlich lediglich die **Wirksamkeit oder Unwirksamkeit der Kündigung** feststellen. Im Falle der Wirksamkeit hat das Arbeitsverhältnis mit dem Ablauf der Kündigungsfrist sein Ende gefunden, im Falle der Unwirksamkeit der Kündigung besteht das Arbeitsverhältnis fort. Grundsätzlich kann das Gericht weder im Falle der wirksamen noch im Falle der unwirksamen Kündigung entscheiden, dass der Arbeitgeber eine Abfindung zu zahlen hat. Abfindungsansprüche können sich bei wirksamer Kündigung allenfalls aus entsprechenden Sozialplanregelungen (§§ 111, 112 BetrVG) ergeben. Sie setzen regelmäßig eine wirksame betriebsbedingte Kündigung des Arbeitsverhältnisses voraus.

Freiwillige Vereinbarung der Parteien

Keine festen Sätze für die Abfindungshöhe

Die Vorstellung, dass es im Kündigungsschutzprozess um die Festlegung einer Abfindung gehe, beruht darauf, dass ein sehr hoher prozentualer Anteil an Kündigungsschutzprozessen mit einem **Abfindungsvergleich** endet. Ein solcher Vergleich kann vom Gericht nicht erzwungen werden, sondern beruht auf einer freiwilligen Vereinbarung der beiden Prozessparteien. Aus Sicht des Arbeitgebers stellt sich der Abfindungsvergleich bei unklarer Rechts- oder Beweislage als Preis für die Beseitigung der Ungewissheit dar, ob die Kündigung im Ergebnis einer gerichtlichen Kontrolle standhält. Oftmals ist sich der Arbeitgeber auch der Unwirksamkeit der Kündigung durchaus bewusst. Die Abfindung ist dann der Preis für die Auflösung des Arbeitsverhältnisses. Obwohl der Abschluss eines Abfindungsvergleichs von dem Gericht nicht erzwungen werden kann, ist insbesondere bei kleineren mittelständischen Arbeitgebern die irrige Vorstellung, zur Zahlung einer Abfindung von Rechts wegen verpflichtet zu sein, erstaunlich weit verbreitet. Dies zeigt sich auch in der immer wieder gestellten Frage, wie hoch der Abfindungsanspruch sei, den der Arbeitnehmer geltend machen könne. Für die Bemessung der Abfindung gibt es zwar Faustregeln, z. B. ein (halbes) Monatsgehalt pro Beschäftigungsjahr, diese sind aber nicht zwingend und werden, je nach Gerichtsort, prozessualer Ausgangslage und Verhandlungsgeschick, teilweise deutlich unter- und teilweise deutlich überschritten.

Das Mobbingopfer befindet sich oft in dem Dilemma, einerseits die Kündigung wegen des damit verbundenen Rechtsverlustes nicht klaglos hinnehmen zu können oder zu wollen, andererseits die Beendigung des Arbeitsverhältnisses und damit des Dauerkonfliktes am Arbeitsplatz als Erlösung zu empfinden.

Rückkehr in den Betrieb als Horrorvorstellung

> **Praxistipp:**
>
> In der Beratungspraxis zeigt sich immer wieder, dass den gekündigten Arbeitnehmer nichts so sehr erschreckt wie die Vorstellung, nach gewonnenem Prozess wieder an den Arbeitsplatz zurückkehren zu müssen. Aus Arbeitgebersicht ist es deshalb zwar nicht unriskant, taktisch aber oft sehr erfolgreich, sich nicht auf einen Vergleich einzulassen und entweder die Kündigungsschutzklage anzuerkennen oder nach verlorenem Prozess den Arbeitnehmer zur Rückkehr an den Arbeitsplatz aufzufordern. Hat der Arbeitnehmer zwischenzeitlich eine andere Stelle gefunden, kann er zwar binnen einer Woche nach Rechtskraft des Urteils durch eine Erklärung gegenüber dem alten Arbeitgeber die Fortsetzung des Arbeitsverhältnisses bei diesem verweigern (§ 12 Satz 1 KSchG), hat dann aber auch nur für die Zeit zwischen der Entlassung und dem Tage des Eintritts in das neue Arbeitsverhältnis Anspruch auf den Ersatz entgangenen Verdienstes (§ 12 Satz 3 KSchG).

Ebenso wie der klagende Arbeitnehmer häufig gar nicht an den Arbeitsplatz zurückkehren will, sondern die Kündigungsschutzklage als Instrument zur Erlangung einer Abfindung einsetzt, ist für den Arbeitgeber oft die Vorstellung, dass der Arbeitnehmer nach gewonnenem Kündigungsschutzprozess tatsächlich in den Betrieb zurückkehren könnte, die größte Bedrohung.

Ausweg im Gesetz Für den gemobbten Arbeitnehmer enthält das Kündigungsschutzgesetz in den §§ 9 und 10 einen Ausweg aus dem beschriebenen Dilemma. Diese Vorschriften ermöglichen es ihm, die Feststellung der Unwirksamkeit der Kündigung mit der Beendigung des Arbeitsverhältnisses gegen Zahlung einer Abfindung zu kombinieren. Stellt das Gericht nämlich fest, dass die Kündigung unwirksam war und das Arbeitsverhältnis dadurch nicht aufgelöst ist, dem Arbeitnehmer aber die Fortsetzung des Arbeitsverhältnisses nicht zuzumuten ist, so hat es auf Antrag des Arbeitnehmers das Arbeitsverhältnis aufzulösen und den Arbeitgeber zur Zahlung einer angemessenen Abfindung zu verurteilen (§ 9 Abs. 1 Satz 1 KSchG). Der sogenannte **Auflösungsantrag** kann bis zum Schluss der letzten mündlichen Verhandlung in der Berufungsinstanz vor dem Landesarbeitsgericht gestellt werden (§ 9 Abs. 1 Satz 3 KSchG). Das Gericht hat für die Auflösung des Arbeitsverhältnisses dann den Zeitpunkt festzusetzen, an dem es bei sozial gerechtfertigter Kündigung geendet hätte (§ 9 Abs. 2 KSchG). Dies ist regelmäßig der Ablauf der Kündigungsfrist bei ordentlicher Kündigung des Arbeitsverhältnisses.

Der Auflösungsantrag des Arbeitnehmers ist auch nach einer unwirksamen außerordentlichen Kündigung (§ 13 Abs. 1 KSchG) oder einer sittenwidrigen und deshalb unwirksamen Kündigung (§ 13 Abs. 2 KSchG) möglich.

Bei einseitigem Auflösungsantrag durch den Arbeitnehmer muss dieser den **Auflösungsgrund** darlegen und beweisen.

Die Rechtsprechung zum Auflösungsantrag des Arbeitnehmers gemäß § 9 KSchG ist nicht sehr ergiebig und stark einzelfallbezogen. Allgemein lässt sich sagen: Der Grund für die Auflösung des Arbeitsverhältnisses auf Antrag des Arbeitnehmers muss nicht so schwer wiegen, dass er auch eine fristlose Kündigung des Arbeitsverhältnisses durch den Arbeitnehmer rechtfertigen würde (BAG, Urteil v. 26. 11. 1981, Az.: 2 AZR 509/79 = AP Nr. 8 zu § 9 KSchG 1969).

Richtigerweise wird man erlittenes Mobbing als Auflösungsgrund anerkennen müssen. Die Beeinträchtigung des Mobbingopfers ist regelmäßig so schwerwiegend, dass es ihm nicht gegen seinen Willen zuzumuten ist, auszuprobieren, ob das Mobbing nach der Rückkehr in den Betrieb fortgesetzt wird oder nicht. Zu entscheiden bleibt dabei die Frage, ob ein Auflösungsgrund dann nicht besteht, wenn die Mobbingsituation zwischenzeitlich beseitigt worden ist, z. B. durch Entlassung oder Versetzung des mobbenden Vorgesetzten. Diese Möglichkeit wird man dem Arbeitgeber offen halten müssen. Es spricht viel dafür, die Darlegungs- und Beweislast so zu verteilen, dass der Arbeitnehmer das geschehene Mobbing als Auflösungsgrund darlegen und notfalls beweisen muss, während die Darlegungs- und Beweislast für die nachträgliche Beseitigung der Mobbingsituation den Arbeitgeber trifft.

Erlittenes Mobbing als Auflösungsgrund

Das Gesetz regelt lediglich die **Obergrenze** für die vom Gericht festzusetzende Abfindung. Die allgemeine Obergrenze liegt bei 12 Monatsverdiensten (§ 10 Abs. 1 KSchG). Sie erhöht sich auf 15 Monatsverdienste, wenn der Arbeitnehmer das 50. Lebensjahr vollendet und das Arbeitsverhältnis mindestens 15 Jahre bestanden hat. Hat der Arbeitnehmer bereits das 55. Lebensjahr vollendet und hat das Arbeitsverhältnis mindestens 20 Jahre bestanden, so beträgt die Obergrenze 18 Monatsverdienste. Die Erhöhungen gelten nicht, wenn der Arbeitnehmer im Auflösungszeitpunkt bereits die Regelaltersgrenze (zurzeit 65 Jahre) erreicht hat.

Dauer des Arbeitsverhältnisses und Alter entscheidend

Die Höhe der Abfindung ist unter Beachtung der gesetzlichen Höchstgrenzen von dem Gericht nach pflichtgemäßem Ermessen festzusetzen. Dabei sind die Umstände des Einzelfalles umfassend zu berücksichtigen. Für den Arbeitnehmer ergibt sich daraus das Dilemma, dass er zwar den Höchstbetrag, nicht aber den zu erwartenden **Mindestbetrag** im Vorhinein bestimmen kann. Die Faustregeln schwanken von Gericht zu Gericht. Zumeist dürften die Abfindungen zwischen einem halben und einem ganzen Monatsverdienst pro Beschäftigungsjahr liegen.

Für die Höhe gibt es nur Faustregeln

Auch der Arbeitgeber kann einen Auflösungsantrag stellen, wenn Gründe vorliegen, die eine den Betriebszwecken dienliche weitere Zusammenarbeit zwischen Arbeitgeber und Arbeitnehmer nicht erwarten lassen. Der Auflösungsantrag des Arbeitgebers ist aber nur möglich, wenn er zumindest auch (hilfsweise) eine ordentliche Kündigung ausgesprochen hat.

Steht fest, dass der Arbeitnehmer Opfer von Mobbing war, können die dadurch hervorgerufenen Beeinträchtigungen der Zusammenarbeit regelmäßig keinen Grund für die Auflösung des Arbeitsverhältnisses auf Antrag des Arbeitgebers darstellen. Aus der Fürsorgepflicht ergibt sich, dass der Arbeitgeber den Arbeitnehmer vor Mobbing zu schützen hat. Von dieser Pflicht kann er sich nicht durch den Auflösungsantrag befreien.

Das Wichtigste in Kürze

Im Kündigungsschutzprozess kann der konkret begründete und erforderlichenfalls bewiesene Vorwurf des Mobbing den vom Arbeitgeber behaupteten Kündigungsgrund widerlegen oder in Zweifel ziehen. Im Anwendungsbereich des Kündigungsschutzgesetzes ist die Kündigung dann mangels sozialer Rechtfertigung unwirksam. Erlittenes Mobbing kann zudem den Antrag des Arbeitnehmers auf gerichtliche Auflösung des Arbeitsverhältnisses trotz unwirksamer Kündigung begründen. Der Arbeitnehmer braucht dann trotz unwirksamer Kündigung nicht an den Arbeitsplatz zurückkehren und erhält zudem eine Abfindung. Der Nachteil des Auflösungsantrags besteht darin, dass die Höhe der Abfindung nicht zuverlässig vorausberechnet werden kann.

9.2 Arbeitnehmerseitige Kündigung wegen Mobbing

9.2.1 Ordentliche Kündigung und Rückzahlungsverpflichtungen

Wann Schadensersatz möglich?

Anders als der Arbeitgeber braucht der Arbeitnehmer für eine von ihm selbst ausgesprochene ordentliche Kündigung des Arbeitsverhältnisses keinen Kündigungsgrund. Die ordentliche arbeitnehmerseitige Kündigung löst selbst auch keine Schadensersatzansprüche gegen den Arbeitgeber aus. Dies gilt im Grundsatz auch dann, wenn der Arbeitnehmer sich deshalb zur Kündigung des Arbeitsverhältnisses entschließt, weil er gemobbt wird. Schadensersatzansprüche kommen aber dann in Betracht, wenn die arbeitnehmerseitige Kündigung des Arbeitsverhältnisses lediglich Folge einer vorangegangenen Verletzung von Rechtsgütern des Arbeitnehmers durch den Arbeitgeber war. Dies ist z. B. dann der Fall, wenn der Arbeitnehmer aufgrund des Mobbing psychisch erkrankt und deshalb gezwungen ist, zur Genesung den Arbeitsplatz aufzugeben. Der aus der Aufgabe des Arbeitsplatzes resultierende Einkommensverlust ist dann mittelbare Folge der Verletzung der Gesundheit des Arbeitnehmers.

Ordentliche arbeitnehmerseitige Kündigungen mit anschließenden Schadensersatzprozessen gegen den Arbeitgeber dürften aber seltene Ausnahmen darstellen.

Die ordentliche arbeitnehmerseitige Kündigung bedarf zwar keines Kündigungsgrundes, zieht aber außer der Beendigung des Arbeitsverhältnisses nicht selten weitere Nachteile für den Arbeitnehmer nach sich. An erster Stelle ist die Gefahr einer **Sperrfrist** für den Bezug von **Arbeitslosenentgelt** (§ 144 Abs. 1 Nr. 1 SGB III) und die daraus folgende Kürzung der Bezugsdauer (§ 128 Abs. 1 Nr. 4 SGB III) zu nennen. Der Arbeitnehmer muss sich dann – mit ungewissem Ausgang – mit dem Arbeitsamt auseinandersetzen, ob er gemobbt wurde und die Mobbingsituation die Aufgabe des Arbeitsplatzes rechtfertigte.

Im Verhältnis zum Arbeitgeber praktisch bedeutsam sind **Rückzahlungsklauseln** für erhaltene Gratifikationen und Ausbildungskosten. Gratifikationen sind Leistungen des Arbeitgebers, die nicht lediglich eine Vergütung für erbrachte Arbeitsleistungen darstellen. Rückzahlungsklauseln werden vereinbart, wenn die Gratifikation zugleich einen Anreiz für weitere Betriebstreue bilden soll. Hauptanwendungsfall ist das sogenannte **Weihnachtsgeld**. Hier kann der Arbeitgeber sich die Rückforderung des Weihnachtsgeldes vorbehalten, wenn der Arbeitnehmer vor einem benannten Stichtag das Arbeitsverhältnis von sich aus beendet oder einen in seiner Person oder seinem Ver-

Gratifikationen und Ausbildungskosten zurückzahlen?

halten liegenden Grund für die arbeitgeberseitige Beendigung des Arbeitsverhältnisses gibt. Die Rechtsprechung des Bundesarbeitsgerichts hat die zulässige Dauer der Bindung mit der Höhe der Gratifikation verknüpft.

Was kann der Arbeitnehmer der Rückzahlung entgegensetzen?

Bisher nicht entschieden ist die Frage, ob der Arbeitnehmer dem Rückzahlungsverlangen des Arbeitgebers den Einwand entgegenhalten kann, dass er gemobbt worden sei und deshalb das Arbeitsverhältnis gekündigt habe. Meines Erachtens müsste ein solcher Einwand, der vom Arbeitnehmer allerdings konkret vorgetragen und gegebenenfalls auch bewiesen werden müsste, das Rückforderungsverlangen jedenfalls dann zu Fall bringen, wenn der Arbeitgeber das Mobbing selbst betrieben hat oder es ihm zuzurechnen ist, weil ein Vorgesetzter des Opfers der Mobber war. Ebenso wie der Arbeitnehmer bei einer betriebsbedingten Beendigung des Arbeitsverhältnisses nicht zur Rückzahlung verpflichtet werden kann, muss er von der Rückzahlungsverpflichtung befreit werden, wenn die Betriebstreue durch den Arbeitgeber selbst zerstört worden ist. Das Gleiche gilt, wenn die Betriebstreue von anderen Arbeitnehmern zerstört wurde, deren Verschulden sich der Arbeitgeber zurechnen lassen muss.

Das Interesse an einer längerfristigen Bindung des Arbeitnehmers besteht auch dann, wenn der Arbeitgeber die Kosten der **Aus– oder Fortbildung** des Arbeitnehmers getragen hat. Diese lohnen sich aus Sicht des Arbeitgebers nur dann, wenn die durch die Aus- oder Fortbildung erworbene Qualifikation dem Betrieb noch einige Zeit zugute kommt. Solche Rückzahlungsverpflichtungen sind nach der Rechtsprechung nur dann wirksam, wenn sie die Berufsfreiheit und Freizügigkeit des Arbeitnehmers nicht über Gebühr beeinträchtigen.

Mobbing als RückzahlungsEinwand?

Auch in diesem Zusammenhang stellt sich die bisher, soweit ersichtlich, nicht entschiedene Frage, ob der Arbeitnehmer dem Rückzahlungsverlangen wegen Nichteinhaltung der Bleibefrist mit Erfolg den Einwand gegenhalten kann, dass seine Kündigung deshalb erfolgte, weil er am Arbeitsplatz gemobbt wurde und er deshalb zur Rückzahlung nicht verpflichtet sei. Meines Erachtens ist diese Frage unter den gleichen Voraussetzungen zu bejahen, wie sie oben für den Einwand gegenüber der Verpflichtung zur Rückzahlung einer Gratifikation dargelegt wurden: Hat der Arbeitgeber das Mobbing selbst betrieben oder muss er sich das Mobbing als schuldhafte Pflichtverletzung eines Dritten zurechnen lassen, ist der Weggang des Arbeitnehmers betrieblich begründet. Ebenso wie bei einer betriebsbedingten Kündigung muss dann die Rückzahlungsverpflichtung entfallen.

9.2.2 Außerordentliche arbeitnehmerseitige Kündigung

Auch der Arbeitnehmer kann das Arbeitsverhältnis aus wichtigem Grund fristlos kündigen (§ 626 BGB). Als wichtigen Grund für eine arbeitnehmerseitige Kündigung des Arbeitsverhältnisses hat die Rechtsprechung die Verletzung von Arbeitsschutzpflichten, den Verstoß gegen die Verpflichtung zur tatsächlichen Beschäftigung, erhebliche Lohnrückstände, beleidigende Verdächtigungen und andere Vertragsverletzungen anerkannt. Ob ein wichtiger Grund vorliegt, der dem Arbeitnehmer die Fortsetzung des Arbeitsverhältnisses jedenfalls bis zum Ende der Frist für eine ordentliche Kündigung unzumutbar macht, hängt von einer Gesamtbetrachtung aller Umstände des Einzelfalls ab. Der Arbeitnehmer ist deshalb mit der Ungewissheit belastet, ob das Gericht in einem etwaigen nachfolgenden Rechtsstreit das Vorhandensein eines wichtigen Grundes bejaht. Diese Unsicherheit ist einer der Gründe, warum fristlose arbeitnehmerseitige Kündigungen eher selten vorkommen. Die größte Prognosesicherheit besteht noch bei der fristlosen Kündigung wegen erheblicher Zahlungsrückstände des Arbeitgebers.

Wichtige Gründe für eine fristlose Kündigung

Ist das Mobbing vom Arbeitgeber selbst betrieben worden, wird er einer Beendigung des Arbeitsverhältnisses auch ohne Einhaltung der Kündigungsfrist in der Regel zustimmen. Ist das Mobbing dagegen von anderen Arbeitnehmern betrieben worden, wird der Arbeitgeber einer kurzfristigen Beendigung des Arbeitsverhältnisses häufig nicht zustimmen oder von der Erfüllung vereinbarter Rückzahlungsverpflichtungen abhängig machen.

Mobbing als Grund für die fristlose Kündigung?

Soweit ersichtlich, hat die Rechtsprechung sich bisher noch nicht mit der Frage befasst, ob und unter welchen Voraussetzun-

Ja bei schwerwiegenden Angriffen

gen Mobbing ein wichtiger Grund für die außerordentliche arbeitnehmerseitige Kündigung des Arbeitsverhältnisses sein kann. Nach den für die Kündigung aus wichtigem Grund geltenden allgemeinen Grundsätzen wird man dies jedenfalls dann bejahen können, wenn der Mobbingangriff schwer wiegt, zu erheblicher Beeinträchtigung des Arbeitnehmers geführt hat und entweder vom Arbeitgeber selbst ausgegangen ist oder der Arbeitgeber keine Maßnahmen zur Beendigung des Mobbing ergriffen hat.

Auch für die arbeitnehmerseitige außerordentliche Kündigung gilt die **Zweiwochenfrist** des § 626 Abs. 2 BGB. Danach kann die außerordentliche Kündigung nur innerhalb von zwei Wochen ab Kenntnis der für die Kündigung maßgebenden Tatsachen erfolgen.

2-Wochen-Frist bei dauerndem Mobbing schwierig

Auch hier zeigt sich wieder die Funktion des Mobbingbegriffs, Einzelereignisse in einen Sinnzusammenhang zu stellen, aus dem sich eine neue juristische Qualität der Summe der Einzelereignisse ergibt (vgl. dazu oben Abschnitte 8.1 und 8.7). Will der Arbeitnehmer z. B. wegen einer einzelnen schweren Beleidigung die fristlose Kündigung des Arbeitsverhältnisses aussprechen, bleibt ihm dafür eine Frist von zwei Wochen ab Kenntnis der Beleidigung. Ist die Beleidigung dagegen nur ein Element eines komplexen Mobbingverhaltens, ist nicht die einzelne Beleidigung, sondern das Mobbing selbst der Kündigungsgrund. Da es sich hierbei um einen **Dauertatbestand** handelt, beginnt die Zweiwochenfrist fortlaufend neu. Der Unterschied ist dann juristisch bedeutsam, wenn das letzte Glied in der Kette der Mobbinghandlung für sich genommen nicht so schwerwiegend ist, dass es einen wichtigen Grund für die dadurch ausgelöste Kündigung des Arbeitnehmers darstellt. Gleiches gilt, wenn letzter Auslöser der Kündigungsentscheidung nicht eine Mobbinghandlung, sondern z. B. die im Rahmen einer Therapie gewonnene Erkenntnis ist, dass gesundheitliche Probleme des Arbeitnehmers durch Mobbing ausgelöst wurden.

9.2.3 Schadensersatzanspruch nach fristloser Kündigung

Wird der Arbeitnehmer durch ein vertragswidriges Verhalten des Arbeitgebers zur außerordentlichen Kündigung des Arbeitsverhältnisses veranlasst, ist der Arbeitgeber dem Arbeitnehmer zum Ersatz des durch die Beendigung des Arbeitsverhältnisses entstehenden Schadens verpflichtet (§ 628 Abs. 2 BGB). Dabei ist es nicht erforderlich, dass sich der Arbeitgeber persönlich vertragswidrig verhält. Der Schadensersatzanspruch besteht auch dann, wenn der Arbeitgeber sich das zur Kündigung führende vertragswidrige Verhalten eines Dritten zurechnen lassen muss.

Welches Verhalten Dritter muss sich der Arbeitgeber zurechnen lassen?

Ist der Arbeitgeber eine juristische Person und wird das vertragswidrige Verhalten von einem Geschäftsführer oder Vorstandsmitglied verübt, erfolgt die Zurechnung über § 31 BGB. Das Gleiche gilt, wenn der Arbeitgeber eine Gesellschaft bürgerlichen Rechts, eine Partnerschaftsgesellschaft oder eine Personenhandelsgesellschaft (OHG oder KG) ist und die vertragswidrige Verhaltensweise durch einen BGB-Gesellschafter, Partner, OHG-Gesellschafter oder den Komplementär der Kommanditgesellschaft erfolgt. In allen diesen Fällen ist eine **Exkulpation** des Arbeitgebers für das vertragswidrige Verhalten des Organmitglieds bzw. Gesellschafters **nicht möglich**. Das vertragswidrige Verhalten des Organs oder Gesellschafters wird dem Arbeitgeber wie eigenes Verhalten zugerechnet. Wird der Arbeitgeber von einem Geschäftsführer, einem Vorstandsmitglied oder einem der genannten Gesellschafter gemobbt, stellt dies im Ergebnis also ein vertragswidriges Verhalten des Arbeitgebers selbst dar. Wird der Arbeitnehmer durch dieses Mobbing zur außerordentlichen Kündigung seines Arbeitsverhältnisses veranlasst, hat er gegen den Arbeitgeber Anspruch auf Ersatz des ihm durch die Beendigung des Arbeitsverhältnisses entstehenden Schadens.

Geschäftsführer, Vorstände und Gesellschafter

Schwieriger ist die Zurechnung vertragswidrigen Verhaltens, das von anderen Personen ausgeübt wird. Die Zurechnung des vertragswidrigen Verhaltens von Nichtorganmitgliedern erfolgt über § 278 BGB. Danach hat der Schuldner ein Verschulden der Personen, deren er sich zur Erfüllung seiner Verbindlichkeit bedient, in gleichem Umfang zu vertreten wie eigenes Verschul-

Zurechnung von Erfüllungsgehilfen

Direktionsrecht und Fürsorgepflichten werden übertragen

den. Eine Exkulpation des Arbeitgebers ist auch bei Verschulden seines Erfüllungsgehilfen nicht möglich. Ob das von einem anderen Arbeitnehmer des Arbeitgebers verübte Mobbing dem Arbeitgeber über § 278 BGB zuzurechnen ist, hängt davon ab, ob der Arbeitgeber den Mobber als Erfüllungsgehilfen für die Erfüllung seiner ihm gegenüber dem Arbeitnehmer obliegenden Fürsorgepflicht eingesetzt hat. Dies ist bei Arbeitnehmern, die dem Mobbingopfer hierarchisch gleichgestellt oder untergeordnet sind, regelmäßig nicht der Fall. Ist der Mobber dagegen der **Vorgesetzte** des Mobbingopfers, wird sich der Arbeitgeber das vertragswidrige Verhalten des Vorgesetzten regelmäßig über § 278 BGB zurechnen lassen müssen. Mit der Zuweisung der Vorgesetztenstellung überträgt der Arbeitgeber dem Vorgesetzten zumindest teilweise die Ausübung des Direktionsrechts. Mit diesem Direktionsrecht sind die Fürsorgepflichten des Arbeitgebers aus dem Arbeitsverhältnis untrennbar verbunden.

Zurechnungsregeln gelten auch hier

Ein **Schadensersatzanspruch** gegen den Arbeitgeber wegen des durch die arbeitnehmerseitige außerordentliche Kündigung entstehenden Schadens besteht auch dann, wenn der Arbeitgeber es unterlassen hat, den gemobbten Arbeitnehmer vor dem Mobbingangriff hierarchisch gleichgestellter oder sogar unterstellter Arbeitnehmer zu schützen. Auch hier kommt eine Zurechnung über § 31 BGB bzw. § 278 BGB in Betracht. Letzteres setzt voraus, dass es Aufgabe des Vorgesetzten gewesen wäre, den Arbeitnehmer vor dem Mobbingangriff zu schützen. Der Schadensersatzanspruch gemäß § 628 BGB setzt aber Verschulden des Arbeitgebers voraus. Dies liegt bei unterlassenem Schutz des Mobbingopfers nur dann vor, wenn dem Arbeitgeber der Mobbingangriff bekannt war oder hätte bekannt sein müssen. Auch für die Kenntnis oder die schuldhafte Nichtkenntnis gelten die Regeln der Zurechnung über § 31 bzw. § 278 BGB.

Was ist als Schaden zu ersetzen?

Der Schadensersatzanspruch wegen der vom Arbeitgeber schuldhaft veranlassten außerordentlichen arbeitnehmerseitigen Kündigung richtet sich nur auf Ersatz des Schadens, der dem Arbeitnehmer gerade durch die Auflösung des Arbeitsverhältnisses entsteht. Dies ist in erster Linie das entgangene Arbeitseinkommen einschließlich aller Nebenleistungen, auf die der Arbeitnehmer bei Fortbestand des Arbeitsverhältnisses Anspruch gehabt hätte. Als solche Nebenleistungen kommen insbesondere Tantiemen, Gratifikationen und Sozialleistungen in Betracht.

Für den Schadensersatzanspruch gemäß § 628 Abs. 2 BGB gelten die allgemeinen Regeln des § 254 BGB. Danach muss sich der dem Grunde nach schadensersatzberechtigte Arbeitnehmer eigenes **Mitverschulden** anrechnen lassen, § 254 Abs. 1 BGB. Außerdem ist er verpflichtet, den Schaden nach Möglichkeit abzuwenden oder zu mindern. Daraus wird man ableiten müssen, dass der Arbeitnehmer bei einem Mobbing, das nicht vom Arbeitgeber selbst oder einem Organmitglied verübt wird und dem Arbeitgeber nicht positiv bekannt ist, im Regelfall zunächst von seinem Beschwerderecht Gebrauch machen muss, um den Arbeitgeber von dem Mobbingangriff in Kenntnis zu setzen und ihm damit Gelegenheit zu geben, das Mobbing zu unterbinden. Anders ist möglicherweise dann zu entscheiden, wenn das Mobbingopfer Grund zu der Befürchtung hat, dass sich seine Situation durch eine Beschwerde weiter verschlechtern wird (vgl. BGH-Entscheidung, oben Abschnitt 8.6.7.) Diese Frage ist noch nicht abschließend geklärt.

Regelmäßig muss sich der Arbeitnehmer erst beschweren

Aus der **Schadensminderungspflicht** ergibt sich, dass der Arbeitnehmer sich nach der Kündigung aktiv um eine anderweitige Arbeit bemühen muss. Während sich der Arbeitnehmer beim Annahmeverzug des Arbeitgebers außer tatsächlichem anderen Erwerb nur solche Einnahmen anrechnen lassen muss, die zu erzielen er böswillig unterlässt, wird der Schadensersatzanspruch gemäß § 628 Abs. 2 BGB auch um solches Einkommen gemindert, dass der Arbeitnehmer nur fahrlässig nicht erzielt hat.

Aktive Jobsuche erforderlich

Der Schadensersatzanspruch gemäß § 628 BGB erstreckt sich auch auf **Folgeschäden**. Voraussetzung ist aber, dass diese sich gerade aus der Beendigung des Arbeitsverhältnisses ergeben. In Betracht kommen z. B. Zinsaufwendungen oder auch Kosten wegen eines notwenigen Umzugs.

Das Wichtigste in Kürze

Die außerordentliche arbeitnehmerseitige Kündigung ermöglicht es dem Arbeitnehmer, sich kurzfristig aus dem Arbeitsverhältnis zu lösen. In der Praxis spielt sie nur eine unterge-

> *ordnete Rolle. Sie ist dem Arbeitnehmer nur dann zu empfeh-*
> *len, wenn es ihm primär um die kurzfristige Beendigung des*
> *Arbeitsverhältnisses geht, insbesondere um kurzfristig ein*
> *neues Arbeitsverhältnis antreten zu können. Gegenüber einem*
> *Auflösungsvertrag bietet sie den Vorteil, dem Arbeitnehmer die*
> *Schadensersatzansprüche gemäß § 628 Abs. 2 BGB offenzu-*
> *halten. Der große Nachteil des Schadensersatzanspruchs ge-*
> *mäß § 628 Abs. 2 BGB besteht darin, dass der Arbeitnehmer*
> *mit der fristlosen Kündigung das Arbeitsverhältnis und die da-*
> *mit verbundenen Ansprüche aufgibt. Ob er Schadensersatzan-*
> *sprüche durchsetzen kann, hängt davon ab, ob es ihm gelingt,*
> *die Ursächlichkeit eines vom Arbeitgeber zu vertretenden wich-*
> *tigen Grundes für seine Kündigung darzulegen und zu bewei-*
> *sen.*

9.3   Anspruch auf Maßnahmen gegen den Mobber

Was kann der Gemobbte vom Arbeitgeber verlangen?

Der Schutz des Arbeitnehmers vor einem unfreiwilligen Verlust seines Arbeitsplatzes zieht sich wie ein roter Faden durch das Arbeitsrecht. Die Wirksamkeit dieses Schutzes wächst mit der Dauer des Arbeitsverhältnisses. Auch viele aus dem Arbeitsverhältnis resultierende Ansprüche wachsen mit zunehmender Dauer des Arbeitsverhältnisses. Besonders deutlich wird dies an Versorgungszusagen. Wenn mit einem Arbeitsplatzwechsel keine wesentliche Verbesserung der beruflichen Perspektiven verbunden ist oder das Gelingen eines Arbeitsplatzwechsels wegen der Lage auf dem Arbeitsmarkt wenig aussichtsreich erscheint, ist die Beendigung der Mobbingsituation bei Erhalt des Arbeitsverhältnisses regelmäßig das vorrangige Ziel des Mobbingopfers. Daraus ergibt sich die Frage, ob das Mobbingopfer vom Arbeitgeber Maßnahmen zur Beendigung des Mobbing verlangen kann.

9.3.1 Fürsorgepflicht und Beschwerderecht

Was folgt aus der Fürsorgepflicht?

Die aus dem Arbeitsverhältnis resultierenden gegenseitigen Pflichten erschöpfen sich nicht in der Arbeitspflicht des Arbeitnehmers und der Vergütungspflicht des Arbeitgebers. Den Arbeitgeber trifft darüber hinaus u. a. eine Fürsorgepflicht, aus der

sich Handlungs- und Unterlassungspflichten des Arbeitgebers
ergeben. Sie korrespondiert mit dem Direktionsrecht des Arbeitgebers, dessen Ausübung u. a. durch die aus der Fürsorgepflicht resultierende Verpflichtung zur Rücksichtnahme auf die
Belange des Arbeitnehmers begrenzt wird. Aufgrund der Fürsorgepflicht ist der Arbeitgeber verpflichtet, den Arbeitnehmer
vor Gefahren zu schützen, die aus der Eingliederung in die vom
Arbeitgeber geschaffene betriebliche Organisation resultieren.
Dazu gehören insbesondere der Schutz von Leben, Gesundheit
und des allgemeinen Persönlichkeitsrechts des Arbeitnehmers,
auch gegenüber Gefahren, die dem Arbeitnehmer von anderen
Personen drohen, die in dem Betrieb des Arbeitgebers tätig sind.
Gegenstück der Fürsorgepflicht des Arbeitgebers ist der Anspruch des Arbeitnehmers auf Fürsorge durch den Arbeitgeber.
Die Verletzung dieser Fürsorgepflicht begründet Schadenser-
satzansprüche.

Ein gesetzlich geregelter Ausdruck der Fürsorgepflicht des Ar- **Beschwerderecht**
beitgebers ist das Beschwerderecht des Arbeitnehmers gemäß **des Arbeitnehmers**
§ 84 BetrVG. Danach hat der Arbeitnehmer das Recht, sich bei
den zuständigen Stellen des Betriebes zu beschweren, wenn er
sich vom Arbeitgeber selbst oder von Arbeitnehmern des Betriebs benachteiligt oder ungerecht behandelt oder in sonstiger
Weise beeinträchtigt fühlt. Der Arbeitgeber hat den Arbeitnehmer über die Behandlung der Beschwerde zu bescheiden und
ihr abzuhelfen, soweit er die Beschwerde für berechtigt erachtet
(§ 84 Abs. 2 BetrVG). Wegen der Erhebung einer Beschwerde
dürfen dem Arbeitnehmer keine Nachteile entstehen (§ 84
Abs. 3 BetrVG). Eine entsprechende Regelung findet sich im
Bundespersonalvertretungsgesetz nicht.

Das Beschwerderecht gemäß § 84 BetrVG gilt unabhängig von **Unabhängig von**
der Größe des Betriebes in allen Privatbetrieben mit Ausnahme **einem bestehen-**
von Religionsgemeinschaften und ihren karitativen und erzie- **den Betriebsrat**
herischen Einrichtungen (§ 118 Abs. 2 BetrVG). Es kommt insbesondere nicht darauf an, ob in dem Betrieb ein Betriebsrat ge-
bildet worden ist. Das Beschwerderecht besteht auch dann,
wenn der Betrieb wegen seiner geringen Größe gar nicht be-
triebsratsfähig ist.

Das Beschwerderecht soll es dem Arbeitnehmer ermöglichen,
sich in eigenen Angelegenheiten an den Arbeitgeber zu wen-

den, ohne deshalb Nachteile befürchten zu müssen. Die Beanstandung von tatsächlichen oder vermeintlichen allgemeinen Missständen im Betrieb oder von Beeinträchtigungen, die andere Personen erleiden, wird dagegen nicht von dem Beschwerderecht geschützt.

> **Beispiel:**
>
> Beschwert sich das Mobbingopfer beim Arbeitgeber über das von seinem Vorgesetzten verübte Mobbing, genießt es wegen dieser Beschwerde den Schutz des Benachteiligungsverbots gemäß § 87 Abs. 3 BetrVG. Wendet sich dagegen ein Kollege des Mobbingopfers mit einer Beschwerde an den Arbeitgeber, handelt es sich nicht um eine Beschwerde nach § 84 BetrVG, so dass auch das Benachteiligungsverbot nicht gilt. Um in den Genuss des Schutzes durch § 84 BetrVG zu gelangen, muss der beschwerdeführende Kollege geltend machen, dass er sich durch das Mobbing selbst beeinträchtigt fühlt.

Der Schutz des Maßregelverbotes ist strikt. Unzulässig sind alle den Beschwerdeführer beeinträchtigenden Maßnahmen, die im Zusammenhang mit der Beschwerde stehen. Dazu gehört insbesondere die Kündigung, Abmahnung oder Versetzung des Beschwerdeführers. Verstöße gegen das Maßregelungsverbot führen zur Unwirksamkeit der Maßnahme bzw. Unverbindlichkeit der entsprechenden Anordnung des Arbeitgebers.

Gegenrechte des Beschwerdegegners

Adressat des Maßregelungsverbots ist der Arbeitgeber. Es gilt gleichermaßen für Arbeitnehmer des Arbeitgebers, soweit diese Arbeitgeberfunktionen ausüben, also insbesondere Vorgesetzte bei der Ausübung des Direktionsrechts. Es setzt teilweise auch die allgemeinen Rechte desjenigen außer Kraft, über dessen Verhalten sich der Arbeitnehmer beschwert. So kann der Vorgesetzte, dem der Arbeitnehmer in der Beschwerde Mobbing vorwirft, seinerseits den Beschwerdeführer nicht ohne weiteres auf Unterlassung dieser Behauptung in Anspruch nehmen. Nur dann, wenn die Vorwürfe schwerwiegend und völlig haltlos sind oder der Form nach eine Beleidigung darstellen, sind Sanktionen möglich.

Beschwerderecht
nutzen!

> **Praxistipp:**
>
> Wie hoch die Aussichten sind, mit einer Beschwerde tatsächlich ein Ende des Mobbing zu erreichen, hängt von vielen Umständen ab, insbesondere der im Unternehmen herrschenden Kultur. Trotzdem ist der Gebrauch des Beschwerderechts dringend zu empfehlen, um in den Genuss des Maßregelungsverbotes gemäß § 84 Abs. 3 BetrVG zu gelangen und im Falle der Untätigkeit des Arbeitgebers Ansprüche gegen ihn begründen zu können.

Umgekehrt ergibt sich daraus für den Arbeitgeber die Empfehlung, einer Beschwerde gründlich nachzugehen, die aufgrund der Beschwerde eingeleiteten Schritte sorgfältig zu dokumentieren und gegenüber dem Arbeitnehmer zu der Beschwerde schriftlich Stellung zu nehmen.

9.3.2 Direktionsrecht und arbeitsrechtliche Sanktionen

Aus der Fürsorgepflicht ergibt sich die Verpflichtung des Arbeitgebers, den Arbeitnehmer vor Mobbing durch andere Arbeitnehmer zu schützen. Aufgrund dieser Verpflichtung muss der Arbeitgeber tätig werden, wenn ihm ein Fall von Mobbing bekannt wird. In welcher Weise der Arbeitgeber den Schutz des Mobbingopfers bewirkt, ist grundsätzlich ihm überlassen. Jedenfalls dann, wenn der Schutz des Mobbingopfers anders nicht gewährleistet werden kann, ist er auch verpflichtet, gegenüber dem Mobber angemessene arbeitsrechtliche Maßnahmen zu ergreifen. Eine allgemeingültige Regelung der Handlungspflichten, die sich für den Arbeitgeber aus seiner allgemeinen Fürsorgepflicht ergeben, hat der Gesetzgeber bisher nicht vorgenommen.

Schutz vor
Mobbing ist
Arbeitgeber-
pflicht!

Zu den Fürsorgepflichten des Arbeitgebers gehört auch der Schutz vor sexueller Belästigung am Arbeitsplatz. Dieser Teil der Fürsorgepflicht hat durch das Gesetz zum Schutz der Beschäftigten vor sexueller Belästigung am Arbeitsplatz **(Beschäftigtenschutzgesetz)** eine ausdrückliche gesetzliche Regelung erfahren. Danach ist der Arbeitgeber bei sexueller Belästigung

Sexuelle Belästigung jetzt
geregelt

Auf Mobbing
übertragbar

verpflichtet, die im Einzelfall angemessenen arbeitsrechtlichen Maßnahmen wie Abmahnung, Umsetzung, Versetzung oder Kündigung zu ergreifen (§ 4 Abs. 1 Nr. 1 Satz 1 BeschäftigtenschutzG). Diese Regelung erklärt sich nicht durch Besonderheiten des Schutzes vor sexueller Belästigung und ist deshalb auch auf den Schutz vor Mobbing übertragbar. Auch für den mobbenden Arbeitnehmer gilt das kündigungsschutzrechtliche Ultima-ratio-Prinzip. Aus diesem Prinzip ergibt sich, dass der Arbeitgeber von mehreren in Betracht kommenden Maßnahmen gegenüber dem mobbenden Arbeitnehmer nur die jeweils mildeste anwenden darf. Selbst wenn das Fehlverhalten des mobbenden Arbeitgebers so schwer wiegt, dass es im Verhältnis zu ihm die ordentliche oder fristlose Kündigung des Arbeitsverhältnisses rechtfertigt, besteht im Verhältnis zum gemobbten Arbeitnehmer nur die Verpflichtung zum Einsatz der mildesten Maßnahme, die zum Schutz des Mobbingopfers ausreicht. Das Sanktionsinteresse des Mobbingopfers muss der Arbeitgeber durch die gegenüber dem Mobber ergriffene Maßnahme nicht befriedigen.

Beispiel:

In einem Unternehmen mit mehreren Filialen misshandelt ein Warenbereichsleiter einen ihm unterstellten Arbeitnehmer in intensiver Abfolge mit Beleidigungen, Demütigungen, unberechtigter Herabwürdigung seiner Arbeitsleistungen, Nichtgewährung der erforderlichen Pausen und schließlich durch die Aussage, dass man Leute wie ihn zu Hitlers Zeiten an die Wand gestellt und erschossen hätte (Sachverhalt der Entscheidung LAG Thüringen vom 15. 2. 2001, s. oben Abschnitt 8.6.3).

Aufmerksame Vorgesetzte erforderlich

Ein solches Verhalten rechtfertigt nach der Entscheidung des LAG Thüringen die fristlose Kündigung des mobbenden Arbeitnehmers. Im Verhältnis zu dem gemobbten Arbeitnehmer würde aber die Versetzung dieses Warenbereichsleiters in eine andere Filiale ausreichen, um den Gemobbten zu schützen. Der Arbeitgeber wird bei seiner Entscheidung, welche arbeitsrechtliche Maßnahme er gegenüber dem Mobber ergreift, allerdings auch berücksichtigen müssen, ob er mit dieser Maßnahme seiner Verpflichtung zur Prävention genügt.

> In dem Beispielsfall müsste der Arbeitgeber also zusätzliche Maßnahmen ergreifen, um zu verhindern, dass der mobbende Arbeitnehmer sich an seinem neuen Arbeitsplatz ein neues Mobbingopfer sucht.

Aus der Verpflichtung des Arbeitgebers, arbeitsrechtliche Maßnahmen gegen den Mobber zu ergreifen und dem damit korrespondierenden Anspruch des Mobbingopfers auf solche Maßnahmen, ergibt sich aber noch nicht ohne weiteres, welche Rechte dem Mobbingopfer zustehen, wenn der Arbeitgeber völlig untätig bleibt oder nur eine zum Schutz des gemobbten Arbeitnehmers nicht ausreichende Maßnahme ergreift. Die Fürsorgepflicht des Arbeitgebers ist eine „weitere Verhaltenspflicht", aus der sich grundsätzlich kein klagbarer Erfüllungsanspruch ergibt. Die Verletzung solcher Pflichten begründet regelmäßig nur Zurückbehaltungsrechte und Schadensersatzansprüche. Auch hier kann wieder auf die Parallele im Beschäftigtenschutzgesetz zurückgegriffen werden. Dort heißt es in § 4 Abs. 2, dass die belästigten Beschäftigten berechtigt sind, ihre Tätigkeit am betreffenden Arbeitsplatz ohne Verlust des Arbeitsentgelts und der Bezüge einzustellen, soweit dies zu ihrem Schutz erforderlich ist, wenn der Arbeitgeber keine oder offensichtlich ungeeignete Maßnahmen zur Unterbindung der sexuellen Belästigung ergreift. Weil die Beurteilung der Eignung einer Maßnahme zur Gewährleistung des geschuldeten Schutzes eine Prognose erfordert und von daher mit dem Prognoserisiko behaftet ist, besteht das Zurückbehaltungsrecht gemäß § 4 Abs. 2 BeschäftigtenschutzG gegenüber dem nicht völlig untätigen Arbeitgeber nur dann, wenn die von ihm ergriffene Maßnahme „offensichtlich ungeeignet" ist. In gleicher Weise wird man dem Arbeitgeber bei der Reaktion auf ein Mobbinggeschehen einen Prognosespielraum zugestehen müssen.

Wenn der Arbeitgeber untätig bleibt

Zurückbehaltungsrecht an der Arbeitsleistung bei ungeeigneten Maßnahmen

Das Mobbingopfer trägt bei der Ausübung des Zurückbehaltungsrechts an seiner Arbeitsleistung das Risiko, dass das Gericht im Streitfalle später das Vorliegen der Voraussetzungen für das Zurückbehaltungsrecht verneint. Ist der Arbeitgeber der Auffassung, dass das Zurückbehaltungsrecht nicht besteht, muss der Arbeitnehmer zudem mit einer fristlosen Kündigung wegen unentschuldigten Fernbleibens von der Arbeit rechnen. In dem

Risiko des Arbeitsplatzverlustes liegt beim Arbeitnehmer

dann notwendigen Kündigungsschutzprozess geht es für den Arbeitnehmer nicht nur um die Berechtigung der Ausübung des Zurückbehaltungsrechtes und damit um den Vergütungsanspruch, sondern um den Bestand des Arbeitsverhältnisses überhaupt.

Anspruch auf konkrete Maßnahmen des Arbeitgebers

Zur Gewährung eines effektiven Rechtsschutzes wird man dem gemobbten Arbeitnehmer deshalb dann einen klagbaren Anspruch auf eine konkrete Arbeitgebermaßnahme gegen den mobbenden Arbeitnehmer zubilligen müssen, wenn bei objektiver Betrachtungsweise nur eine konkrete Maßnahme geeignet ist, den Schutz des Mobbingopfers zu bewirken.

Beispiel:

Anders als im vorherigen Beispielsfall betreibt das Unternehmen nur einen Supermarkt. Der Warenbereichsleiter ist wegen seines Fehlverhaltens bereits vergeblich abgemahnt und in eine andere Warenbereichsgruppe versetzt worden. Aus dem Betriebsablauf ergeben sich aber weiter Berührungspunkte mit dem gemobbten Arbeitnehmer. Dabei setzt der Warenbereichsleiter seine Verhaltensweise fort. In dieser Konstellation ist die Kündigung des mobbenden Warenbereichsleiters bei objektiver Betrachtung die einzige zum Schutz des gemobbten Arbeitnehmers in Betracht kommende Maßnahme. In diesem Fall kann der gemobbte Arbeitnehmer die Verurteilung des Arbeitgebers zum Ausspruch der Kündigung gegenüber dem Mobber einklagen.

Das Wichtigste in Kürze

Aus der Fürsorgepflicht ergibt sich die Verpflichtung des Arbeitgebers zum Schutz seiner Arbeitnehmer vor Mobbing. Zur Bestimmung der Verhaltenspflichten gegenüber dem Mobber kann auf die Regelung der vergleichbaren Problematik im Beschäftigtenschutzgesetz zurückgegriffen werden. Nur in Ausnahmefällen hat das Mobbingopfer einen klagbaren Anspruch auf eine konkrete Maßnahme des Arbeitgebers gegen den Mobber.

9.4 Zurückbehaltung der Arbeitsleistung

9.4.1 Voraussetzungen des Zurückbehaltungsrechts

Das Mobbingopfer kann gegenüber dem Arbeitgeber berechtigt sein, seine Arbeitsleistung ganz oder teilweise zurückzubehalten, d. h. die Leistung von Arbeit zu verweigern. Dieses Zurückbehaltungsrecht ist keine Besonderheit der Mobbingsituation, sondern ein allgemeines Schutzrecht zugunsten des Schuldners einer Leistung, das in § 273 Abs. 1 BGB geregelt ist. Voraussetzungen des Zurückbehaltungsrechts ist, dass der Schuldner aus demselben rechtlichen Verhältnis, auf dem seine Verpflichtung beruht, einen fälligen Anspruch gegen den Gläubiger hat. Dann kann er die von ihm **geschuldete** Leistung verweigern, bis die Gegenseite die ihm **gebührende** Leistung bewirkt hat. Vereinfacht bedeutet dies, dass niemand zur Leistung verpflichtet sein soll, wenn der andere Vertragspartner seine Pflichten nicht auch erfüllt. Auslöser des Zurückbehaltungsrechts kann nicht nur die Nichterfüllung von Hauptpflichten, sondern auch die Verletzung von **Nebenpflichten** sein.

Recht zur Verweigerung der Arbeitsleistung

Hauptpflicht des Arbeitnehmers aus dem Arbeitsverhältnis ist die Erbringung der Arbeitsleistung. Zu den Nebenpflichten des Arbeitgebers gehört die Erfüllung der Fürsorgepflicht. Diese umfasst auch die Pflicht des Arbeitgebers, seine Arbeitnehmer vor Mobbing durch andere Arbeitnehmer zu schützen bzw. selbst das Mobbing zu unterlassen. Verletzt der Arbeitgeber diese Fürsorgepflicht, ist der Arbeitnehmer im Grundsatz berechtigt, solange seine Arbeitsleistung zu verweigern, bis der Arbeitgeber seine Fürsorgepflicht erfüllt. Diese scheinbar einfache Rechtslage wird dadurch kompliziert, dass auch für die Ausübung des Zurückbehaltungsrechts der **Grundsatz von Treu und Glauben** gilt. Die Rechtsprechung hat daraus u. a. abgeleitet, dass ein Arbeitnehmer seine Arbeitsleistung wegen des Zahlungsverzugs des Arbeitgebers nicht zurückbehalten dürfe, wenn der Arbeitnehmer für seine Forderung eine ausreichende Sicherheit in Gestalt des Konkursausfallgeldes besitze (BAG, ZIP 1985, 304).

Zurückbehaltene Hauptpflicht bei Nebenpflichtverletzung

Verweigert der Arbeitnehmer die Arbeitsleistung wegen einer Verletzung der Fürsorgepflicht durch den Arbeitgeber, führt dies zur Nichterfüllung einer Hauptpflicht wegen Verletzung

Verletzung der Fürsorgepflicht muss gewichtig sein

einer Nebenpflicht. Die Verletzung der Fürsorgepflicht in Gestalt des unterlassenen Schutzes vor Mobbing muss deshalb **beträchtliches Gewicht** haben, damit die Zurückbehaltung der Arbeitsleistung mit dem Grundsatz von Treu und Glauben vereinbar ist. Ob diese Voraussetzung im Einzelfall erfüllt ist, hängt davon ab, wie schwerwiegend die Mobbingattacken sind, denen der Arbeitnehmer ausgesetzt ist und wie eindeutig der Inhalt der Pflicht des Arbeitgebers bestimmt ist. Bleibt der Arbeitgeber nicht völlig untätig und besteht nur Streit darüber, ob die vom Arbeitgeber zur Unterbindung des Mobbing ergriffenen Maßnahmen geeignet oder ausreichend sind, wird die Ausübung des Zurückbehaltungsrechtes gegen Treu und Glauben verstoßen, solange die Maßnahmen nicht offensichtlich ungeeignet sind. Dies entspricht der gesetzgeberischen Entscheidung im Beschäftigtenschutzgesetz (dazu bereits ausführlich oben Abschnitt 9.3.2).

Erst alle milderen Mittel ausschöpfen

Das LAG Niedersachsen hat in der oben (Abschnitt 8.6.1) berichteten Entscheidung noch weitergehend die Forderung aufgestellt, ein Zurückbehaltungsrecht an der Arbeitsleistung setze voraus, dass die Zurückbehaltung der Arbeitsleistung „erforderlich" sei. Das Gericht wendet dabei das aus dem Kündigungsschutz bekannte **ultima-ratio-Prinzip** auch auf die Ausübung des Zurückbehaltungsrechtes an. Der Arbeitnehmer muss danach zunächst die ihm zur Verfügung stehenden milderen Mittel ausschöpfen, um die Mobbingsituation zu beenden. Andererseits hält das LAG Niedersachsen die Ausübung des Zurückbehaltungsrechtes für erforderlich, wenn der Arbeitnehmer einseitig einer schikanösen Behandlung ausgesetzt ist und dazu durch sein eigenes Verhalten nicht selbst beigetragen hat. Diese Entscheidung des Landesarbeitsgerichts legt also die Latte für das Bestehen eines Zurückbehaltungsrechtes recht hoch.

9.4.2 Zurückbehaltungsrecht und Entgeltanspruch

Keine Verpflichtung zur Nacharbeit

Das Zurückbehaltungsrecht führt grundsätzlich nicht zur Befreiung des Zurückbehaltungsberechtigten von seiner Verpflichtung zur Erbringung der Leistung, sondern hat nur Auswirkungen auf den Zeitpunkt, zu dem er zur Leistung verpflichtet ist. Angewendet auf das Mobbingopfer, das seine Arbeitsleistung berechtigterweise zurückbehält, würde dies bedeuten, dass es nach Beseitigung der Mobbingsituation zur Nacharbeit verpflichtet wäre. Damit wäre das Zurückbehaltungsrecht für das Mobbingopfer wertlos. Die Lösung des Problems liegt in dem **Fixschuldcharakter** der Verpflichtung zur Arbeitsleistung. Mit dem Ablauf des Zeitraums, in dem der Arbeitnehmer zur Leistung verpflichtet gewesen wäre, wird die Erbringung der Arbeitsleistung für diesen Zeitraum unmöglich. Der Arbeitnehmer ist deshalb auch nicht zur Nacharbeit verpflichtet.

Sowohl der Wert des Zurückbehaltungsrechtes für den Arbeitnehmer als auch die Eignung, auf den Arbeitgeber Druck auszuüben, damit er seine Fürsorgepflichten erfüllt, hängt davon ab, ob der Arbeitnehmer für die Zeit der Ausübung des Zurückbehaltungsrechtes seinen **Vergütungsanspruch** behält. Die Lösung des Problems liegt in § 615 BGB. Kommt der Arbeitgeber mit der Annahme der Arbeitsleistung in Verzug, so kann der Arbeitnehmer für die infolge des Verzugs nicht geleistete Arbeit die vereinbarte Vergütung verlangen, ohne zur Nachleistung verpflichtet zu sein. Der Arbeitgeber schuldet dem Arbeitnehmer die Bereitstellung eines Arbeitsplatzes, an dem der Arbeitnehmer vor der Fortsetzung des Mobbing geschützt ist. Verletzt der Arbeitgeber diese Pflicht, gerät er in Annahmeverzug und bleibt deshalb für die Dauer des Zurückbehaltungsrechts zur Zahlung der Vergütung verpflichtet.

Entgeltanspruch bleibt bestehen

Irrt sich der Arbeitnehmer über das Bestehen oder die Reichweite des Zurückbehaltungsrechtes, fehlt es dementsprechend am Annahmeverzug des Arbeitgebers. Der Arbeitnehmer kann dann für die Dauer der unberechtigten Ausübung des Zurückbehaltungsrechts keine Vergütungsansprüche geltend machen. Oft wird der Arbeitgeber auf die Ausübung des Zurückbehaltungsrechts seinerseits mit einer fristlosen Kündigung wegen Arbeitsverweigerung reagieren. Nicht jeder Irrtum über Bestand und Reichweite des Zurückbehaltungsrechts stellt aber einen für die fristlose Kündigung ausreichenden wichtigen Grund dar. Für die Berechtigung der arbeitgeberseitigen Kündigung als Reaktion auf die Ausübung des Zurückbehaltungsrechts kommt es darauf an, ob der Arbeitnehmer keinen Grund für die Annahme hatte, dass ihm ein Zurückbehaltungsrecht zustand oder nur einem **entschuldbaren Rechtsirrtum** unterlag.

Vorsicht bei Irrtum des Arbeitnehmers

Das Wichtigste in Kürze

Die Ausübung des Zurückbehaltungsrechts an der Arbeitsleistung bietet dem gemobbten Arbeitnehmer zwar theoretisch eine Möglichkeit, erheblichen Druck auf den Arbeitgeber auszuüben, damit er die Mobbingsituation beseitigt. In der Praxis erweist sich das Zurückbehaltungsrecht aber als stumpfes Schwert für das Mobbingopfer. Die Voraussetzungen für das Bestehen des Zurückbehaltungsrechts sind hoch. Irrt sich das Mobbingopfer über das Vorliegen der Voraussetzungen, verliert es den meisten Fällen den Vergütungsanspruch.

9.5 Schadensersatzansprüche gegen den Arbeitgeber

Verschulden des Arbeitgebers erforderlich

Mobbing kann Schadensersatzansprüche des Mobbingopfers gegen den Arbeitgeber auslösen. Voraussetzung für den Schadensersatzanspruch ist, dass dem Arbeitgeber ein Verschulden gegenüber dem Mobbingopfer zur Last fällt. Bei den auszugleichenden Schäden sind zwei Arten zu unterscheiden: Der materielle und der immaterielle Schaden. Dem Ersatz des immateriellen Schadens dient das Schmerzensgeld.

9.5.1 Verschulden

Mindestens Fahrlässigkeit

Außerhalb des Anwendungsbereichs der Gefährdungshaftung (z. B. im Straßenverkehr) setzt ein Schadensersatzanspruch Verschulden des Schädigers voraus. Ein Verschulden liegt dann vor, wenn der Schädiger den Schaden fahrlässig oder vorsätzlich herbeigeführt hat (§ 276 BGB). Fahrlässig ist jedes Verhalten, dass die in der jeweiligen Situation objektiv erforderliche Sorgfalt außer Acht lässt. Dadurch unterscheidet sich der zivilrechtliche vom strafrechtlichen Fahrlässigkeitsbegriff. Im Strafrecht setzt Fahrlässigkeit voraus, dass der Täter die ihm individuell mögliche Sorgfalt vernachlässigt hat.

Zurechnung für fremdes Verschulden

Da Mobbing ein zielgerichtetes feindseliges Verhalten darstellt, ist das Verschulden und sogar der Vorsatz des Mobbers selbst in der Regel unproblematisch (vgl. dazu die BGH-Entscheidung, oben Abschnitt 8.6.7). Es setzt insbesondere nicht voraus, dass

der Mobber die negativen Folgen des Mobbing für das Mobbingopfer vorhergesehen oder sogar bewusst auf diese negativen
Folgen abgezielt hat. Fremdes Verschulden muss sich der Arbeitgeber aus den Vorschriften der §§ 31, 278, 831 BGB zurechnen lassen (vgl. dazu oben bereits Abschnitt 9.2.3). Steht fest,
dass ein Arbeitnehmer gemobbt worden ist, wird die Feststellung des für den Schadesersatzanspruch erforderlichen Ver-
schuldens deshalb regelmäßig keine besonderen Schwierigkeiten bereiten.

9.5.2 Ersatz materieller Schäden

Mobbing kann auf vielfältige Weise materielle Schäden des Gemobbten nach sich ziehen. Der Schaden kann in entgangenem
Verdienst bestehen. Dazu kann es kommen, wenn der Arbeitnehmer aufgrund des Mobbing erkrankt und deshalb länger ar-
beitsunfähig ist als die Entgeltfortzahlung dauert. Zu dem entgangenen Verdienst kann es auch dann kommen, wenn das
Arbeitsverhältnis aufgrund des Mobbing beendet wird. Dies ist
in rein rechtlicher Hinsicht unproblematisch, wenn das Mobbingopfer selbst wegen des Mobbing eine wirksame **außerordentliche** Kündigung des Arbeitsverhältnisses gem. § 626 BGB
ausspricht. Dann ergibt sich der Schadensersatzanspruch aus
§ 628 Abs. 2 BGB (vgl. dazu oben Abschnitt 9.2.3).

Verdienstausfall nur bei fristloser Kündigung

Kündigt das Mobbingopfer das Arbeitsverhältnis dagegen **ordentlich**, kann es keinen Schadensersatzanspruch wegen des
entgangenen Verdienstes geltend machen, auch wenn das erlit-
tene Mobbing die alleinige Ursache für den Entschluss zur Kündigung war. In diesem Fall scheitert der Schadensersatzanspruch
an der speziellen Regelung des Schadensersatzanspruchs infolge
der fristlosen Kündigung in § 628 Abs. 2 BGB, aus der sich im
Umkehrschluss ergibt, dass das Mobbingopfer bei ordentlicher
Kündigung des Arbeitsverhältnisses keinen Schadensersatzanspruch hat, auch wenn diese ordentliche Kündigung auf einem
vertragswidrigen Verhalten beruht. Das Gleiche gilt im Falle des
Abschlusses eines **Aufhebungsvertrages** oder eines Aufhe-
bungsvergleichs.

Ein Schadensersatzanspruch wegen entgangenen Verdienstes
kommt auch dann in Betracht, wenn das Arbeitsverhältnis en-

*Berufs- oder Er-
werbsunfähigkeit*

det, weil das Mobbing-Opfer aufgrund des Mobbing berufs- oder erwerbsunfähig geworden ist.

Keine Haftungs- privilegierung des Arbeitgebers

In allen genannten Fällen beruht der Schaden in Gestalt entgan- genen Verdienstes auf der **Verletzung der Gesundheit** des Mobbing-Opfers. Der Schadensersatzanspruch des Mobbing- Opfers scheitert nicht an dem Haftungsprivileg des Arbeitge- bers, das sich aus § 104 SGB VII (gesetzliche Unfallversiche- rung) ergibt. Nach dieser Vorschrift sind Unternehmer den Ver- sicherten, die für ihre Unternehmen tätig sind, zum Ersatz des Personenschadens, den ein Versicherungsfall verursacht hat, nur verpflichtet, wenn sie den Versicherungsfall vorsätzlich oder während einer in den Schutzbereich der gesetzlichen Unfallver- sicherung fallenden Teilnahme am allgemeinen Verkehr verur- sacht haben. Das Haftungsprivileg hat seine Rechtfertigung da- rin, dass der Unternehmer alleine für die Beiträge zur gesetzlichen Unfallversicherung aufkommt. Diese deckt aber nur Arbeitsunfälle und Berufskrankheiten ab (§ 8 Abs. 1, 9 SGB VII). Unfälle sind nach der gesetzlichen Definition in § 8 Abs. 1 Satz 2 SGB V zeitlich begrenzte, von außen auf den Körper ein- wirkende Ereignisse, die zu einem Gesundheitsschaden oder zum Tod führen. Ein infolge von Mobbing erlittener Gesund- heitsschaden fällt deshalb aus zwei Gründen nicht unter das Haf- tungsprivileg des § 104 SGB VII: Zum einen stellt das Mobbing keinen Unfall dar, zum anderen stellt es ein vorsätzliches Han- deln dar. Der Vorsatz erfordert nicht, dass der Mobber direkt auf die Gesundheitsschädigung abgezielt hat.

Aus den gleichen Gründen greift auch das entsprechende Haf- tungsprivileg für Arbeitskollegen im gleichen Betrieb (§ 105 SGB VII) nicht ein.

Kosten der Krank- heitsbehandlung

Zu den materiellen Schäden gehören ferner die Kosten der Krankheitsbehandlung. Soweit diese von einer Versicherung gedeckt werden, geht der Schadensersatzanspruch des Mob- bing-Opfers auf die Versicherung über (§ 115 SGB X für die ge- setzliche Krankenversicherung, § 67 VVG für die private Kran- kenversicherung).

Kreditzinsen und andere Folge- schäden

Materielle Schäden können zudem als Folge von entgangenem Verdienst entstehen und sind dann als Folgeschaden ebenfalls grundsätzlich ersatzfähig. Typischer Folgeschaden sind Kredit-

zinsen, die für ein zur Überbrückung des Einnahmeausfalls auf-
genommenes Darlehen, einen Kontokorrentkredit oder die
Überziehung des Girokontos zu zahlen sind. Der ersatzfähige
Folgeschaden kann aber weit darüber hinausreichen, wenn das
Mobbing-Opfer aufgrund des entgangenen Verdienstes nicht
mehr in der Lage ist, seine finanziellen Verpflichtungen zu erfüllen und es deshalb zu einer Kündigung des Wohnraummiet-
verhältnisses oder einer Versteigerung seines Wohnhauses
kommt. Rechtsdogmatisch ist die Verpflichtung zum Ersatz solcher Schäden nicht problematisch. Die Schwierigkeit bei der
Durchsetzung des Anspruchs besteht in erster Linie darin, die
Kausalität (Ursächlichkeit) zwischen dem primären Schaden,
hier der Verletzung der Gesundheit, und dem Folgeschaden
konkret darzulegen und zu beweisen.

Differenziert stellt sich die Rechtslage hinsichtlich des **Ver-**
dienstausfallschadens dar, wenn der Arbeitgeber das Arbeitsverhältnis kündigt. Ist die Kündigung selbst Teil des Mobbing
und findet das Kündigungsschutzgesetz Anwendung, scheitert
der Verdienstausfallschaden daran, dass die Kündigung mangels
sozialer Rechtfertigung unwirksam ist und der Arbeitnehmer
die Unwirksamkeit der Kündigung klageweise geltend machen
kann und muss, um seine Rechte zu wahren. Findet das Kündigungsschutzgesetz keine Anwendung, wird der Schadensersatzanspruch regelmäßig daran scheitern, dass der Arbeitgeber
grundsätzlich zur Kündigung berechtigt ist, ohne einen Kündigungsgrund zu benötigen.

Wenn der Arbeit-
geber ordentlich
kündigt

Dieser Einwand des sogenannten rechtmäßigen Alternativver-
haltens ist allerdings durch die jüngere Rechtsprechung des
Bundesverfassungsgerichts zur Kündigung in Kleinbetrieben
problematisch geworden. Nach dieser Rechtsprechung kann der
Arbeitgeber auch in Kleinbetrieben, die nicht in den Geltungsbereich des Kündigungsschutzgesetzes fallen, nicht nach völlig
freiem Belieben die ordentliche Kündigung aussprechen. Auch
wenn das Kündigungsschutzgesetz nicht anwendbar ist, soll
nach dieser Rechtsprechung die ordentliche Kündigung des Arbeitsverhältnisses unwirksam sein, wenn der Arbeitgeber sich
über soziale Kriterien grob hinweg setzt, insbesondere bei der
Auswahl der für eine Kündigung in Betracht kommenden Arbeitnehmer. Ebenso wie im Anwendungsbereich des Kündi-

Kündigungs-
schutzklage
erforderlich

gungsschutzgesetzes wird man aber von dem Mobbingopfer verlangen müssen, dass es sich gegen die unwirksame Kündigung mit einer Kündigungsschutzklage wehrt und so seine Rechte wahrt. Unterlässt das Mobbing-Opfer die Kündigungsschutzklage, scheitert der Schadensersatzanspruch an dem Verstoß gegen die Schadensminderungspflicht (§ 254 Abs. 1 BGB).

Für die **außerordentliche** Kündigung benötigt der Arbeitgeber einen **wichtigen Grund**. Liegt dieser nicht vor, weil die außerordentliche Kündigung nur Teil des gegenüber dem Arbeitnehmer verübten Mobbing ist, führt diese wiederum zur Unwirksamkeit der Kündigung. Diese Unwirksamkeit kann der Arbeitnehmer gerichtlich geltend machen. Unterlässt er dies, scheitert der Anspruch auf Ersatz des Verdienstausfallschadens ebenso an dem Verstoß gegen die Schadensminderungspflicht (§ 254 Abs. 1 BGB).

Unwirksamkeit bei Mobbing gegeben Nur auf den ersten Blick stellt die **krankheitsbedingte arbeitgeberseitige Kündigung** einen Sonderfall dar. Nach der ständigen Rechtsprechung des Bundesarbeitsgerichts ist der Arbeitgeber berechtigt, bei häufigen Kurzerkrankungen oder einer lang anhaltenden Erkrankung mit ungewissem Ende das Arbeitsverhältnis zu kündigen. Die im Falle der krankheitsbedingten Kündigung notwendigen Interessenabwägung führt aber dazu, dass die krankheitsbedingte Kündigung unwirksam ist, wenn die Krankheit auf einem schuldhaften Verhalten des Arbeitgebers beruht. Der aufgrund des Mobbing erkrankte Arbeitnehmer muss die Unwirksamkeit der krankheitsbedingten Kündigung im Kündigungsschutzprozess geltend machen und kann sich nicht statt dessen auf die Geltendmachung des Verdienstausfallschadens beschränken.

Während die unterlassene Kündigungsschutzklage die Geltendmachung des Schadens in Gestalt von Verdienstausfall ausschließt, kann der Arbeitnehmer bei erfolgreicher Kündigungsschutzklage den **Verdienstausfallschaden** geltend machen, wenn das Arbeitsverhältnis gemäß § 9 KSchG auf Antrag des Arbeitnehmers aufgelöst wird (vgl. dazu oben Abschnitt 9.1.3). Die vom Gericht festgesetzte Abfindung ist auf den entgangenen Verdienst anzurechnen und mindert deshalb den Verdienstausfallschaden.

Führt die Kündigungsschutzklage zur Feststellung, dass das Arbeitsverhältnis fortbesteht, hat der klagende Arbeitnehmer Anspruch auf Verzugslohn (§ 615 BGB). Zusätzlich kann er die ihm durch die verspätete Entgeltzahlung entstehenden Verzugsschäden ersetzt verlangen.

Bei fortbestehendem Arbeitslohn Anspruch auf Verzugslohn

9.5.3 Ersatz immaterieller Schäden

Auch wenn es dem Mobbing-Opfer gelingt, materielle Schäden zu vermeiden oder den Ersatz solcher Schäden durchzusetzen, verbleiben nicht originär durch Geld auszudrückende Beeinträchtigungen. Zum Ausgleich solcher immaterieller Schäden ist das **Schmerzensgeld** gedacht. Es hat den Anschein, dass im allgemeine Rechtsempfinden das Bedürfnis nach Ausgleich immaterieller Schäden durch Schmerzensgeldzahlungen wächst. Die Ursachen dafür sind vielfältig und können hier nicht vertieft erörtert werden. Gerade weil der materielle Schaden infolge des Mobbing in unserem Rechtssystem weitgehend vermeidbar ist und sich aus Sicht des Mobbing-Opfers regelmäßig nicht als der größte Nachteil auf Grund des Mobbing darstellt, sondern die Beeinträchtigung des sozialen Selbstwertgefühls am Arbeitsplatz und darüber hinaus der Persönlichkeit insgesamt als viel gravierender empfunden wird, kommt dem Schmerzensgeldanspruch für die Genugtuung des Mobbing-Opfers eine überragende Bedeutung zu.

Selbstwertgefühl und Persönlichkeit beeinträchtigt

Auch wenn die Möglichkeit zur Geltendmachung von Schmerzensgeldansprüchen gegen den Arbeitgeber durch die **Neufassung des § 253 Abs. 2 BGB** (ab 1. 8. 2002) erheblich ausgebreitet wurde, bleibt die Durchsetzung von Schmerzensgeldansprüchen schwierig. Dies liegt überwiegend in einer nach wie vor unbefriedigenden dogmatischen Aufarbeitung des Schmerzensgeldanspruchs begründet. Die Zubilligung von Schmerzensgeld wird von den Gerichten als Einzelfallentscheidung verstanden. Für den Anspruchsteller hat diese Einzelfallrechtsprechung den großen Nachteil, dass die Höhe des Schmerzensgeldes, das vom Gericht zugesprochen wird, kaum vorhersehbar ist. Wegen der traditionell niedrigen Festsetzung des Schmerzensgeldes in der deutschen Rechtsprechung wird die gerichtliche Festsetzung des Schmerzensgeldes nicht selten als weitere schwere persönliche Verletzung empfunden. Für das

Durchsetzung bleibt schwierig

Höhe kaum vorhersehbar

auf Schmerzensgeld klagende Mobbing-Opfer kommt erschwerend hinzu, dass es für das Schmerzensgeld bei Mobbing
bisher, soweit ersichtlich, nur eine Entscheidung gibt. Die Entwicklung der Rechtsprechung zur Bemessung des Schmerzensgeldes im Falle von erlittenem Mobbing steht deshalb noch ganz
am Anfang. In der Tatsache, dass die Arbeitsgerichte bisher mit
Entscheidungen zum Schmerzensgeld nur wenig befasst waren,
bietet dabei die Chance zur Entwicklung eines in sich stimmigen Systems. Der Vorteil eines solchen Systems läge nicht nur in
der besseren Vorhersehbarkeit der Ergebnisse für den Geschädigten, sondern auch in der präventiven Wirkung auf Arbeitgeber und Mobber.

2 Ansprüche aus-einanderhalten

Beim Schmerzensgeld muss unverändert zwischen dem gesetzlich geregelten Fall des Schmerzensgeldanspruchs als Folge der
Verletzung des Körpers, der Gesundheit, der Freiheit oder der
sexuellen Selbstbestimmung (§ 253 Abs. 2 BGB) und dem Entschädigungsanspruch wegen Verletzung des allgemeinen Persönlichkeitsrechts unterschieden werden. Diese Unterscheidung hat nicht nur juristische, sondern erhebliche praktische
Bedeutung.

Gesetzlich weiter-hin nicht geregelt

Der Entschädigungsanspruch wegen der immateriellen Folgen
einer **Verletzung des allgemeinen Persönlichkeitsrechts** ist
gesetzlich nicht geregelt. Daran hat sich auch durch die Novellierung des Schadensersatzrechts nichts geändert, die zum 1. 8.
2002 in Kraft getreten ist. Der Schmerzensgeldanspruch ist zwar
keine Besonderheit des Deliktsrechts mehr. Unverändert heißt
es aber in § 253 BGB: Wegen eines Schadens, der nicht Vermö-
gensschaden ist, kann Entschädigung in Geld nur in den durch
das Gesetz bestimmten Fällen gefordert werden. Obwohl es eines der erklärten Ziele der bereits zum 1. 1. 2002 in Kraft getretenen Schuldrechtsreform war, von der Rechtsprechung entwickelte Rechtsinstitute in das geschriebene Recht zu integrieren,
hat der Gesetzgeber den bereits seit mehr als vierzig Jahren von
der höchstrichterlichen Rechtsprechung anerkannten Anspruch
auf Entschädigung bei einer Verletzung des Persönlichkeitsrechts weiterhin ungeregelt gelassen. In § 253 Abs. 2 BGB werden die Rechtsgüter genannt, bei deren Verletzung eine Entschädigung in Geld auch wegen des Nichtvermögensschadens
verlangt werden kann. Das allgemeine Persönlichkeitsrecht be-

findet sich nicht darunter. Nach der Gesetzesbegründung wollte der Gesetzgeber damit den Entschädigungsanspruch bei Verletzung des allgemeinen Persönlichkeitsrechts aber nicht abschaffen. Wegen der Voraussetzungen für den Entschädigungsanspruch muss deshalb unverändert auf die in zwischenzeitlich über vier Jahrzehnten entwickelte Rechtsprechung zurückgegriffen werden. Für das Mobbingopfer bedeuten diese Rechtsprechungsgrundsätze eine hohe Hürde auf dem Weg zur Erlangung einer Entschädigung wegen der Verletzung seines allgemeinen Persönlichkeitsrechts.

Nach der im Wesentlichen vom Bundesgerichtshof entwickelten Rechtsprechung müssen für den Anspruch auf Entschädigung wegen der Verletzung des allgemeinen Persönlichkeitsrechts **zwei Voraussetzungen** erfüllt sein:

Von den Zivilgerichten entwickelte Grundsätze

- Es muss sich um einen **schweren Eingriff** in das Persönlichkeitsrecht des Betroffenen handeln. Gradmesser dafür ist einerseits „eine objektiv erheblich ins Gewicht fallende Beeinträchtigung des Persönlichkeitsrechts" und andererseits die Schwere der Schuld, die den Verletzer tifft.

- Hinzu kommen muss, dass der in seinem Persönlichkeitsrecht Verletzte **nicht auf andere Weise ausreichende Genugtuung** erlangen kann. Die Rechtsprechung hat sich vornehmlich an Fällen entwickelt, bei denen es um die Verletzung der Persönlichkeitsrechte von prominenten Persönlichkeiten zum Zwecke der Werbung oder der Auflagensteigerung von Zeitungen ging. Der Entschädigungsanspruch besteht nur dann, wenn Ansprüche auf Unterlassung oder Widerruf von Äußerungen oder der Anspruch auf Gegendarstellung zur Genugtuung des Opfers nicht ausreichen.

Die Entschädigungsansprüche bei der Verletzung des allgemeinen Persönlichkeitsrechts von Prominenten erreichen nicht selten sechsstellige Summen. Dazu mag beitragen, dass die Verletzungen regelmäßig aus kommerziellen Gründen erfolgen und die Schädiger finanziell sehr leistungsfähig sind. Gleichwohl stehen die für erfundene Geschichten über Prominente oder den Einbruch in deren Intimsphäre zuerkannten Beträge in einem merkwürdigen Missverhältnis zu den Schmerzensgeldansprüchen, die Normalbürgern selbst bei schweren Misshandlungen und schweren Gesundheitsschäden zuerkannt werden.

Anspruchshöhe sehr unterschiedlich

Soweit ersichtlich, ist die oben (Abschnitt 8.6.5.1) berichtete Entscheidung des LAG Mainz – außer der erstinstanzlichen Entscheidung desselben Falles – die einzige bisher veröffentlichte Entscheidung, in der einem Arbeitnehmer Schmerzensgeldanspruch wegen Verletzung seines allgemeinen Persönlichkeitsrechts durch Mobbing zuerkannt wurde. Diese Entscheidung ist ein weiterer Beleg für die große Zurückhaltung bei der Festsetzung der Höhe der Entschädigung, wenn es nicht um die Verletzung des Persönlichkeitsrechts von Prominenten geht.

Höhe des Schmerzensgeldes häufig sehr gering

Ein weiteres Beispiel für diese Zurückhaltung ist eine Entscheidung des Bundesarbeitsgerichts aus dem Jahr 1999 (Urteil vom 18. 2. 1999, Az.: 8 AZR 735/97 = NZA 1999, 645). In dem vom Bundesarbeitsgericht entschiedenen Fall ging es um die Arbeitnehmerin einer für den Vertrieb und das Rechenzentrum eines Anzeigenblattes zuständige GmbH. Für die Redaktion des Blattes war eine andere Gesellschaft zuständig. Die Arbeitnehmerin war zwei Monate nach Beginn des Arbeitsverhältnisses schwanger geworden. In der Folgezeit fehlte sie dann häufig wegen krankheitsbedingter Arbeitsunfähigkeit, wurde aber gleichwohl beim Reiten gesehen. Nach einer wohl schon wegen fehlender Zustimmung der Arbeitsschutzbehörde unwirksamen fristlosen Kündigung der Arbeitgeberin erschien in dem Anzeigenblatt ein Artikel, in dem die Arbeitnehmerin als „die faulste Mitarbeiterin Deutschlands" bezeichnet wurde. Sie könne die „Königin der Tagediebe" sein. Ihr Verhalten sei schräg und unehrlich. Außerdem hieß es in dem Artikel, sie wisse wohl selbst nicht, von wem sie schwanger sei. Die Arbeitnehmerin hieß mit Vornamen Ina. Im Artikel wurde die beschriebene Person als Ina M. bezeichnet.

Bundesarbeitsgericht billigt die Höhe

Die Arbeitnehmerin verklagte darauf ihre Arbeitgeberin, deren Geschäftsführerin, die für die Redaktion zuständige GmbH und den Chefredakteur u. a. auf Zahlung eines Schmerzensgeldes. Das Landesarbeitsgericht Hamm sprach der Arbeitnehmerin für die entstandene Kränkung ein **Schmerzensgeld in Höhe von 4.000 DM** zu. Dagegen legten die Beklagten Revision ein, so dass es in der Revisionsinstanz nur noch darum ging, ob das Schmerzensgeld **zu hoch** bemessen war. Dies wurde vom Bundesarbeitsgericht verneint. Der Artikel in dem Anzeigenblatt habe das Persönlichkeitsrecht der Arbeitnehmerin schwer verletzt. Er enthalte eine Reihe beleidigender Behauptungen, die nicht durchweg mit der Pressefreiheit gerechtfertigt werden könnten. Insbesondere habe die Zeitung nicht nur über die geringfügige Arbeitsleistung der Arbeitnehmerin berichtet, sondern habe ohne zwingende Notwendigkeit Details aus deren Intimsphäre veröffentlicht. Es habe keine sachliche Berechtigung bestanden, beiläufig zu bezweifeln, ob die Arbeitnehmerin den Erzeuger des erwarteten Kindes kenne. Die anzustellende Interessenabwägung falle deshalb zugunsten des Persönlichkeitsrechtsschutzes der Arbeitnehmerin aus.

Der Fall ist ein schönes Beispiel sowohl für das von den Gerichten angewandte Prüfungsschema als auch für die geringe Höhe der zuerkannten Entschädigungen außerhalb des Prominenten-Bereichs. Während das Bundsarbeitsgericht die von dem Beklagten gerügte Höhe des Schmerzensgeldes nicht beanstandete, hob es die Verurteilung der Arbeitgeberin und deren Geschäftsführerin auf, weil eine Mittäterschaft der Arbeitgeberin und ihrer Geschäftsführerin an den Persönlichkeitsrechtsverletzungen nicht festgestellt worden sei. In der Begründung stellte das Bundesarbeitsgericht u. a. darauf ab, dass nach dem eigenen Vortrag der Arbeitnehmerin der Chefredakteur ihr Vorgesetzter und der eigentliche Kopf der Angelegenheit gewesen sei.

In der Entscheidung des Bundesarbeitsgerichts steckt für den Anspruch auf Entschädigung wegen einer Persönlichkeitsrechtsverletzung durch Mobbing möglicherweise mehr Brisanz als auf den ersten Blick erkennbar. Die Begründung, mit der das Bundesarbeitsgericht die Haftung der Arbeitgeberin und deren Geschäftsführerin abgelehnt hat, stellt vollständig auf das Deliktsrecht ab. Der Gesichtspunkt, dass der Autor des Artikels der Vorgesetzte der bloßgestellten Arbeitnehmerin war und ihm demnach die Arbeitgeberin die Ausübung des Direktionsrechts übertragen hatte, spielte in der Entscheidung keine Rolle. Nach der neueren Rechtsprechung der Landesarbeitsgerichte Thüringen und Mainz stellt die Verletzung des allgemeinen Persönlichkeitsrechts des Arbeitnehmers zugleich eine Verletzung der vertraglichen Nebenpflichten des Arbeitgebers dar. Legt man diese Rechtsprechung zugrunde, hätte das Verschulden des für den Artikel unmittelbar verantwortlichen Chefredakteurs gemäß § 278 BGB der Arbeitgeberin zugerechnet werden müssen. Da-

Neue rechtliche Ansatzpunkte ersichtlich

gegen gibt es auch nach der neueren Rechtsprechung der Landesarbeitsgerichte keine Norm, wonach sich die Geschäftsführerin der Arbeitgeberin das Fehlverhalten des Chefredakteurs auch persönlich zurechnen lassen muss.

Wird das BAG eine Vertragsverletzung anerkennen?

Für Entschädigungsansprüche gegen den Arbeitgeber wegen Verletzung des allgemeinen Persönlichkeitsrechts des Arbeitnehmers kommt es entscheidend darauf an, ob das Bundesarbeitsgericht die Verletzung des allgemeinen Persönlichkeitsrechts des Arbeitnehmers zukünftig auch als eine Verletzung der vertraglichen Ansprüche des Arbeitnehmers wertet und daraus auch einen vertraglichen Anspruch auf eine Entschädigungsleistung ableitet. Ob das Gericht diesen Weg gehen wird, ist zurzeit noch offen. Dafür spricht, dass der Anspruch auf Ersatz des immateriellen Schadens nach dem Willen des Gesetzgebers keine Besonderheit des Deliktsrechts mehr sein soll. Dagegen spricht, dass der Entschädigungsanspruch wegen der Verletzung des allgemeinen Persönlichkeitsrechts bisher rein deliktsrechtlich verankert war.

Wird es bei der bisherigen Begründung bleiben?

Die bisherige rein deliktsrechtliche Begründung des Anspruchs auf Entschädigung wegen der Verletzung des allgemeinen Persönlichkeitsrechts erklärte sich zum einen Teil aus der Tatsache, dass nur im Deliktsrecht der Schmerzensgeldanspruch bereits gesetzlich anerkannt war. Hinzu kommt, dass die Rechtsprechung an Fällen entwickelt wurde, bei denen zwischen der in dem allgemeinen Persönlichkeitsrecht verletzten Person und dem Schädiger keine vertragliche Verbindung bestand. Nachdem der Gesetzgeber den Schmerzensgeldanspruch in das allgemeine Schadensersatzrecht integriert hat, kommt es darauf an, ob das Bundesarbeitsgericht und der Bundesgerichtshof an der bisherigen Begründung für den richterrechtlich entwickelten Entschädigungsanspruch festhalten. Der Bundesgerichtshof hat den Entschädigungsanspruch so begründet: Die Ausschaltung des immateriellen Schadensersatzes im Persönlichkeitsschutz würde dazu führen, dass Verletzungen der Würde und Ehre des Menschen ohne eine Sanktion der Zivilrechtsordnung blieben, in der zum Ausdruck kommt, dass wesentliche Werte gestört sind und dass der Verletzer dem Betroffenen für das ihm angetane Unrecht eine Genugtuung schuldet (BGH, Urteil vom 19. 9. 1961, Az.: VI ZR 259/60 = BGHZ 363, 368 – Ginseng).

Auch bei einem weiterhin nur deliktrechtlichen Verständnis des Entschädigungsanspruchs wäre das aus dem Grundgesetz abgeleitete Erfordernis einer zivilrechtlichen Sanktion für Persönlichkeitsverletzungen erfüllt.

Die noch ausstehende Entscheidung des Bundesarbeitsgerichts zu dieser auf den ersten Blick möglicherweise juristisch-dogmatisch erscheinenden Fragestellung wird für die Bewältigung von Mobbingsituationen mit juristischen Mitteln von entscheidender praktischer Bedeutung sein, weil davon die Inanspruchnahme des Arbeitgebers abhängt, der das Mobbing weder persönlich noch durch ein Organ betrieben hat.

Das Wichtigste in Kürze

Als Folge des Mobbing können sich Schadensersatzansprüche des Mobbingopfers gegen den Arbeitgeber ergeben. Juristisch relativ unproblematisch ist der Anspruch auf Ersatz materieller Schäden, der aber nur einen schmalen praktischen Anwendungsbereich hat. Für die Genugtuung des Mobbingopfers ist der Schmerzensgeldanspruch von besonderer Bedeutung. Beim Schmerzensgeldanspruch wegen erlittener gesundheitlicher Beeinträchtigungen bestehen große Schwierigkeiten zu beweisen, dass die Gesundheitsschäden durch das Mobbing verursacht worden sind. Der Vorteil des Entschädigungsanspruchs wegen der Verletzung des allgemeinen Persönlichkeitsrechts besteht darin, dass eine solche Ursächlichkeit nicht nachgewiesen werden muss. Dem steht der Nachteil gegenüber, dass die Persönlichkeitsverletzung ein besonderes Gewicht haben muss. Der Wert sowohl des Schmerzensgeldanspruchs als auch des Entschädigungsanspruchs leidet darunter, dass die Gerichte bei der Festsetzung der Höhe sehr zurückhaltend sind und das Ergebnis der Entscheidung kaum vorhersehbar ist. Unklar ist zudem noch, ob das Bundesarbeitsgericht den Entschädigungsanspruch wegen Verletzung des allgemeinen Persönlichkeitsrechts auch als vertragsrechtlichen Anspruch behandeln wird.

9.6   Schmerzensgeldtabelle als Argumentationshilfe

Mobbing-Urteile noch zu selten

Angesichts des minimalen Entscheidungsmaterials ist es nicht möglich, für die Bemessung des Schmerzensgeldes bzw. der Entschädigung wegen Mobbing eine Tabelle nach dem Muster der bekannten Urteilszusammenstellung „Schmerzensgeld-Beträge" von Hacks, Ring und Böhm (ADAC-Verlag) aufzustellen. Diese Listen dienen der Orientierung über die Höhe des Schmerzensgeldes, das Gerichte in vergleichbaren Fällen zugesprochen haben. Weil die Rechtsprechung zum Ersatz des immateriellen Schadens beim Mobbing erst ganz am Anfang steht, kommt es hier darauf an, die **Gesichtspunkte** zusammenzustellen, die im konkreten Fall zu berücksichtigen sind. Über die bloße Beschreibung hinaus wird dabei zugleich der Versuch unternommen, eine **Gewichtung** vorzunehmen. Dabei steht die Bemessung der Entschädigung wegen Verletzung des allgemeinen Persönlichkeitsrechts im Vordergrund. Die Tabelle dient einem doppelten Zweck. Sowohl dem Mobbingopfer als auch dem in Anspruch Genommenen bietet sie Argumentationshilfe, die Höhe des Anspruchs zu begründen bzw. dem zu hoch erscheinenden Anspruch begründet entgegenzutreten.

Argumentationshilfe wird geboten

9.6.1 Ausgleichsfunktion des Schmerzensgeldes

Bewertung der Schwere der Beeinträchtigung

Das Schmerzensgeld soll Beeinträchtigungen durch eine Geldzahlung ausgleichen, die an sich nicht in Geld zu bewerten sind. Dieser innere Widerspruch zwischen materiellen und immateriellen Werten ist von den Vätern des Bürgerlichen Gesetzbuchs ganz anders empfunden worden, als dies der heutigen Wertung der meisten Menschen entspricht. Die Ausgleichsfunktion des Schmerzensgeldes erfordert es, bei der Festsetzung der Höhe des Schmerzensgeldes zu bewerten, wie schwer die Beeinträchtigung des Mobbingopfers war.

9.6.1.1 Beeinträchtigung durch Nichtbeschäftigung

Arbeitstätigkeit hat einen ethischen Wert

Die länger andauernde vollständige Nichtbeschäftigung des Mobbingopfers ohne Freistellung stellt eine besonders schwere Beeinträchtigung dar. Dies ergibt sich nicht nur daraus, dass

Verdienst durch eigene Arbeit einen ethischen Wert hat. Das Arbeitsverhältnis ist durch die persönliche Abhängigkeit des Arbeitnehmers vom Arbeitgeber geprägt. Ausdruck der persönlichen Abhängigkeit ist das Bestimmungsrecht des Arbeitgebers über Ort und Zeit der Arbeitsleistung. Der Arbeitgeber muss diesen Bestimmungen des Arbeitgebers Folge leisten und gibt so einen Teil seiner Freiheit auf, das zu tun, was er will. Der völlig sinnentleerte Entzug dieser Freiheit durch bloße Anwesenheitspflicht ohne Arbeitsaufgabe stellt eine besonders schwere Beeinträchtigung des Arbeitnehmers dar. Der Arbeitsplatz wird zum Gefängnis auf Zeit, das Arbeitsverhältnis zur „Freiheitsstrafe".

Zuweisung sinnloser Arbeit

Die Zuweisung offensichtlich sinnloser Arbeit „für den Papierkorb" stellt eine Spielart der Nichtbeschäftigung dar. Der Unterschied zur vollständigen Nichtbeschäftigung ist gleichwohl groß. Das Recht, über die Verwertung der vom Arbeitnehmer erbrachten Leistungen zu entscheiden, liegt grundsätzlich beim Arbeitgeber. Auch im ungestörten Arbeitsverhältnis passiert es einem Arbeitnehmer immer wieder, dass mit großem persönlichen Einsatz geleistete Arbeit vom Arbeitgeber nicht verwertet wird. Der vollständigen Nichtbeschäftigung ohne Freistellung stehen deshalb lediglich ganz offensichtlich sinnlose Arbeitsaufgaben gleich, z. B. wenn ein Arbeitnehmer eine Reihe von Gegenständen zunächst von A nach B und anschließend wieder von B nach A verlagern soll.

Überforderung

Eine weitere Spielart des Mobbing durch die Art der Arbeitszuweisung ist die Übertragung von Aufgaben, die der Arbeitnehmer auch bei Anspannung seiner Kräfte nicht lösen kann. Die darin liegende Beeinträchtigung wiegt weniger schwer als die Nichtbeschäftigung ohne gleichzeitige Freistellung und die Zuweisung sinnloser Arbeit, weil der Arbeitnehmer ohnehin nicht den Erfolg seiner Tätigkeit, sondern nur pflichtgemäßes Bemühen schuldet.

Zuweisung krass unterwertiger Arbeit

Die Zuweisung krass unterwertiger Arbeit als Bestandteil des Mobbing stellt eine Beeinträchtigung dar, vor der der Arbeitnehmer aufgrund seiner vertraglichen Position bereits gut geschützt ist. Handelt es sich um krass unterwertige Arbeit, kann er die Erledigung dieser Arbeiten verweigern. Deshalb wiegt diese Beeinträchtigung für sich genommen nicht so schwer, wie die anderen Beispiele für Mobbing durch Arbeitszuweisung.

Weist der Arbeitgeber dem Arbeitnehmer allerdings bei einer berechtigten Verweigerung der krass unterwertigen Arbeit keine anderen Arbeitsaufgaben zu, handelt es sich um eine Nichtbeschäftigung ohne Freistellung.

9.6.1.2 Unberechtigte arbeitsrechtliche Maßnahmen

Unberechtigte (fristlose) Kündigung

Die dem Arbeitnehmer zumindest theoretisch am stärksten tangierende arbeitsrechtliche Maßnahme des Arbeitgebers ist die unberechtigte Kündigung des Arbeitsverhältnisses. Diese entzieht dem Arbeitnehmer die wirtschaftliche Grundlage seiner Existenz und greift in ein Rechtsverhältnis ein, dessen Bestand nach dem Willen des Gesetzgebers einen hohen Schutz genießt. Besonders gravierend ist die fristlose Kündigung, da sie zugleich geeignet ist, das weitere berufliche Fortkommen des Arbeitnehmers schwerwiegend zu beeinträchtigen und regelmäßig eine Sperrfrist beim Bezug des Arbeitslosengeldes auslöst.

Anders bei Kündigungen als Zermürbungsinstrument

Gleichwohl stellt eine unberechtigte Kündigung grundsätzlich keine Beeinträchtigung des allgemeinen Persönlichkeitsrechts des Arbeitnehmers dar, die nur durch eine Schmerzensgeldzahlung auszugleichen wäre. Die Kündigungsschutzklage und die Möglichkeit des Arbeitnehmers, den Arbeitgeber auf Zahlung von Verzugslohn in Anspruch zu nehmen, stellen im Regelfall ausreichende Ausgleichsmöglichkeiten dar. Dies muss grundsätzlich auch dann gelten, wenn der Arbeitgeber nicht eine, sondern mehrere unwirksame Kündigungen ausgesprochen hat. Erst dann, wenn sich aufgrund der Anzahl der Kündigungen und der offensichtlichen Unwirksamkeit zeigt, dass die Kündigungen als Zermürbungsinstrument zweckentfremdet wurden, kann sich daraus eine ausgleichsbedürftige Beeinträchtigung des allgemeinen Persönlichkeitsrechts des Arbeitnehmers ergeben.

Abmahnungen

Für unberechtigte Abmahnungen gelten die gleichen Erwägungen wie für unwirksame Kündigungen. Auch mehrfache unberechtigte Abmahnungen stellen deshalb noch keine Beeinträchtigung dar, die einen Ausgleich durch die Verpflichtung zur Zahlung eines Schmerzensgeldes erfordern würde. Auch hier ändert sich die Lage, wenn sich aus der Anzahl, der zeitlichen Folge und der offensichtlichen Unbegründetheit der Abmahnungen ergibt, dass sie nicht der Wahrnehmung vermeintlicher Rechte des Arbeitgebers, sondern allein oder primär der Zermürbung des Arbeitnehmers dienen.

Bestandteil des Mobbingangriffs kann auch eine Versetzung, ggf. auch die mehrfache Versetzung des Arbeitnehmers sein. Hier gilt zunächst das gleiche wie für Kündigung und Abmahnung. Erschwerend kommt hinzu, dass die unberechtigte Versetzung bei dem Arbeitnehmer eine besondere Zwangslage auslöst. Der Arbeitnehmer muss befürchten, dass eine Weigerung, die Versetzungsanordnung zu befolgen, eine fristlose Kündigung des Arbeitsverhältnisses nach sich zieht. Selbst wenn er sich mit einer Feststellungsklage oder dem Antrag auf Erlass einer einstweiligen Verfügung gegen die Versetzung wehrt, gerät er tatsächlich unter den Zwang, die ihm zugewiesene Arbeit zunächst eine Zeitlang verrichten zu müssen.

Versetzung

Auch die unwirksame Versetzung stellt, ebenso wie die unwirksame Kündigung oder unberechtigte Abmahnung, grundsätzlich keine Beeinträchtigung dar, die über das Schmerzensgeld für eine Persönlichkeitsverletzung auszugleichen wäre. Dies ändert sich nur dann, wenn die Versetzung im Zuge des Mobbingangriffs auf den Arbeitnehmer offensichtlich **zweckentfremdet** würde. Dazu werden insbesondere Versetzungen an weit entfernt liegende oder besonders unattraktive Orte genutzt.

Hier Schmerzensgeld möglich

9.6.1.3 Demütigung

Ein Instrument des Mobbing ist die Demütigung des Opfers. Diese besteht darin, dass das Selbstwertgefühl des Mobbingopfers und seine soziale Position in der Gemeinschaft beeinträchtigt wird. Besonders gravierend ist die Beeinträchtigung durch die Beschädigung oder Zerstörung des Selbstwertgefühls des Mobbingopfers. Instrumente sind herabsetzende Kritik, insbesondere wenn diese vor anderen geäußert wird, das „Niedermachen" durch die Art der Kommunikation (Anschreien, zynische oder ironische Äußerungen, direkte Beleidigungen). Solche Angriffe zielen darauf, die Persönlichkeit des Mobbingopfers zu beschädigen und drängen deshalb in besonderer Weise nach einem Ausgleich.

Herabsetzende Kritik etc.

Entzug des Büros, Dienstwagens und anderer Statussymbole

Auf das Selbstwertgefühl und die Position in der Gemeinschaft zielen auch Mobbingmaßnahmen ab, die im Entzug von Statussymbolen bestehen. Die Wirkung auf den Betroffenen ist umso schwerwiegender, je größer der Kreis der Personen ist, die davon erfahren. Beispiele sind der Entzug des bisherigen Büros oder Arbeitsplatzes und Zuweisung eines in der offiziellen oder inoffiziellen Hierarchie niedriger bewerteten Arbeitsortes, wie in dem vom LAG Mainz entschiedenen Fall (vgl. oben Abschnitt 8.6.6), wo dem früheren Vorstandsmitglied statt des eigenen Arbeitszimmers mit Vorzimmer ein Schreibtisch in der Schalterhalle zugewiesen worden war. Weitere Beispiele sind der Entzug von Mitarbeitern, insbesondere einer Sekretärin oder einer Assistentin, der Austausch des Dienstwagens gegen ein wesentlich älteres oder kleineres Modell. Mit solchen Maßnahmen wird die von dem Mobbingopfer regelmäßig durch seine berufliche und soziale Kompetenz erlangte soziale Position innerhalb der engeren Gemeinschaft des Betriebes oder auch darüber hinaus in der Öffentlichkeit tangiert. Die Beeinträchtigung ist mit den Folgen des Angriffs auf die Selbstachtung des Mobbingopfers verwandt, aber nicht identisch. Beim Entzug von Statussymbolen wird die Person mittelbar betroffen, während sie bei dem Angriff auf die Selbstachtung unmittelbar das Ziel des Angriffs ist.

9.6.1.4 Isolation

Ausschluss von Informationen etc.

Zu den typischen Mobbinginstrumenten gehört die Isolation des Mobbingopfers innerhalb des Betriebes. Eine schwerwiegende Beeinträchtigung liegt in dem Ausschluss des Mobbingopfers von arbeitsbezogenen Besprechungen, Konferenzen und ähnlichen Zusammenkünften. Dadurch wird das Mobbingopfer von wichtigen Informationen ausgeschlossen. Dies führt zur Verunsicherung, weil das Mobbingopfer befürchten muss, für seine Arbeit wichtige Informationen nicht zu besitzen und deshalb Fehler zu machen oder nicht die ihm an sich mögliche Arbeitsqualität liefern zu können. Zugleich liegt darin eine **Stigmatisierung** gegenüber den Arbeitskollegen, denen durch den Ausschluss des Mobbingofers deutlich gemacht wird, dass es auf der „Abschussliste" steht. Folge der Verunsicherung ist u. a., dass das Mobbingopfer nicht weiß, ob die von ihm geleistete Arbeit noch zielgerichtet ist oder sich die Ziele verändert haben.

Ähnlich, aber weniger direkt wirkt der Ausschluss oder die Beschränkung des **Zugriffs auf betriebsübliche Kommunikationsmittel** wie Telefon, Telefax, interner oder externer Email-Verkehr. Hier und bei dem Ausschluss von innerbetrieblichen Informationsmöglichkeiten, wie dem Zugriff auf die betriebliche EDV, Intranet und Internet, handelt es sich um eine Maßnahme, die sowohl zur Isolation des Mobbingopfers führt als auch seine Arbeitsumstände erschwert.

Dagegen ist der ausschließlich **soziale Ausschluss** des Mobbingopfers für die Bemessung des Schmerzensgeldes nur in Ausnahmefällen relevant. Beispiele für die soziale Isolation sind die fehlende Gesellschaft beim Mittagessen in der Kantine, der Ausschluss von der informellen Kommunikation über private Erlebnisse, z. B. im Urlaub, oder von privat organisierten Feiern im Betrieb, z. B. anlässlich von Geburtstagen oder Jubiläen. Solche Umstände wird man bei der Schmerzensgeldbemessung nur dann berücksichtigen können, wenn sie von dem Mobber organisiert worden sind.

9.6.1.5 Diskriminierende Arbeitsumstände

Eine wesentliche Beeinträchtigung des Mobbingopfers kann in diskriminierenden Arbeitsumständen bestehen. Besonders schwerwiegend ist die Beeinträchtigung durch schikanöse Kontrollen des Arbeitsverhaltens oder der Arbeitsleistung. Solche Kontrollen bedeuten den **Entzug von Vertrauen**, das ein wesentlicher Bestandteil der persönlichen Wertschätzung ist. Sie führen bei dem Mobbingopfer regelmäßig zu einer großen Verunsicherung bzw. ständigen Abwehrhaltung, weil es befürchten muss, dass jeder tatsächliche oder vermeintliche Fehler zum Anlass eines neuen Angriffs genommen wird. Zusätzlich führen diese Kontrollen häufig zu einer erheblichen zusätzlichen Arbeitsbelastung, z. B. durch die Verpflichtung zur fortlaufenden Protokollierung der Tätigkeiten.

Schikanöse Kontrollen etc.

Auch der **Entzug von Arbeitsmitteln** stellt eine Beeinträchtigung des Mobbingopfers dar, weil ihm dadurch ohne sachlichen Grund die Erbringung seiner Arbeitsleistung erschwert wird. Wichtige Arbeitsmittel sind regelmäßig technische Ausrüstungen, insbesondere der PC und der Zugriff auf die Datenverarbeitung. Aber auch traditionelle Medien, wie Fachzeitschriften oder Rundschreiben, technische Dokumentationen, Preislisten u. ä. gehören hierher. In sehr vielen Arbeitsbereichen kommen dem Intranet oder auch dem Internet besondere Bedeutung für die Informationsbeschaffung zu. Der Ausschluss von diesen Informationsmögichkeiten trägt deshalb nicht nur zur Isolation des Mobbingopfers, sondern auch zur Erschwerung seiner Arbeit bei. Diese Erschwernis stellt deshalb eine erhebliche Beeinträchtigung des Mobbingopfers dar, weil sie als sinnlos empfunden werden muss.

9.6.1.6 Mobbingfolgen

Krankheiten, Selbstmordversuche etc.

Für die Ausgleichsfunktion des Schmerzensgeldes sind auch die Folgen zu berücksichtigen, die die Verletzung des Persönlichkeitsrechte des Mobbingopfers ausgelöst haben. Im Vordergrund stehen Beeinträchtigungen des persönlichen Befindens, bei denen die Grenze zur Gesundheitsbeeinträchtigung oft nur schwer zu ziehen ist. Für die Bemessung der Entschädigung ist dies aber nicht von entscheidender Bedeutung, weil die Verletzung der Gesundheit selbst den Anspruch auf Ersatz des immateriellen Schadens begründet und die Anforderungen für den Entschädigungsanspruch wegen der Verletzung des allgemeinen Persönlichkeitsrechts eher höher sind als für den Schmerzensgeldanspruch bei der Gesundheitsbeeinträchtigung. Eine besonders schwere Beeinträchtigung liegt vor, wenn das Mobbingopfer durch das Mobbing persönlich so zermürbt wurde, dass es selbstmordgefährdet wurde. Den schlimmsten Fall stellt die gelungene Selbsttötung dar. In diesem Fall geht der Entschädigungsanspruch auf die Erben über.

Beweis häufig schwierig

Konkret feststellbare **Stresssymptome** wie Schlafstörungen oder Angstschweiß, der kausal auf die Persönlichkeitsveränderung durch das Mobbing zurückzuführende Rückzug von sonstigen sozialen Kontakten oder Beeinträchtigung des Zusammenlebens in Familie und Partnerschaft sind weitere Beeinträchtigungen, die unter dem Gesichtspunkt der Ausgleichsfunktion bei der Bemessung der Entschädigung berücksichtigt werden können. Die Schwierigkeiten werden sich hier häufig im tatsächlichen Bereich befinden, weil diese Beeinträchtigungen im Streitfall konkret dargelegt und notfalls auch bewiesen werden müssen.

Durch das Mobbing ausgelöste **finanzielle Probleme**, z. B. wegen des Ausbleibens der Gehaltszahlung nach unberechtigten Kündigungen, sind nicht unmittelbar zu berücksichtigen. Berücksichtigt werden können aber die nichtmateriellen Folgeerscheinungen von finanziellen Problemen. Diese werden durch die Nachzahlung des Gehaltes und den Ausgleich des materiellen Verzugsschadens nicht ausgeglichen. Sie spielen für die Bemessung der Entschädigung aber nur eine untergeordnete Rolle.

9.6.2 Genugtuungsfunktion des Schmerzensgeldes

Neben der Ausgleichsfunktion haben das Schmerzensgeld und die Entschädigung wegen der Verletzung des allgemeinen Persönlichkeitsrechts auch eine Genugtuungsfunktion. Für das Mobbingopfer ist es wichtig, dass der Mobber und ggf. auch der Arbeitgeber durch die Verpflichtung zur Zahlung des Schmerzensgeldes ebenfalls eine Beeinträchtigung erfahren, auch wenn diese nur finanzieller Art ist und sich dadurch von der Beeinträchtigung unterscheidet, die das Mobbingopfer durch die Verletzung seines Persönlichkeitsrechts erlitten hat.

9.6.2.1 Verschulden des Mobbers

Mit Blick auf die Genugtuungsfunktion der Entschädigung für die Verletzung des Persönlichkeitsrechts des Gemobbten ist entscheidend, dass das Mobbing einen vorsätzlichen Angriff auf das Mobbingopfer darstellt. Dadurch unterscheidet sich die Verletzung des Persönlichkeitsrechts durch Mobbing von fahrlässig verursachten Gesundheitsschäden, selbst wenn diese noch so schwerwiegen. Niemand ist davor gefeit, einen Fehler zu machen, der unter ungünstigen Umständen katastrophale Folgen nach sich ziehen kann. Bei Mobbing geht es aber nicht um fahrlässig verursachte, sondern gezielt herbeigeführte Beeinträchtigungen. Erschwerend kommt hinzu, dass Mobbing regelmäßig kein punktuelles Ereignis ist, sondern sich über einen langen Zeitraum vollzieht.

Mobbing stets vorsätzliche Angriffe!

Besonders hoch ist das Bedürfnis nach Genugtuung, wenn der Mobber bewusst auf die negativen Folgen des Mobbing für die Persönlichkeit des Mobbingopfers abgezielt hat.

9.6.2.2 Motivation des Mobbers

Niedrige Beweg- gründe

Die Höhe des rechtlich anzuerkennenden Bedürfnisses des Mobbingopfers nach Genugtuung wird auch von der Motivation des Mobbers beeinflusst. Das Genugtungsbedürfnis ist besonders hoch, wenn das Mobbing aus niedrigen Beweggründen, etwa der Lust am Quälen des Mobbingopfers, aus Rache oder zur Erlangung eines eigenen finanziellen Vorteils erfolgte.

9.6.2.3 Finanzielle Verhältnisse

Wirtschaftliche Leistungsfähig- keit ist zu beachten

Für die Genugtuungsfunktion des Schmerzensgeldanspruchs kommt es auch auf die finanziellen Verhältnisse des Mobbers und des Gemobbten an. Je größer die wirtschaftliche Leistungsfähigkeit des Mobbers ist, umso höher muss das Schmerzensgeld bemessen werden, damit es eine den Beeinträchtigungen des Mobbingopfers entsprechende Beeinträchtigung des Mobbers darstellt. Das Schmerzensgeld kann keine Genugtuungsfunktion entfalten, wenn der Mobber die Entschädigung „aus der Portokasse" zahlt.

Problematisch ist, ob im Hinblick Blick auf die Genugtuungsfunktion des Schmerzensgeldanspruchs auch die wirtschaftlichen Verhältnisse des Mobbingopfers die Höhe des Schmerzensgeldes beeinflussen dürfen. Dagegen spricht, dass für die Rechtsordnung das Persönlichkeitsrecht eines wirtschaftlich gutgestellten Mobbingopfers keinen größeren Wert hat als das Persönlichkeitsrecht eines Mobbingopfers mit geringem Einkommen und Vermögen. Mit dieser Argumentation hat das LAG Mainz die Bemessung des Schmerzensgeldes nach dem Gehalt des Mobbingopfers abgelehnt (vgl. dazu oben Abschnitt 8.6.6). Diese auf den ersten Blick einleuchtende Argumentation hält einer näheren Überprüfung aber nur eingeschränkt stand.

Enger Zusammen- hang gegeben?

Die wirtschaftlichen Verhältnisse des Mobbingopfers, insbesondere sein Arbeitseinkommen sind dann für die Bemessung des

Schmerzensgeldes ein geeigneter Anknüpfungspunkt, wenn zwischen der Mobbinghandlung und dem Gehalt ein engerer Bezug besteht. Dies ist jedenfalls bei der andauernden vollständigen Nichtbeschäftigung ohne Freistellung des Mobbingopfers der Fall. Die Arbeitsleistung des Mobbingopfers hat einen durch sein Gehalt ausgedrückten Wert. Dieser Wert ist zudem für das durch das Mobbing betroffene konkrete Arbeitsverhältnis maßgeblich. Der Mobber „leistet es sich", im Falle der Nichtbeschäftigung ohne Freistellung oder der Beschäftigung mit krass unterwertiger Arbeit auf den Gegenwert für das gezahlte Gehalt in Gestalt der vertragsgemäßen Arbeit zu verzichten. Es ist deshalb gerechtfertigt, in diesen Fällen bei der Bemessung des Schmerzensgeldes der Höhe des Gehalts des Mobbingopfers wesentliches Gewicht beizumessen.

9.6.3 Bewertungssystem mit Tabelle

Nach ständiger Rechtsprechung hat die Bemessung des Schmerzensgeldes unter **Berücksichtigung aller Umstände des Einzelfalls** zu erfolgen. Einen abschließenden „Punktekatalog" wie für Verkehrsdelikte wird es deshalb für den Schmerzensgeldanspruch nach erlittenem Mobbing nicht geben. Gerade weil der Entschädigungsanspruch wegen der Verletzung des allgemeinen Persönlichkeitsrechts erforderlich ist, um den zivilrechtlichen Schutz eines besonders hochwertigen Rechtsgutes sicherzustellen, muss die Höhe des dem Mobbingopfer zustehenden Entschädigungsanspruchs bei Kenntnis aller Umstände annähernd vorhersehbar sein. Dazu ist es erforderlich, typische Formen der Persönlichkeitsverletzung in ein Verhältnis untereinander zu setzen und auch die typischen Gesichtspunkte, die im Hinblick auf die Genugtuungsfunktion des Schmerzensgeldes zu berücksichtigen sind, in dieses System einzubeziehen.

Kein abschließender „Punktekatalog"

Die nachfolgende Tabelle ist ein Vorschlag zur Bildung eines solchen Systems. Das relative Gewicht der Verletzung des Persönlichkeitsrechts des Mobbingopfers wird durch das Produkt von auszugleichender Beeinträchtigung und Genugtuungserfordernis bestimmt. Zu diesem Zweck sind die typischen Mobbinghandlungen, durch die das allgemeine Persönlichkeitsrecht des

Gewichtung der Mobbinghandlungen

Tabelle zur Bemessung der Entschädigung wegen Mobbing

Mobbinghandlungen und –folgen	Ausgleichsbedürfnis	Eigener Fall
☐ Länger andauernde vollständige Nichtbeschäftigung ohne Freistellung	4	
☐ Zuweisung sinnloser Arbeit	3	
☐ Zuweisung krass unterwertiger Arbeit	1	
☐ Zweckentfremdete Kündigungen	2	
☐ Zweckentfremdete Abmahnungen	1	
☐ Zweckentfremdete Versetzung	1	
☐ Demütigung durch gezielte Angriffe gegen die Persönlichkeit	4	
☐ Demütigung durch Entzug von Statussymbolen	2	
☐ Ausschluss von arbeitsbezogener Kommunikation	3	
☐ Ausschluss von technischen Kommunikationsmöglichkeiten	2	
☐ Schikanöse Kontrollen	3	
☐ Entzug von Arbeitsmitteln	2	
☐ Suizidgefährdung	4	
☐ Stressbelastungen wegen Beeinträchtigung des Selbstwertgefühls	2	
☐ Stress als Folge finanzieller Probleme	1	
☐ Sonstiges	1	
Zwischensumme Ausgleichsbedürfnis		

Mobbingumstände	Genugtuungsbe-dürfnis	Eigener Fall
☐ Zielgerichteter Angriff auf die Persönlichkeit des Mobbingopfers	4	
☐ Niedrige Beweggründe des Mobbers	3	
☐ Persönliche Vorteile des Mobbers infolge des Mobbing	4	
☐ Finanzielle Leistungskraft des Zahlungspflichtigen	1–4	
Zwischensumme Genugtuungsbedürfnis	☐	☐

Gesamtbewertung

Zwischensumme Ausgleichsbedürfnis ☐ × Zwischensumme Genugtuungsbedürfnis ☐ = ☐ Gewicht des Schmerzensgeldanspruchs

Gewicht	Schmerzensgeldhöhe
bis 30 Punkte	Kein Schmerzensgeld
31 bis 55 Punkte	Geringes Schmerzensgeld (bis 10 000,00 €)
56 bis 80 Punkte	Mittleres Schmerzensgeld (10 000,00–25 000,00 €)
über 80 Punkte	Hohes Schmerzensgeld (über 25 000,00 €)

Mobbingopfers verletzt wird, mit **1–4 gewichtet** worden. Weil das Mobbing sich typischerweise aus mehreren Komponenten zusammensetzt, sind diese zu addieren.

In gleicher Weise sind die unter dem Gesichtspunkt der Genugtuung maßgeblichen Faktoren gewichtet. Das relative Gewicht der Persönlichkeitsverletzung des Mobbingopfers im Einzelfall wird durch das Produkt von auszugleichenden Beeinträchtigungen und Genugtuungserfordernissen bestimmt.

Beispiel:

Das Mobbingopfer wird mehrere Monate mit offensichtlich sinnlosen Arbeiten beschäftigt	3 Punkte
Dabei nutzt der Mobber jede Gelegenheit, es vor Kollegen bloßzustellen und als „Niete" zu bezeichnen	4 Punkte
Damit das Mobbingopfer Kollegen nicht von der Arbeit abhalte und sich mit fremden Federn schmücke, wird es von internen Besprechungen	3 Punkte
und dem Zugang zu den Informationen im Intranet des Unternehmens abgekoppelt	2 Punkte
Zwischensumme	12 Punkte
Der Mobber ist ein Abteilungsmanager mit einem Jahreseinkommen von über 100 000,00 Euro	3 Punkte
Triebfeder seines Mobbing ist verletzte Eitelkeit, weil das Mobbingopfer ihn bei einem Wettkampf während des Betriebsausflugs besiegt hat.	3 Punkte
Zwischensumme	6 Punkte

Bei Zugrundelegung der Tabelle ergibt sich für das Ausgleichsbedürfnis des Mobbingopfers eine Punktzahl von 12 und für das Genugtuungsbedürfnis eine Punktzahl von 6. Multipliziert man beide Zahlen miteinander, ergibt sich eine Gesamtzahl von 72 Punkten. Die von dem Mobber begangene Persönlichkeitsverletzung wiegt deshalb so schwer, dass ein Schmerzensgeld in Höhe von ca. 20 000,00 € angemessen ist.

10   Das Verhältnis Mobbingopfer/Mobber

Dreh- und Angelpunkt der juristischen Bewältigung von Mobbingsituationen ist das Verhältnis zum Arbeitgeber. Mit Ausnahme der Entscheidung des LAG Mainz (vgl. oben Abschnitt 8.6.5.2) betreffen die Entscheidungen der Arbeitsgerichte zur Mobbingproblematik das Verhältnis zwischen dem Arbeitgeber und dem Mobbingopfer bzw. dem Arbeitgeber und dem Mobber. Die Entscheidung des LAG Mainz hat den Blick darauf gelenkt, dass das Mobbing juristische Folgen auch im unmittelbaren Verhältnis zwischen Mobber und Mobbingopfer hat. Die Person des Mobbers und des Arbeitgebers können identisch sein, dies ist aber nicht die Regel. In diesem Abschnitt geht es also um den Mobber, der nicht zugleich Arbeitgeber des Mobbingopfers ist. Im ersten Teil des Buches ist beschrieben, dass Mobbing auch durch gleichgestellte Kollegen oder Untergebene betrieben werden kann (vgl. dazu oben Abschnitt 1–6). Juristisch greifbar ist aber primär das Mobbing durch Vorgesetzte gegenüber Untergebenen. Ursache dafür ist, dass der Vorgesetzte aufgrund seiner hierarchischen Stellung über ein vielfältiges Instrumentarium verfügt, das zum Mobbing missbraucht werden kann. Im Vergleich zu dem Verhältnis zwischen Arbeitgeber und Mobbingopfer besteht der wesentliche Unterschied des Verhältnisses zwischen Mobbingopfer und Mobber darin, dass zwischen ihnen keine vertragliche Beziehung besteht. In diesem Verhältnis geht es deshalb nur um Unterlassungs- und Schadensersatzansprüche.

Bisher nur eine Entscheidung

Speziell Mobbing durch Vorgesetzte

10.1   Unterlassungsansprüche gegen den Mobber

Soweit ersichtlich, haben Unterlassungsansprüche des Mobbingopfers gegen den Mobber die Rechtsprechung bisher noch nicht beschäftigt. Der praktische Anwendnungsbereich für solche Ansprüche ist schmal. Er beschränkt sich auf Mobbingangriffe, die nicht im Missbrauch des vom Arbeitgeber abgeleiteten Direktionsrechts bestehen, wie z. B. verbalen Attacken oder sexuellen Belästigungen. Soweit dadurch eines der absolut ge-

Strafbewehrte Unterlassungs-erklärung ist möglich

schützten Rechtsgüter (vgl. dazu oben Abschnitt 8.4.2), wie die Gesundheit, die Ehre und das allgemeine Persönlichkeitsrecht des Mobbingopfers verletzt wird, kann es vom Mobber die Unterlassung solcher Handlungen verlangen. Weil es sich beim Mobbing regelmäßig nicht um einen punktuellen, sondern um einen **Dauerkonflikt** handelt, ergibt sich aus den zurückliegenden Mobbingangriffen regelmäßig die Gefahr, dass der Mobber die Angriffe auch zukünftig fortsetzen wird. Um diese Gefahr zu beseitigen, kann das Mobbingopfer vom Mobber die **Abgabe einer strafbewehrten Unterlassungserklärung** verlangen. Sie besteht aus der Verpflichtung, die beanstandete Handlung zukünftig zu unterlassen und für jeden Fall der Zuwiderhandlung eine Vertragstrafe an das Mobbingopfer zu zahlen. Die bloße Verpflichtung zur Unterlassung des beanstandeten Verhaltens ohne gleichzeitiges Besprechen einer Vertragstrafe ist nicht ohne weiteres geeignet, die Wiederholungsgefahr zu beseitigen.

Das Mobbingopfer kann gegen den Mobber auch Klage mit dem Antrag erheben, den Mobber unter Androhung eines Ordnungsgeldes für jeden Fall der Zuwiderhandlung zu verurteilen, das konkret bezeichnete rechtswidrige Verhalten zu unterlassen. Zuständig für solche Streitigkeiten sind die Arbeitsgerichte (§ 2 Abs. 1 Nr. 9 ArbGG).

Praktischer Wert eher gering

Der praktische Wert einer solchen Klage ist für das Mobbingopfer gering. Die Handlung, die dem Mobber untersagt wird, muss jeweils sehr konkret und präzise beschrieben werden. Im betrieblichen Alltag ergeben sich deshalb für den Mobber genügend Möglichkeiten, seinen Angriff gegen das Mobbingopfer mit neuen Verhaltensweisen fortzusetzen, die von der Unterlassungsverpflichtung noch nicht erfasst werden. Der Nutzen einer solchen Unterlassungsklage kann deshalb noch am ehesten in der Abschreckungswirkung für die Zukunft liegen.

10.2 Finanzielle Ansprüche gegen den Mobber

10.2.1 Schadensersatzansprüche

Beweis der Ursächlichkeit meist schwierig

Auch der praktische Anwendungsbereich von Schadensersatzansprüchen wegen materieller Schäden des Mobbingopfers ist eher gering. Solche Schäden können z. B. entstehen, wenn das

Mobbingopfer aufgrund des Mobbing längerfristig erkrankt und nach sechs Wochen aus der Entgeltfortzahlung fällt. Wie bereits in dem Abschnitt zum Verhältnis zwischen Arbeitgeber und Mobbingopfer erörtert, besteht die praktische Schwierigkeit für das Mobbingopfer darin, die Kausalität zwischen dem erlittenen Mobbing und der Erkrankung zu beweisen. Gelingt ihm dies, können die Schadensersatzforderungen gegen den Mobber allerdings beträchtliches Ausmaß annehmen. Ist das Mobbingopfer aufgrund der erlittenen Gesundheitsbeeinträchtigung dauerhaft nicht mehr in der Lage, die nach dem Arbeitsvertrag geschuldete Arbeitsleistung zu erbringen, kann der Arbeitgeber das Arbeitsverhältnis kündigen. Das Mobbingopfer hat dann gegen den Mobber Anspruch auf Ersatz des Verdienstausfallschadens.

Das Problem solcher Ansprüche besteht nicht in der juristischen Begründung, sondern auf der Tatsachenebene. Das Mobbingopfer muss das Mobbing und die Ursächlichkeit des Mobbing für den eingetretenen Schaden beweisen. Dagegen wird das für den Schadensersatzanspruch notwendige Verschulden des Mobbers regelmäßig kaum Probleme aufwerfen.

10.2.2 Schmerzensgeld und Entschädigungs- ansprüche

Beschädigt der Mobber die Gesundheit des Mobbingopfers, hat das Mobbingopfer grundsätzlich auch einen Anspruch auf Schmerzensgeld. Auch hier steht das Mobbingopfer wieder vor dem bereits beschriebenen Beweisproblem. Größere praktische Bedeutung könnte gerade deshalb auch für das Verhältnis zwischen Mobbingopfer und Mobber der Entschädigungsanspruch wegen der Verletzung des allgemeinen Persönlichkeitsrechts erlangen. Wegen der Begründung und der Höhe des Anspruchs kann auf die Ausführungen zum Verhältnis zwischen Mobbingopfer und Arbeitgeber (oben Abschnitt 9.5.2) verwiesen werden.

Beweisprobleme in der Praxis

11 Mitbestimmungsrechte des Betriebsrats

Erarbeitung von Betriebsvereinbarungen sinnvoll

Die Betriebsräte spielen bei der Mobbingprävention und der Bewältigung von Mobbingsituationen – zumindest bisher – nur eine untergeordnete Rolle. Eine Ursache dafür dürfte sein, dass der Betriebsrat in erster Linie kollektive Interessen wahrzunehmen hat, während Mobbing vorrangig ein Problem der Beziehung zwischen einzelnen Personen ist. Unmittelbare Einwirkungsmöglichkeiten auf den Mobber stehen dem Betriebsrat, anders als dem Arbeitgeber, nicht zur Verfügung. Der Betriebsrat kann versuchen, die Aufstellung betrieblicher Regelungen zur Mobbingprävention zu erreichen. Außerdem kann der Betriebsrat im Einzelfall vermittelnd eingreifen oder das Mobbingopfer bei dem Verlangen nach Hilfe durch den Arbeitgeber unterstützen. Strukturell besteht für den Betriebsrat dabei das Problem, im Streit zwischen Arbeitnehmern Partei ergreifen zu müssen. Dies fällt den Betriebsräten schwerer als die im Betriebsverfassungsgesetz angelegte Vertretung der Arbeitnehmer in dem Interessengegensatz zwischen Arbeitnehmern und Arbeitgeber. Insgesamt ist das den Betriebsräten zur Verfügung stehende Instrumentarium nur bedingt geeignet, Mobbingsituationen vorzubeugen oder sie im Einzelfall aufzulösen.

11.1 Erzwingbare Mitbestimmung

Betriebsrat kann die Initiative ergreifen

In Fragen der Ordnung des Betriebs und des Verhaltens der Arbeitnehmer hat der Betriebsrat ein erzwingbares Mitbestimmungsrecht, § 87 Abs. 1 Nr. 1 BetrVG. Dies bedeutet, dass der Arbeitgeber Regelungen, die die Ordnung des Betriebs und das Verhalten der Arbeitnehmer im Betrieb betreffen, nicht alleine verbindlich aufstellen kann, sondern dazu der Zustimmung des Betriebsrats bedarf. Der Betriebsrat ist seinerseits nicht darauf beschränkt, auf Regelungsabsichten des Arbeitgebers zu reagieren, sondern kann selbst die Initiative zur Aufstellung von Regeln ergreifen. Die Einigung zwischen Arbeitgeber und Betriebsrat erfolgt regelmäßig in Gestalt des Abschlusses einer

Betriebsvereinbarung. Kommt eine solche Einigung zwischen den Betriebsparteien nicht zustande, entscheidet die Einigungsstelle. Die Betriebsvereinbarung oder der Spruch der Einigungsstelle haben normative Wirkung. Dies bedeutet, dass die darin enthaltenen Regeln für alle in den Geltungsbereich fallenden Arbeitsverhältnisse verbindlich sind. Sie begründen also auch Rechte und Pflichten der einzelnen Arbeitnehmer.

Das auf dem ersten Blick starke Mitbestimmungsrecht des Betriebsrats gemäß § 87 Abs. 1 Nr. 1 BetrVG in Fragen der Ordnung des Betriebs und des Verhaltens der Arbeitnehmer im Betrieb erweist sich aber bei näherem Hinsehen als nur sehr bedingt geeignet, Mobbing entgegenzuwirken oder Regeln für die Bewältigung von Mobbingsituationen aufzustellen.

Eine der Ursache für diesen Befund liegt darin, dass Mobbing ohnehin rechtswidrig ist. Dies gilt unabhängig davon, ob in dem Betrieb ein Betriebsrat vorhanden ist oder eine Betriebsvereinbarung besteht, die Mobbing ausdrücklich verbietet. Der Sinn einer Betriebsvereinbarung würde deshalb in erster Linie darin bestehen, die ohnehin bestehende Rechtslage in das Bewusstsein zu rufen. Außerdem können in einer Betriebsvereinbarung zur Regelung der Ordnung des Betriebs und des Verhaltens der Arbeitnehmer im Betrieb Verhaltensweisen konkretisiert werden, die nach dem Verständnis der Betriebsparteien Mobbing darstellen und deshalb verboten sind. Dabei würde es sich notwendigerweise zu einem großen Teil um die Wiederholung ohnehin bestehender rechtlicher Regelungen handeln. Die Betriebsparteien haben aber die Möglichkeit, weitergehende Regeln aufzustellen und dadurch die Grenzen für ein Verhalten, das innerbetrieblich als Mobbing qualifiziert wird, vorzuverlegen. Der praktische Nutzen solcher Regelungen ist zweifelhaft.

Praktischer Nutzen einer Betriebsvereinbarung ist eher gering

Das Mitbestimmungsrecht des Betriebsrats gemäß § 87 Abs. 1 Nr. 1 BetrVG reicht nicht so weit, dass der Betriebsrat die Schaffung spezieller Organisationsstrukturen zur Mobbingprävention oder zur Reaktion auf Mobbingvorwürfe erzwingen kann. Der Betriebsrat kann deshalb nicht die **Installation eines Mobbingbeauftragten** oder einer innerbetrieblichen **Schlichtungsstelle** erzwingen (LAG Hamburg, Beschluss vom 15. 7. 1998. Az.: 5 Ta BV 4/98 = NZA 1998, 1245). Die Mitbestimmung in Fragen der Ordnung des Betriebs und des Verhaltens

Keine Erzwingungsrechte

der Arbeitnehmer im Betrieb gibt dem Betriebsrat auch nicht das Recht, die betrieblichen Organisationsabläufe mitzubestimmen. Der Betriebsrat kann deshalb nicht über eine Betriebsvereinbarung gemäß § 87 Abs. 1 Nr. 1 BetrVG bestimmte Regeln für die Behandlung von Mobbingvorwürfen durchsetzen.

Das ist möglich

Der Abschluss einer **freiwilligen Betriebsvereinbarung** zwischen Arbeitgeber und Betriebsrat zur Regelung solcher Fragen ist dagegen möglich.

11.2 Sonstige Mitbestimmungsrechte des Betriebsrats

Betriebsrat als Anlaufstelle

Einigungsstelle nicht zuständig bei Rechtsanspruch

Außerhalb der obligatorischen Mitbestimmung nach § 87 BetrVG gibt das Betriebsverfassungsgesetz dem Betriebsrat vielfältige Ansatzpunkte, um Mobbing im Betrieb entgegenwirken zu können. Zu nennen ist hier an erster Stelle das oben bereits im Zusammenhang mit dem Maßregelungsverbot (vgl. Abschnitt 9.3.1) erwähnte **Beschwerderecht** des Arbeitnehmers (§ 84 BetrVG). Der Betriebsrat hat Beschwerden von Arbeitnehmern entgegenzunehmen. Hält er sie für berechtigt, muss er beim Arbeitgeber auf Abhilfe hinwirken (§ 85 Abs. 1 BetrVG). Können sich Arbeitgeber und Betriebsrat über die Berechtigung der Beschwerde nicht einigen, kann der Betriebsrat die **Einigungsstelle** anrufen. Der Spruch der Einigungsstelle ersetzt, wie bei der obligatorischen Mitbestimmung gemäß § 87 BetrVG, die Einigung zwischen Arbeitgeber und Betriebsrat. Dabei ist aber die gerade im Zusammenhang mit der Mobbingproblematik wesentliche Einschränkung zu beachten, dass die Zuständigkeit der Einigungsstelle nicht besteht, wenn Gegenstand der Beschwerde ein individueller Rechtsanspruch ist. Immerhin erlaubt § 86 BetrVG, dass durch Tarifvertrag oder Betriebsvereinbarungen Einzelheiten des Beschwerdeverfahrens geregelt werden können. Durch einen Tarifvertrag oder eine solche freiwillige Betriebsvereinbarung kann auch eine **betriebliche Beschwerdestelle** errichtet werden, die an die Stelle der Einigungsstelle tritt. Gestützt auf §§ 86, 88 BetrVG können Arbeitgeber und Betriebsrat deshalb einvernehmlich die Errichtung einer Mobbing-Beschwerdestelle und deren Verfahrensweise regeln.

Eine wirksame Bekämpfung auftretender Mobbingfälle und erst recht eine wirksame Mobbingprävention erfordern in der Regel nicht nur punktuelle Maßnahmen, sondern eine Vielzahl von Verhaltensweisen, die insgesamt ein Klima schaffen, in dem Mobbing nicht entsteht oder jedenfalls kurzfristig erkannt und bekämpft wird. Der Betriebsrat kann im Rahmen seiner allgemeinen Aufgaben gemäß §§ 75, 80 BetrVG Mobbing entgegenwirken. Gemäß § 75 Abs. 1 hat der Betriebsrat mit dem Arbeitgeber darüber zu wachen, dass alle im Betrieb tätigen Personen nach den Grundsätzen von Recht und Billigkeit behandelt werden. Insbesondere haben die Betriebsparteien darauf zu achten, dass jede unterschiedliche Behandlung von Personen wegen ihrer Abstammung, Religion, Nationalität, Herkunft, politischen oder gewerkschaftlichen Betätigung oder Einstellung oder wegen ihres Geschlechts unterbleibt. Sie haben auch darauf zu achten, dass Arbeitnehmer nicht wegen Überschreitung bestimmter Altersstufen benachteiligt werden. Außerdem haben Arbeitgeber und Betriebsrat die freie Entfaltung der Persönlichkeit der im Betrieb beschäftigten Arbeitnehmer zu schützen und zu fördern. Vielfach betrifft Mobbing Personen, die in irgend einer Weise einen Minderheitenstatus haben, gegen den sich Vorurteile und Agressionen des Mobbers richten. Das Mobbing führt dann im Ergebnis auch zu einem Verstoß gegen die dargestellten Grundsätze.

Kooperatives Klima ist wichtig

Minderheiten besonders gefährdet

Außerdem hat der Betriebsrat gemäß § 80 Abs. 1 Nr. 1 BetrVG darüber zu achten, dass die zugunsten der Arbeitnehmer geltenden Gesetze, Verordnungen, Unfallverhütungsvorschriften, Tarifverträge und Betriebsvereinbarungen durchgeführt werden. Der Katalog der allgemeinen Aufgaben umfasst auch die Durchsetzung der tatsächlichen Gleichberechtigung für Männer und Frauen (Nr. 2a), die Eingliederung Schwerbehinderter und sonstiger besonders schutzbedürftiger Personen (Nr. 4), die Eingliederung ausländischer Arbeitnehmer im Betrieb und die Förderung des Verständnisses zwischen ihnen und den deutschen Arbeitnehmern (Nr. 7).

Die §§ 75 und 80 BetrVG bieten dem Betriebsrat deshalb vielfältige Gelegenheiten, im Rahmen der vertrauensvollen Zusammenarbeit mit dem Arbeitgeber Mobbinggefahren zu thematisieren und auf Gegenmaßnahmen hinzuwirken.

Um Mobbing im Zusammenhang mit Maßnahmen der **betrieblichen Berufsbildung** entgegenzuwirken, kann der Betriebsrat von seinem Mitbestimmungsrecht gemäß § 98 Abs. 2 BetrVG Gebrauch machen. Danach kann der Betriebsrat der Bestellung einer mit der Durchführung der betrieblichen Berufsbildung beauftragten Personen widersprechen oder ihre Abberufung verlangen, wenn diese die persönliche oder fachliche, insbesondere die berufs- und arbeitspädagogische Eignung im Sinne des Berufsbildungsgesetzes nicht besitzt oder ihre Aufgaben vernachlässigt.

11.3 Entfernungsverlangen

Betriebsrat kann Entlassung/ Versetzung des Mobbers verlangen

Ein besonders scharfes Schwert in der Hand des Betriebsrats gegen Mobber kann das Verlangen auf Entfernung des Mobbers aus dem Betrieb sein. Gemäß § 104 BetrVG kann der Betriebsrat vom Arbeitgeber die Entlassung oder Versetzung eines Arbeitnehmers verlangen, der durch gesetzwidriges Verhalten oder durch grobe Verletzung der in § 75 Abs. 1 BetrVG enthaltenen Grundsätze (vgl. dazu oben Abschnitt 11.2) den Betriebsfrieden wiederholt ernstlich gestört hat. Kommt der Arbeitgeber diesem Verlangen nicht nach, kann der Betriebsrat das Arbeitsgericht mit dem Antrag anrufen, dem Arbeitgeber aufzugeben, die Entlassung oder Versetzung durchzuführen.

11.4 Schulungsbedarf des Betriebsrats

Aktueller Anlass im konkreten Betrieb erforderlich

Der Betriebsrat hat zwar kein unmittelbar auf die Mobbingprävention oder -bekämpfung gerichtetes Mitbestimmungsrecht, die Mobbingproblematik hat aber Berührungspunkte zu vielen seiner Mitbestimmungsrechte. Daran knüpft sich die Frage an, ob der Betriebsrat gemäß § 37 Abs. 6 BetrVG einzelne oder mehrere Mitglieder zu einer **Teilnahme an Schulungs- und Bildungsveranstaltungen** zum Thema Mobbing entsenden kann und der Arbeitgeber verpflichtet ist, die Freistellung zu gewähren und die Kosten der Maßnahme zu tragen. Diese Frage ist nicht allgemein zu beantworten. Sie hängt davon ab, ob die Teilnahme an einer Schulungs- und Bildungsveranstaltung zum

Thema Mobbing für die Arbeit des Betriebsrats erforderlich ist. Hierbei kommt es nicht auf die abstrakte Erforderlichkeit für Betriebsratstätigkeit, sondern die Erforderlichkeit für die Arbeit des konkreten Betriebsrates an. Dazu bedarf es nach einer Entscheidung des Bundesarbeitsgerichts (Beschluss vom 15. 1. 1997, Az.: 7 ABR 14/96 = NZA 1997, 781) der Darlegung eines aktuellen betriebs- oder betriebsratsbezogenen Anlasses, aus dem sich der jeweilige Schulungsbedarf ergibt. Nach der Entscheidung des Bundesarbeitsgerichts ist Mobbing ein spezielles Thema, bei dem nicht davon ausgegangen werden kann, dass der Betriebsrat dieses Wissen unabhängig von der jeweiligen betrieblichen Lage zur sachgerechten Bewältigung seiner gesetzlichen Aufgabenstellung stets benötigt.

12 Zuständige Gerichte

Für Rechtstreitigkeiten zwischen dem Arbeitgeber und einem Arbeitnehmer, sei er Mobbingopfer oder Mobber, sind die Arbeitsgerichte zuständig. Die Zuständigkeit ergibt sich, je nach Inhalt des Anspruchs, aus § 2 Abs. 1 Nr. 3 oder 4 Arbeitsgerichtsgesetz.

Arbeitsgerichte zuständig

Auch für Streitigkeiten zwischen Arbeitnehmern, im Zusammenhang mit Mobbing also zwischen dem Mobbingopfer und dem Mobber, sind die Arbeitsgerichte zuständig (§ 2 Abs. 1 Nr. 9 ArbGG).

13 Mobbing-Tagebuch

Mobbingtagebuch für Claudia Obermann **vom** 7. 1. **bis** 17. 1.

Blatt 1

lfd. Nr.	Datum	Uhr-zeit	Ort	Ereignis	Zeugen/ Beweismittel	Folgen	Zeugen/ Beweismittel
1	7. 1.	11.45	Konferenz-raum	1. Arbeitstag nach dem Urlaub, M. sagt „Ich hoffe, dass sich die Qualität der Arbeit von Frau O. ihrem Aussehen annähert und nicht umge-dreht"	W. Schmitz, U. Müller		
2	9. 1.	10.15	Büro M.	Habe Vorfall am 7.1. angesprochen. M.: Mir ist egal, wie Sie mit dem Hintern wackeln, bei mir zählt Leistung, bis 13.1. soll ich die Präsentation für die neue Kollektion überarbeiten. Einwand: Nicht zu schaffen. Antwort: Dann arbeiten Sie eben am Wochenende.	–	Heulkrampf im eige-nen Büro	Ingrid Meier
3	10. 1.			email von M. Ich soll Tätigkeitsnachweis führen, ½-Std.-Takt, damit er sieht, was ich den ganzen Tag tue.	email-Aus-druck		
4	13. 1.	11.30	Konferenz-raum	M. schreit mich an, weil Präsentation noch nicht fertig ist. Soll mich abends bei seiner Sekretärin abmelden u. sagen, wie weit ich bin	W. Schmitz, U. Müller,		
5	14. 1	9.00	Büro M.	M. entzieht mir den Auftrag, ich solle warten, bis er mir Arbeit zuteilt und bis dahin das tun, was ich am besten kann: Nichts	U. Esser		
6	15. 1			Kein neuer Auftrag, räume auf			Ingrid Meier
7	16. 1.			Weiterhin kein neuer Auftrag, Zimmer ist aufge-räumt			Ingrid Meier
8	17. 1.	9.30	mein Büro	Sekretärin von M. teilt mir mit, ich soll mich auf Umzug in ein anderes Büro vorbereiten	U. Esser		Ingrid Meier

Mobbingtagebuch für .... vom .... bis ....   Blatt

lfd. Nr.	Datum	Uhr-zeit	Ort	Ereignis	Zeugen/ Beweismittel	Folgen	Zeugen/ Beweismittel

14   Kontaktadressen

DGB Deutscher Gewerkschaftsbund
Alle DGB-Kreise, insbesondere Düsseldorf, Stuttgart
und Frankfurt.

Fairness-Stiftung gem. GmbH
Langer Weg 18
60489 Frankfurt am Main

**Gesellschaft gegen psychosozialen Stress
und Mobbing e. V.**
Grüne Straße 14
33175 Bad Lippspringe

KDA Kirchlicher Dienst in der Arbeitswelt
Sozialsekretär Udo Möckel
Schillerstraße 7
22767 Hamburg
Tel.: 040/30623-212

Medizinische Hilfe
Klinik für Mobbinggeschädigte
Leiter. Prof. Heinz Leymann
Schweden
Tel.: 0046/455-15770 Fax.: 0046/455-15771

Ver.di
Holstenwall 5
20355 Hamburg
Beratungstelefon (Gemeinschaftsprojekt von AOK/DAG/
KDA/Gesellschaft gegen psychosozialen Stress und Mobbing
e. V.)
Telefon: 040/2023-0209

Mobbing-Telefon NRW
Tel. 01803/100 113
Tel. 0800/1812 182

15   Literaturempfehlungen

Brinkmann, Ralf: Mobbing, Bullying, Bossing. Treibjagd am Arbeitsplatz. Sauer Verlag, Heidelberg 1995

Crichton, Michael: Enthüllung, Knaur Verlag 1995

Esser, Axel/Wohnrath, Martin: Mobbing. Der Ratgeber für Betroffene und ihre Interessenvertretung. Bund Verlag, 3. Aufl. 1999

Grünwald, Marietta/Baur, Jochen: Ausbilder Praxiswissen. Handbuch für die berufliche Ausbildung. Bund Verlag, Frankfurt/Main 1998

Grünwald, Marietta: Selbstorganisation im Beruf – kreativ und effizient. Humboldt Verlag, München 1999

Hirigoyen, Marie-France: Die Maschen der Niedertracht. Seelische Gewalt im Alltag und wie man sich dagegen wehren kann. C. H. Beck Verlag, 4. Auflage, München 2000

Hirigoyen, Marie-France: Wenn der Job zur Hölle wird. Seelische Gewalt am Arbeitsplatz und wie man sich dagegen wehrt. C. H. Beck Verlag, München 2002

Kratz, Hans-Jürgen: Mobbing: Erkennen, Ansprechen, Vorbeugen. Ueberreuther Verlag, Wien 1998

Leymann, Heinz: Mobbing. Psychoterror am Arbeitsplatz und wie man sich dagegen wehren kann. Rowohlt Verlag, Hamburg 1993

Leymann, Heinz: Der neue Mobbingbericht. Rowohlt Verlag, Hamburg 1995

Leymann, Heinz: Krankheiten und Rechtsprobleme als Folge von Mobbing am Arbeitsplatz. In: Kammer für Arbeiter und Angestellte für Salzburg (Hrg.): Mobbing. Salzburg 1993

Leymann, Heinz: Ätiologie und Häufigkeit am Arbeitsplatz –
eine Übersicht über die bisherige Forschung. In: Mering, Zeit-
schrift für Personalforschung. 7. Jahrg. 1993

Leymann, Heinz: Mobbing. Psychokrieg am Arbeitsplatz.
gdi impuls, 4, S. 20–29, 1993

Leymann, H./Niedl, K.: Mobbing. Psychoterror am Arbeitsplatz. Ein Ratgeber für Betroffene. ÖGB Verlag, Wien
1994

McKenzie, Carole: Successful Presentations, Random House,
1993

Meschkutat, Stackelbeck, Langenhoff: Der Mobbing-Re-
port. Eine Repräsentativstudie für die Bundesrepublik Deutschland, ISBN 3-89701-822-5, Dortmund/Berlin 2002

Neuberger, Oswald: Mobbing. Übel mitspielen in Organisa-
tionen. Hampp Verlag, München 1999

von Rosenstiel, L./Molt, W./Rüttinger, B.: Organisati-
onspychologie. Kohlhammer Verlag, Stuttgart 1988

Zimmermann, L.: Belastung und Stress bei der Arbeit. Ull-
stein Verlag, Reinbek 1982

16   Nützliche Links zum Thema Mobbing

http://www.dgb.de/themen/mobbing/mobbing.htm
(Deutscher Gewerkschaftsbund; viele Informationen)

http://www.fainess-stiftung.de

http://www.focus.de/mobbing
(Hintergrundinformationen)

http://www.igmetall.de/buecher/onlinebroschueren/   mob-
bing/

http://www.infoquelle.de/Job_Karriere/Mobbing/index.cfm
(Kündigung und Mobbing; Karrierestolperstein);

http://www.infoquelle.de/Job_Karriere/Mobbing/Mobbing.cfm
(Grundwissen, Informationen, Theorie)

http://www.inqua.de/tix/mobbing.htm
(Initiative Neue Qualität der Arbeit)

http://www.leymann.se
(sehr viele Hintergrundinformationen, sehr übersichtlich)

http://www.mobbing-am-arbeitsplatz.de/
(Mobbing-Test, Diplomarbeiten)

http://www.mobbing-help.de/PC/neu/intro_4.htm
(Mobbing-Geschichten, private Homepage)

http://www.mobbing-net.de/
(systemische Mobbing-Beratung, viele Informationen, Sichtweise aus verschiedenen Richtungen, Mobbing-Tagebuch)

http://www.mobbing-web.de/
(Mobbing-Tagebuch, Hintergrundinformationen, wie kann man als Kollege helfen, Urteile)

http://www.m-ww.de/krankheiten/_psychische_krankheiten/mobbing.html
(Medicine Worldwide, umfangreich)

http://www.schueler-mobbing.de/
(Forum für Betroffene, Mobbing-Tagebuch etc.)

http://www.sozialnetz-hessen.de/mobbing/
(virtuelle Beratung)

http://www.vpsm.de
(Verein gegen psychosozialen Stress und Mobbing e.V.)

Stichwortverzeichnis